LES BASES

DE LA

MORALE ÉVOLUTIONNISTE

PAR

HERBERT SPENCER

HUITIÈME ÉDITION

PARIS
FÉLIX ALCAN, ÉDITEUR
ANCIENNE LIBRAIRIE GERMER BAILLIÈRE ET Cie
108, BOULEVARD SAINT-GERMAIN 108

1905
Tous droits réservés.

BIBLIOTHÈQUE
SCIENTIFIQUE INTERNATIONALE

PUBLIÉE SOUS LA DIRECTION

DE M. ÉM. ALGLAVE

XXXV

FÉLIX ALCAN, ÉDITEUR
Successeur de GERMER BAILLIÈRE et Cie
PARIS. — 108, BOULEVARD SAINT-GERMAIN. — PARIS.

BIBLIOTHÈQUE SCIENTIFIQUE INTERNATIONALE
Publiée sous la direction de M. Émile ALGLAVE

Beaux volumes in-8, la plupart illustrés, cart. à l'angl., chaque volume. 6 fr. ou 9 fr.

CENT DEUX VOLUMES PARUS

DERNIERS VOLUMES PUBLIÉS :

GROSSE (E.). **Les débuts de l'art.** Introduction de L. MARILLIER. 1 vol. in-8, avec 32 gravures dans le texte et 3 pl. hors texte.......... 6 fr.
GRASSET (J.). **Les maladies de l'orientation et de l'équilibre.** 1 vol. in-8, avec gravures... 6 fr.
DEMENŸ (G.). **Les bases scientifiques de l'éducation physique.** 1 vol. in-8, avec 198 gravures. 2e édit......................... 6 fr.
MALMÉJAC (F.). **L'eau dans l'alimentation.** 1 vol. in-8, avec grav. 6 fr.
MEUNIER (Stan.). **La géologie générale.** 1 vol. in-8, avec gravures. 6 fr.
DEMENŸ (G.). **Mécanisme et éducation des mouvements.** 1 vol. in-8, avec 565 gravures. 2e édit...................................... 9 fr.
BOURDEAU (L.). **Histoire de l'habillement et de la parure.** 1 vol. in-8... 6 fr.
MOSSO (A.). **Les exercices physiques et le développement intellectuel.** 1 vol. in-8... 6 fr.
LE DANTEC. **Les lois naturelles.** 1 vol. in-8, avec gravures...... 6 fr.

A LA MÊME LIBRAIRIE

AUTRES OUVRAGES DE HERBERT SPENCER
TRADUITS EN FRANÇAIS

Introduction à la science sociale. 13e édit., 1 vol. in-8 de la *Bibliothèque scientifique internationale*, cartonné... 6 fr.
Les premiers principes, traduits par M. E. Cazelles. 9e édit., 1 vol. in-8 de la *Bibliothèque de philosophie contemporaine*.. 10 fr.
Classification des sciences, traduit de l'anglais par M. F. Rhétoré. 1 vol. in-18 de la *Bibliothèque de philosophie contemporaine*. 8e édit................... 2 fr. 50
Principes de psychologie, traduits sur la nouvelle édition anglaise par Th. Ribot et A. Espinas. 2 forts vol. in-8 de la *Bibliothèque de philosophie contemporaine*... 20 fr.
Principes de biologie, traduits par M. Cazelles. 4e édit., 2 vol. in-8 de la *Bibliothèque de philosophie contemporaine*.. 20 fr.
Principes de sociologie, traduits par Cazelles et Gerschell. 4 vol. in-8 de la *Bibliothèque de philosophie contemporaine*................................... 36 fr. 25
   ON VEND SÉPARÉMENT :
   Tome I : *Données de la Sociologie.* 6e éd.......................... 10 fr.
   Tome II : *Inductions de la Sociologie. — Relations domestiques.* 5e éd. 7 fr. 50
   Tome III : *Institutions cérémonielles. — Institutions politiques.* 4e éd.... 15 fr.
   Tome IV : *Institutions ecclésiastiques.* 2e éd......................... 3 fr. 75
Essais sur le progrès, traduits par M. Burdeau. 1 vol. in-8 de la *Bibliothèque de philosophie contemporaine*. 5e édit.. 7 fr. 50
Essais de politique, traduits par M. Burdeau. 1 vol. in-8 de la *Bibliothèque de philosophie contemporaine*. 4e édit.. 7 fr. 50
Essais scientifiques, traduits par M. Burdeau. 1 vol. in-8 de la *Bibliothèque de philosophie contemporaine*. 3e édit.. 7 fr. 50
De l'éducation physique, intellectuelle et morale. 1 vol. in-8 de la *Bibliothèque de philosophie contemporaine*. 11e édit...................................... 5 fr.
Le même, édition populaire de la *Bibliothèque utile*, 10e éd., br., 60 c.; cart. à l'angl. 1 fr.
L'individu contre l'État, traduit par M. Gerschell. 1 vol. in-18 de la *Bibliothèque de philosophie contemporaine*. 6e édit....................................... 2 fr. 50

COLLINS (Howard). **La philosophie systématique de Herbert Spencer.** 1 vol. in-8, traduit de l'anglais par H. DE VARIGNY; 4e édition précédée d'une préface de Herbert Spencer et mise au courant de ses derniers travaux. 1904............... 10 fr.

899-04. — Coulommiers. Imp. PAUL BRODARD. — 9-04.

PRÉFACE

Si l'on se reporte au programme du « Système de philosophie synthétique », on verra que les chapitres détachés de l'ensemble pour former le volume actuel [1] constituent la première partie des *Principes de morale* qui doivent terminer le système. Comme le second et le troisième volume des *Principes de sociologie* ne sont pas encore publiés, l'apparition de l'ouvrage qui en forme la suite logique semblera peut-être prématurée.

J'ai été amené à m'écarter de l'ordre fixé, par la crainte de ne pouvoir, si je continuais à suivre cet ordre, exécuter l'œuvre qui est le terme de la série. Des avertissements, répétés dans ces dernières années à des intervalles plus rapprochés et avec plus de clarté, m'ont appris que je pouvais être définitivement privé de mes forces, — en supposant même que ma vie se prolonge, — avant d'avoir achevé la tâche que je m'étais marquée à moi-même. Cette dernière partie de la tâche est celle pour laquelle toutes les parties précédentes ne sont, à mon avis, qu'une préparation. Remontant à l'année 1842, mon premier essai, — des lettres sur *La sphère propre du gouvernement*, — indiquait vaguement que je concevais l'existence de certains principes généraux de bien et de mal dans la conduite politique; depuis cette époque, mon but final, poursuivi à travers tous les buts prochains que je me suis proposés, a toujours été de découvrir une base scientifique pour les principes du bien et du mal dans la conduite en général. Manquer ce but, après avoir fait

---

[1]. Ce volume est intitulé en anglais *The data of ethics*.

pour y arriver des travaux si considérables, serait un malheur dont je n'aime pas à envisager la possibilité, et j'ai à cœur de le prévenir, sinon complètement, du moins en partie. De là l'avance que je prends. Bien que cette première division de l'ouvrage qui termine la *Philosophie synthétique* ne puisse, naturellement, contenir les conclusions particulières à établir dans l'ouvrage entier, elle les implique cependant, de sorte que pour les formuler avec rigueur il suffit de recourir à une déduction logique.

J'ai surtout à cœur d'esquisser cet ouvrage final, si je ne puis l'achever entièrement, parce qu'il y a un pressant besoin d'établir sur une base scientifique les règles de la conduite droite. Aujourd'hui que les prescriptions morales perdent l'autorité qu'elles devaient à leur prétendue origine sacrée, la sécularisation de la morale s'impose. Il est peu de désastres plus redoutables que la décadence et la mort d'un système régulateur devenu insuffisant désormais, alors qu'un autre système plus propre à régler les mœurs n'est pas encore prêt à le remplacer. La plupart de ceux qui rejettent la croyance commune paraissent admettre que l'on peut impunément se passer de l'action directrice qu'elle exerçait et laisser vacant le rôle qu'elle jouait. En même temps, ceux qui défendent la croyance commune soutiennent que, faute de la direction qu'elle donne, il n'y a plus de direction possible : les commandements divins, à leur avis, sont les seules règles que l'on puisse connaître. Ainsi, entre les partisans de ces deux doctrines opposées, il y a une idée commune. Les uns prétendent que le vide laissé par la disparition du code de morale surnaturelle n'a pas besoin d'être comblé par un code de morale naturelle, et les autres prétendent qu'il ne serait pas possible de le combler ainsi. Les uns et les autres reconnaissent le vide ; les uns le désirent, les autres le redoutent. Le changement que promet ou menace de produire parmi nous cet état, désiré ou craint, fait de rapides progrès : ceux qui croient possible et nécessaire de remplir le vide sont donc appelés à faire quelque chose en conformité avec leur foi.

A cette raison spéciale je puis en ajouter une autre plus générale. Il est résulté un grand dommage de l'aspect repoussant ordinairement donné à la règle morale par ceux qui l'exposent, et l'on peut espérer d'immenses avantages si on la présente sous l'aspect attrayant qu'elle a lorsqu'elle n'est pas déformée par la superstition et l'ascétisme. Si un père, donnant avec sévérité de nombreux ordres, les uns nécessaires, les autres inutiles, aggrave son austère surveillance par une manière d'être tout à fait antipathique ; si ses enfants sont obligés de s'amuser en cachette; si, en se détournant timidement de leurs jeux, ils ne rencontrent qu'un regard froid ou même un froncement de sourcils, fatalement l'autorité de ce père ne sera pas aimée, sera peut-être haïe, et l'on ne cherchera qu'à s'y soustraire le plus possible. Au contraire, un père qui, tout en maintenant avec fermeté les défenses nécessaires pour le bien-être de ses enfants ou celui d'autres personnes, non seulement s'abstient de défenses inutiles, mais encore donne sa sanction à tous leurs plaisirs légitimes, pourvoit aux moyens de les leur procurer et regarde avec un sourire d'approbation leurs ébats, un tel père est presque sûr de gagner une influence qui ne sera pas moins efficace dans le temps présent et le sera en outre d'une manière durable. L'autorité de chacun de ces deux pères est le symbole de l'autorité de la morale comme on l'a faite et de la morale comme elle devrait être.

Le dommage ne résulte pas seulement de cette sévérité excessive de la doctrine morale léguée par un passé trop dur. Il vient aussi de l'impossibilité d'atteindre son idéal. Dans une réaction violente contre le profond égoïsme de la vie telle qu'elle se présente dans des sociétés barbares, on a insisté sur le devoir de vivre d'une manière toute désintéressée. Mais comme l'égoïsme rampant d'une milice brutale ne pouvait pas être corrigé par la tentative d'imposer au moi une sujétion absolue dans les couvents et les monastères, de même il ne fallait pas chercher à corriger l'inconduite de la commune humanité, telle qu'elle est aujourd'hui, en proclamant le principe d'une abnégation à laquelle l'homme ne peut arriver. L'effet est plutôt de produire un renoncement désespéré à toute tentative de rendre la vie meilleure. On cesse tout effort pour atteindre l'impossible et le possible est discrédité en même temps. Par une association avec des règles qui ne peuvent être obéies, les règles qui pourraient l'être perdent leur autorité.

On fera, je n'en doute pas, plus d'une objection à la théorie de la conduite droite esquissée dans les pages suivantes. Des critiques d'une certaine classe, loin de se réjouir de voir les principes moraux qu'ils justifient autrement coïncider avec des principes moraux scientifiquement déduits, seront choqués de cette coïncidence. Au lieu d'avouer une ressemblance essentielle, ils exagèrent des différences superficielles. Depuis les temps de persécution, un curieux changement s'est produit dans les dispositions de la prétendue orthodoxie à l'égard de la prétendue hétérodoxie. Autrefois un hérétique, forcé par la torture à se rétracter, satisfaisait l'autorité par une docilité extérieure ; un accord apparent suffisait, quelle que fût en réalité la profondeur du désaccord. Maintenant qu'un hérétique ne peut plus être contraint par la force à professer la foi ordinaire, on fait ce que l'on peut pour que sa foi paraisse le plus éloignée possible de la foi commune. Se sépare-t-il du dogme théologique établi ? On le traitera d'athée, quelle que soit à ses yeux l'impropriété de ce terme. Pense-t-il que l'explication spiritualiste des phénomènes n'est pas fondée? On le rangera parmi les matérialistes, bien qu'il repousse ce nom avec indignation. De même, quelle que petite que soit la différence entre la morale naturelle et la morale surnaturelle, c'est une mode de l'exagérer au point d'y voir un antagonisme fondamental. Par l'effet de cette mode, on isolera probablement de ce volume, pour les condamner, des théories qui, prises en elles-mêmes, peuvent facilement être présentées comme profondément mauvaises. Pour être plus clair, j'ai traité séparément quelques aspects corrélatifs de la conduite et donné des conclusions dont chacune est faussée dès qu'on la sépare des autres ; j'ai ainsi fourni de nombreuses occasions d'être mal compris.

Les relations de cet ouvrage avec ceux qui le précèdent dans la série sont de nature à rendre nécessaires de fréquents renvois Comme il contient en réalité les conséquences de principes déjà établis dans chacun d'eux, il m'a paru impossible de me dispenser de rétablir ces principes. En outre, les présentant dans leurs rapports avec différentes théories morales, j'ai été obligé chaque fois de rappeler brièvement au lecteur quels ils sont et comment ils sont déduits. De là une foule de répétitions qui paraîtront peut-être fastidieuses à quelques-uns. Je ne puis cependant regretter beaucoup ce résultat presque inévitable ; car c'est seulement par des itérations multipliées que des conceptions étrangères peuvent s'imposer à des esprits prévenus.

LES BASES

DE LA

MORALE ÉVOLUTIONNISTE

CHAPITRE PREMIER

DE LA CONDUITE EN GÉNÉRAL

1. Les termes corrélatifs s'impliquent l'un l'autre ; ainsi l'on ne peut penser à un père sans penser à un enfant, à un supérieur sans penser à un inférieur. Un des exemples les plus communs donnés à l'appui de cette doctrine, c'est le lien nécessaire qui unit la conception d'un tout à celle d'une partie.

Il est impossible de concevoir l'idée d'un tout sans faire naître aussitôt l'idée des parties qui le constituent, et l'on ne peut pas davantage concevoir l'idée d'une partie sans provoquer aussitôt l'idée de quelque tout auquel elle appartient. Mais il faut ajouter que l'on ne saurait avoir une idée correcte d'une partie sans avoir aussi une idée correcte du tout correspondant. La connaissance inadéquate de l'un de ces termes entraîne, de plusieurs manières, la connaissance inadéquate de l'autre.

Si l'on pense à une partie sans la rapporter au tout, elle devient elle-même un tout, une entité indépendante, et l'on se fait une idée fausse de ses relations à l'existence en général. En outre, on doit apprécier mal la grandeur de la partie par rapport à la grandeur du tout, si l'on se borne à reconnaître que celui-ci contient celle-là, si l'on ne se le représente pas exactement dans toute son étendue. Enfin on ne peut pas connaître avec précision la position relative de cette partie et des autres, à moins de connaître le tout dans la distribution de ses parties aussi bien que dans son ensemble.

Si la partie et le tout, au lieu de simples relations statiques, ont des relations dynamiques, il faut posséder une intelligence générale du tout pour comprendre la partie. Un sauvage qui n'a jamais vu de voiture sera incapable de concevoir l'usage et l'action d'une roue. Le disque d'un excentrique, percé d'une ouverture irrégulière, n'a, pour le paysan qui ne sait pas la mécanique, ni place ni usage déterminés. Un mécanicien même, s'il n'a jamais vu de piano, ne comprendra pas, à l'aspect d'une pédale, quelle en est la fonction ou la valeur relative.

C'est surtout lorsqu'il s'agit d'un ensemble organisé que la compréhension complète d'une partie implique une grande compréhension du tout. Supposez un être, qui ne connaîtrait pas le corps humain, placé en présence d'un bras détaché. En admettant même qu'il ne commît pas l'erreur de le prendre pour un tout au lieu de le regarder comme une partie d'un tout, il ne pourrait cependant expliquer ni ses rapports avec les autres parties de ce tout, ni sa structure. Il devinerait à la rigueur la coopération des os et des muscles ; mais il n'aurait absolument aucune idée de la manière dont le bras contribue aux actions du tout auquel il appartient, et il ne saurait en aucune façon interpréter le rôle des nerfs, ni des vaisseaux qui se ramifient dans ce membre et se rattachent séparément à certains organes du tronc. Une théorie de la structure du bras implique une théorie de la structure du corps tout entier.

Cette vérité vaut non seulement pour les agrégats matériels, mais encore pour les agrégats immatériels, les ensembles de mouvements, de faits, de pensées, de mots. Les mouvements de la lune ne sont bien compris que si l'on tient compte des mouvements du système solaire tout entier. Pour arriver à bien charger une arme à feu, il faut connaître les effets qu'elle doit servir à produire. Un fragment de phrase, s'il n'est pas inintelligible, sera mal interprété en l'absence de ce qui manque. Retranchez le commencement et la fin, et le reste d'une démonstration ne prouve rien. Les explications fournies par le demandeur sont souvent trompeuses tant que l'on n'en a pas rapproché celles du défendeur.

2. La conduite est un ensemble, et, en un sens, un ensemble organique, un agrégat d'actions mutuellement liées accomplies par un organisme. La division ou l'aspect de la conduite dont traite la morale est une partie de ce tout organique, et une partie dont les composantes sont indissolublement unies avec le reste. Si l'on s'en rapporte à l'opinion commune, tisonner le feu, lire un journal, prendre un repas, sont des actes où la moralité n'a rien à voir. Ouvrir la fenêtre pour aérer une chambre, prendre un manteau quand l'air est froid ne passent pas pour des faits qui aient aucune valeur morale. Ce sont là

cependant autant de parties de la conduite. La manière de vivre que nous appelons bonne, celle que nous appelons mauvaise sont comprises dans la manière de vivre en général, avec celle que nous regardons comme indifférente. Le tout dont la morale est une partie est le tout constitué par la théorie de la conduite prise dans son ensemble, et il faut comprendre ce tout avant d'en comprendre une partie.

Examinons de plus près cette proposition.

D'abord, comment définirons-nous la conduite ? Il n'y a pas identité absolue entre les actes qui la composent et l'agrégat des actions, bien que la différence soit faible. Des actions comme celles d'un épileptique pendant un accès n'entrent pas dans notre conception de la conduite : cette conception exclut les actes qui ne tendent à aucune fin. En reconnaissant ce qui est ainsi exclu de cette conception, nous reconnaissons en même temps tout ce qu'elle contient, et la définition de la conduite à laquelle nous aboutissons est celle-ci : ou l'ensemble des actes adaptés à une fin, ou l'adaptation des actes à des fins, suivant que nous considérons la somme des actes toute formée, ou que nous pensons seulement à sa formation. La conduite, dans la pleine acception du mot, doit être prise comme embrassant toutes les adaptations d'actes à des fins, depuis les plus simples jusqu'aux plus complexes, quelle que soit leur nature spéciale, qu'on les considère d'ailleurs séparément ou dans leur totalité.

La conduite en général ainsi distinguée de n'importe quel tout plus large constitué par des actions en général, voyons maintenant comment on distingue habituellement du reste de la conduite la conduite sur laquelle on porte des jugements moraux. Comme nous l'avons déjà dit, une grande partie de la conduite ordinaire est indifférente. Irai-je me promener à la cascade aujourd'hui, ou bien suivrai-je le bord de la mer ? Les fins sont ici moralement indifférentes. Si je vais à la cascade, passerai-je par le marais ou par le bois ? Les moyens sont encore moralement indifférents. A chaque instant, la plupart de nos actions ne peuvent ainsi être jugées bonnes ou mauvaises par rapport aux fins ou aux moyens.

Il n'est pas moins clair que la transition des actes indifférents aux actes bons ou mauvais se fait par degrés. Si je suis avec un ami qui connaisse déjà le bord de la mer et qui n'ait pas vu la cascade, le choix entre l'un et l'autre but de promenade n'est déjà plus moralement indifférent ; si, la cascade choisie comme but de notre excursion, le chemin à travers le marais est trop long pour ses forces, alors que la route par le bois est plus courte et plus facile, le choix des moyens cesse aussi d'être indifférent. En outre, si, en faisant une de ces excursions plutôt que l'autre, je m'expose à n'être pas rentré assez tôt pour me trouver à un rendez-vous, si le choix du chemin le plus long a le même résultat, alors que je pourrais revenir à temps en prenant la route la plus courte, la décision en faveur de l'un ou de l'autre but, de l'un ou de l'autre moyen acquiert d'une autre manière une valeur morale, et cette valeur morale enfin sera de plus en plus grande suivant que ce rendez-vous aura ou quelque importance ou une grande importance, ou une importance capitale pour moi ou pour les autres. Ces exemples font ressortir cette vérité qu'une conduite où la moralité n'intervient pas se transforme par des degrés insensibles et de mille manières en une conduite morale ou immorale.

Mais la conduite que nous devons concevoir scientifiquement avant de pouvoir nous faire une idée scientifique de ces modes de conduite qui sont les objets des jugements moraux, est immensément plus étendue que celle à laquelle nous avons fait allusion. Nous n'aurons pas une compréhension complète de la conduite en considérant seulement la conduite des hommes : nous devons en effet la regarder comme une simple partie de la conduite universelle, de la conduite telle qu'elle se manifeste chez tous les êtres vivants. Car celle-ci rentre dans la définition que nous avons donnée : des actes adaptés à des fins. La conduite des animaux supérieurs comparée à celle de l'homme, celle des animaux inférieurs comparée à celle des animaux supérieurs diffèrent surtout en ce que l'adaptation des actes aux fins est plus ou moins simple et incomplète. Ici comme partout, nous devons interpréter le plus développé par le moins développé. De même que, pour bien comprendre la partie de la conduite dont traite la morale, nous devons étudier la conduite humaine dans son ensemble, de même aussi, pour bien comprendre la conduite humaine dans son ensemble, il faut l'étudier comme une partie du tout plus vaste que constitue la conduite des êtres animés en général.

Et nous ne connaîtrons même pas ce tout assez complètement si nous nous bornons à considérer la conduite telle qu'elle se manifeste actuellement autour de nous. Nous devons faire entrer dans notre conception la conduite moins développée dont cette conduite actuelle est sortie dans la suite des temps. Nous devons considérer la conduite observée aujourd'hui chez les créatures de tout ordre comme le développement de la conduite qui a permis à la vie d'arriver dans tous les genres à la hauteur où nous la voyons. Cela revient à dire que nous avons d'abord, pour préparer le terrain, à étudier l'évolution de la conduite.

CHAPITRE II

L'ÉVOLUTION DE LA CONDUITE

3. Nous sommes très familiarisés aujourd'hui avec l'idée d'une évolution de structures à travers les types ascendants de l'animalité. Nous nous sommes aussi familiarisés à un haut degré avec cette pensée qu'une évolution de fonctions s'est produite *pari passu* en même temps que l'évolution des structures. Faisant un pas de plus, il nous reste à concevoir que l'évolution de la conduite est corrélative à cette évolution de structures et de fonctions.

Il faut distinguer avec précision ces trois cas. Il est clair que les faits établis par la morphologie comparée forment un tout essentiellement indépendant, bien qu'on ne puisse l'étudier en général ou en détail sans tenir compte des faits qui appartiennent à la physiologie comparée. Il n'est pas moins clair que nous pouvons appliquer exclusivement notre attention à cette différenciation progressive de fonctions et à cette combinaison de fonctions, qui accompagnent le développement des structures, — que nous pouvons dire des caractères et des connexions des organes seulement ce qu'il faut pour parler de leurs actions séparées ou combinées. La conduite forme elle-même un sujet distinct du sujet des fonctions, moins que celui-ci ne l'est du sujet des structures, mais assez cependant pour constituer un sujet essentiellement séparé. Ces fonctions en effet, qui se combinent déjà de diverses manières pour former ce que nous regardons comme des actes corporels particuliers, sont recombinées encore d'un nombre indéfini de façons pour former cette coordination d'actes corporels désignée sous le nom de conduite.

Nous avons affaire aux fonctions dans le vrai sens du mot, quand nous les considérons comme des processus qui se développent dans le corps ; et, sans dépasser les limites de la physiologie, nous pouvons traiter de leurs combinaisons, tant que nous les regardons comme des éléments du *consensus* vital. Si nous observons comment les poumons aèrent le sang que le cœur leur envoie, comment le cœur et les poumons ensemble fournissent du sang aéré à l'estomac et le rendent ainsi capable de remplir sa tâche ; comment ces organes collaborent avec diverses glandes de sécrétion ou d'excrétion pour achever la digestion et pour éliminer la matière qui a déjà servi ; comment enfin tout ce travail a pour effet de maintenir le cerveau en état de diriger ces actes qui contribuent indirectement à la conservation de la vie, nous ne traitons ainsi que des fonctions. Alors même que nous étudions la manière dont les parties qui agissent directement autour du tronc, — les jambes, les bras, les ailes, — font ce qu'elles doivent faire, nous nous occupons encore des onctions, en tant qu'elles sont physiologiques, aussi longtemps que nous limitons notre examen à leurs processus internes, à leurs combinaisons internes.

Mais nous abordons le sujet de la conduite dès que nous étudions les combinaisons d'actions des organes sensoriels ou moteurs en tant qu'elles se manifestent au dehors. Supposons qu'au lieu d'observer les contractions musculaires par lesquelles convergent les axes optiques et s'adaptent les foyers oculaires (ce qui est du domaine de la physiologie), qu'au lieu d'observer la coopération des nerfs, des muscles, des os, qui permet de porter la main à telle place et de fermer les doigts (c'est encore du domaine de la physiologie), nous observions ce fait qu'une arme est saisie par une main que les yeux ont guidée. Nous passons alors de la pensée d'une combinaison de fonctions internes à la pensée d'une combinaison de mouvements externes. Sans doute, si nous pouvions suivre les processus cérébraux qui accompagnent ces mouvements, nous trouverions une coordination physiologique interne correspondante à cette coordination extérieure d'actions. Mais cette hypothèse s'accorde avec cette affirmation que, lorsque nous ignorons la combinaison interne et faisons attention seulement à la combinaison externe, nous passons d'une partie de la physiologie à une partie de la conduite. On pourrait objecter, il est vrai, que la combinaison externe donnée comme exemple est trop simple pour être légitimement désignée par le nom de conduite ; mais il suffit de réfléchir un moment pour voir qu'elle se lie par d'insensibles gradations à ce que nous appelons la conduite. Supposons que cette arme soit prise pour parer un coup, qu'elle serve à faire une blessure, que l'agresseur soit mis en fuite, que l'affaire fasse du bruit, arrive à la police, et qu'il s'ensuive tous ces actes variés qui constituent une poursuite judiciaire. Evidemment l'adaptation initiale d'un acte à une fin, inséparable de tout le reste, doit être comprise avec ce reste sous un même nom général, et nous passons évidemment par degrés de cette simple adaptation initiale, qui n'a pas encore de caractère moral intrinsèque, aux adaptations les plus complexes et à celles qui donnent lieu à des jugements moraux.

Négligeant toute coordination interne, nous avons donc ici pour sujet l'agrégat de toutes les coordinations externes, et cet agrégat embrasse non seulement toutes les coordinations formées par des hommes, les plus simples comme les plus complexes, mais encore toutes celles que produisent tous les êtres inférieurs plus ou moins développés.

4. Nous avons déjà implicitement résolu cette question : en quoi consiste le progrès dans l'évolution de la conduite, et comment pourrons-nous le suivre depuis les types les plus humbles des créatures vivantes jusqu'aux plus élevés ? Quelques exemples suffiront pour mettre la réponse dans tout son jour.

Nous avons vu que la conduite se distingue de la totalité des actions en ce qu'elle exclut les actions qui ne tendent pas à une fin : mais dans le cours de l'évolution cette distinction se manifeste par degrés. Chez les créatures les plus humbles, la plupart des mouvements accomplis à chaque instant ne paraissent pas plus dirigés vers un but déterminé que les mouvements désordonnés d'un épileptique. Un infusoire nage au hasard çà et là, sans que sa course soit déterminée par la vue d'aucun objet à poursuivre ou à éviter, et seulement, selon toute apparence, sous l'impulsion de diverses actions du milieu où il est plongé ; ses actes, qui ne paraissent à aucun degré adaptés à des fins, le conduisent tantôt au contact de quelque substance nutritive qu'il absorbe, tantôt au contraire dans le voisinage de quelque animal par lequel il est lui-même absorbé et digéré. Privés des sens développés et de la puissance motrice qui appartiennent aux animaux supérieurs, quatre-vingt-dix-neuf pour cent de ces animalcules, qui vivent isolément quelques heures, disparaissent en servant à la nutrition d'autres êtres ou sont détruits par quelque autre cause. Leur conduite se compose d'actions si peu adaptées à des fins que leur vie continue seulement tant que les accidents du milieu leur sont favorables.

Mais si, parmi les créatures aquatiques, nous en observons une d'un type encore peu élevé, supérieure cependant à l'infusoire, un rotifère par exemple, nous voyons en même temps que la taille s'accroît, que la structure se développe et que le pouvoir de combiner des fonctions s'augmente, comment il se fait aussi un progrès dans la conduite. Nous voyons le rotifère agiter circulairement ses cils, et attirer pour s'en nourrir les petits animaux qui se meuvent autour de lui ; avec sa queue préhensive, il se fixe à quelque objet approprié ; en repliant ses organes extérieurs et en contractant son corps, il se soustrait aux dangers qui peuvent de temps à autre le menacer. En adaptant mieux ses actions à des fins, il se rend ainsi plus indépendant des faits extérieurs et assure sa conservation pour une plus longue période.

Un type supérieur, comme celui des mollusques, permet de marquer encore mieux ce contraste. Lorsque nous comparons un mollusque inférieur, comme l'ascidie flottante, avec un mollusque d'une espèce élevée, comme un céphalopode, nous trouvons encore qu'un plus haut degré de l'évolution organique est accompagné d'une conduite plus développée. A la merci de tout animal marin assez gros pour l'avaler, entraînée par les courants qui peuvent au hasard la retenir en pleine mer ou la laisser à sec sur le rivage, l'ascidie n'adapte que fort peu d'actes à des fins déterminées, en comparaison du céphalopode. Celui-ci, au contraire, tantôt rampe sur le rivage, tantôt explore les crevasses des rochers, tantôt nage dans la mer, tantôt attaque un poisson, tantôt se dérobe lui-même dans un nuage de liqueur noire à la poursuite d'un animal plus gros et se sert de ses tentacules soit pour se fixer au sol, soit pour tenir sa proie plus serrée ; il choisit, il combine, il proportionne ses mouvements de minute en minute, aussi bien pour échapper aux dangers qui le menacent que pour tirer parti des hasards heureux ; il nous montre enfin toute une variété d'actions qui, en servant à des fins particulières, servent à cette fin générale : assurer la continuité de l'activité.

Chez les animaux vertébrés, nous suivons également ce progrès de la conduite parallèlement au progrès des structures et des fonctions. Un poisson errant çà et là à la recherche de quelque chose à manger, capable de découvrir sa proie par l'odorat ou la vue, mais seulement à une faible distance, et à chaque instant forcé de fuir à l'approche redoutable de quelque poisson plus gros, ce poisson adapte à des fins des actes relativement peu nombreux et très simples ; par une conséquence naturelle, la durée de sa vie est fort courte. Il y en a si peu qui survivent à la maturité, que, pour compenser la destruction des petits non encore éclos, du menu fretin et des individus à demi développés, une morue doit frayer un million d'œufs, et, sur ce grand nombre d'œufs, deux autres morues peuvent parvenir à l'âge de frayer à leur tour. Au contraire, un mammifère d'un degré élevé dans l'échelle de l'évolution, comme un éléphant, adapte beaucoup mieux à leurs fins même ces actes généraux qui lui sont communs avec ce poisson. Par la vue, aussi bien, probablement, que par l'odorat, il découvre sa nourriture à une distance relativement fort grande ; et si, de temps à autre, il lui faut fuir, il le fait avec beaucoup plus de rapidité que le poisson. Mais la principale différence consiste en ce qu'il y a encore ici d'autres groupes d'adaptations. Ainsi certains actes se combinent pour faciliter la nutrition : par exemple, il brise des branches chargées de fruits pour s'en nourrir, il fait un choix de tiges comestibles parmi le grand nombre de celles qui s'offrent à lui ; en cas de danger, il peut non seulement fuir, mais encore, s'il le faut, se défendre ou même attaquer le premier, et il se sert alors simultanément de ses défenses, de sa trompe et de ses pieds pesants. En outre, nous voyons des actes secondaires et variés s'adapter à des fins secondaires ; ainsi il va chercher la fraîcheur dans une rivière et se sert de sa trompe pour s'arroser, ou bien il emploie une baguette pour chasser les mouches qui s'attachent à son dos, ou encore il sait faire entendre des sortes de cris d'alarme pour avertir le troupeau, et conformer lui-même ses actes à ces cris s'ils sont poussés par d'autres éléphants. Evidemment, l'effet d'une conduite si développée est d'assurer l'équilibre des actions organiques pendant des périodes beaucoup plus longues.

Si nous étudions maintenant la manière d'agir du plus élevé parmi les mammifères, de l'homme, nous ne trouvons pas seulement des adaptations de moyens à fins plus nombreuses et plus exactes que chez les mammifères ordinaires, nous faisons encore la même remarque en comparant les races humaines supérieures aux races humaines inférieures. Prenons une des fins les plus importantes, nous la verrons bien plus complètement atteinte par l'homme civilisé que par le sauvage, et nous y verrons concourir un nombre relativement plus grand d'actes secondaires. S'agit-il de la nutrition ? La nourriture est obtenue plus régulièrement par rapport à l'appétit ; elle est de meilleure qualité, plus propre, plus variée, mieux préparée. S'agit-il du vêtement ? Les caractères de la fabrication et de la forme des articles qui servent à l'habillement, et leur adaptation aux besoins sont de jour en jour, d'heure en heure, améliorés. S'agit-il des habitations ? Entre les huttes de terre et de branchages habitées par les sauvages les plus arriérés et la maison de l'homme civilisé, il y a autant de différence extérieure que dans le nombre et la valeur des adaptations de moyens à fins que supposent respectivement ces deux genres de constructions. Si nous comparons les occupations ordinaires du sauvage avec les occupations ordinaires de l'homme civilisé, — par exemple les affaires du commerçant qui supposent des transactions multiples et complexes s'étendant à de longues périodes, les professions libérales, préparées par des études laborieuses et chaque jour assujetties aux soucis les plus variés, ou les discussions, les agitations politiques employées tantôt à soutenir telle mesure et tantôt à combattre telle autre, — nous rencontrons non seulement des séries d'adaptations de moyens à fins qui dépassent infiniment en variété et en complexité celles des races inférieures, mais des séries qui n'ont pas d'analogues dans ces races. La durée de la vie, qui constitue la fin suprême, s'accroît parallèlement à cette plus grande élaboration de la vie produite par la poursuite de fins plus nombreuses.

Mais il est nécessaire de compléter cette conception d'une évolution de la conduite. Nous avons montré qu'elle consiste en une adaptation des actes aux fins, telle que la vie se trouve prolongée. Cette adaptation augmente encore le total de la vie. En repassant en effet les exemples donnés plus haut, on verra que la longueur de la vie n'est point, par elle-même, la mesure de l'évolution de la conduite : il faut encore tenir compte de la quantité de vie. Par sa constitution, une huître peut se contenter de la nourriture diffuse contenue dans l'eau de mer qu'elle absorbe ; protégée par son écaille à peu près contre tous les dangers, elle est capable de vivre plus longtemps qu'une sèche, exposée malgré ses facultés supérieures à de nombreux hasards ; mais aussi la somme d'activités vitales dans un intervalle donné est bien moindre pour l'huître que pour la sèche. De même un ver, ordinairement caché à la plupart de ses ennemis par la terre sous laquelle il se fait un chemin et qui lui fournit assez pour sa pauvre subsistance, peut arriver à vivre plus longtemps que ses parents annelés, les insectes ; mais l'un de ceux-ci, durant son existence de larve ou d'insecte parfait, expérimente un plus grand nombre de ces changements qui constituent la vie. Il n'en est pas autrement quand nous comparons dans le genre humain les races les plus développées aux moins développées. La différence entre les années que peuvent vivre un sauvage et un homme civilisé ne permet pas d'apprécier exactement combien la vie diffère chez l'un et chez l'autre, si l'on considère le total de la vie comme un agrégat de pensées, de sensations et d'actes. Aussi, pour estimer la vie, nous en multiplierons la longueur par la largeur, et nous dirons que l'augmentation vitale qui accompagne l'évolution de la conduite résulte de l'accroissement de ces deux facteurs. Les adaptations plus multiples et plus variées de moyens à fins, par lesquelles les créatures plus développées satisfont des besoins plus nombreux, ajoutent toutes quelque chose aux activités exercées dans le même temps, et contribuent chacune à rendre plus longue la période pendant laquelle se continuent ces activités simultanées. Toute évolution ultérieure de la conduite augmente l'agrégat des actions, en même temps qu'elle contribue à l'étendre dans la durée.

5. Passons maintenant à un autre aspect des phénomènes, à un aspect distinct de celui que nous avons étudié, mais nécessairement associé avec lui. Nous n'avons considéré jusqu'à présent que les adaptations de moyens à fins qui ont pour dernier résultat de compléter la vie individuelle. Considérons les adaptations qui ont pour fin la vie de l'espèce. Si chaque génération subsiste, c'est parce que des générations antérieures ont veillé à la conservation des jeunes. Plus l'évolution de la conduite qui sert à la défense de la vie individuelle est développée et suppose une haute organisation, plus la conduite relative à l'élevage des petits doit être elle-même développée. A travers les degrés ascendants du règne animal, ce second genre de conduite présente des progrès successifs égaux à ceux que nous avons observés dans le premier. En bas, où les structures et les fonctions sont peu développées et le pouvoir d'adapter des actes à des fins encore faible, il n'y a pas, à proprement parler, de conduite pour assurer la conservation de l'espèce. La conduite pour le maintien de la race, comme la conduite pour le maintien de l'individu, sort par degrés de ce qui ne peut être appelé une conduite. Les actions adaptées à une fin sont précédées d'actions qui ne tendent à aucune fin.

Les protozoaires se divisent et se subdivisent, par suite de changements physiques sur lesquels ils n'ont aucun contrôle, ou, d'autres fois, après un intervalle de repos, se brisent en petites parties qui se développent séparément pour former autant d'individus nouveaux. Dans ce cas, pas plus que dans le précédent, il n'y a pas de conduite. Un peu plus haut, le progrès consiste en ce qu'il se forme, à certains moments, dans le corps de l'animal, des cellules germes et des cellules de sperme qui sont projetées à l'occasion dans l'eau environnante et abandonnées à leur sort : une sur cent mille peut-être arrive à maturité. Ici encore, nous voyons le développement et la dispersion des nouveaux êtres se faire sans que les parents s'en occupent. Les espèces immédiatement supérieures, comme les poissons, qui choisissent les endroits favorables pour y déposer leurs œufs, les crustacés d'un genre élevé, qui charrient des masses d'œufs jusqu'à ce qu'ils soient éclos, font voir des adaptations de moyens à fins que nous pouvons désigner du nom de conduite; mais c'est encore une conduite du genre le plus simple. Lorsque, comme dans une certaine espèce de poissons, le mâle veille sur les œufs et en éloigne les intrus, c'est une nouvelle adaptation de moyens à fins, et l'on peut employer plus résolument dans ce cas le mot de conduite.

Si nous passons à des créatures bien supérieures, comme es oiseaux, qui bâtissent des nids, couvent leurs œufs, nourrissent leurs petits pendant de longues périodes et les assistent encore quand ils sont capables de voler; ou comme les mammifères, qui allaitent un certain temps leurs petits, et continuent ensuite à leur apporter de la nourriture ou à les protéger pendant qu'ils prennent eux-mêmes leur nourriture, jusqu'à ce qu'ils soient capables de se suffire à eux-mêmes, nous voyons comment la conduite qui a pour but la conservation de l'espèce se développe pas à pas avec celle qui sert à la conservation de l'individu. Cette organisation supérieure qui rend celle-ci possible rend également possible celle-là.

L'humanité marque dans ce genre un grand progrès. Comparé avec les animaux, le sauvage, supérieur déjà dans la conduite qui se rapporte à sa propre conservation, est supérieur aussi dans la conduite qui a pour fin la conservation de sa race. Il pourvoit en effet à un plus grand nombre de besoins de l'enfant; les soins des parents durent plus longtemps et s'étendent à apprendre aux enfants les arts, à leur donner les habitudes qui les préparent à l'existence qu'ils doivent mener. La conduite de cet ordre, aussi bien que celle de l'autre, se développe encore davantage sous nos yeux, quand nous nous élevons du sauvage à l'homme civilisé. L'adaptation des moyens à des fins dans l'éducation des enfants est plus complète; les fins à atteindre sont plus nombreuses, les moyens plus variés, et l'emploi en est plus efficace; la protection, la surveillance se continuent aussi pendant une bien plus grande partie de la vie.

En suivant l'évolution de la conduite, de manière à nous faire une idée exacte de la conduite en général, nous devons donc reconnaître la dépendance mutuelle de ces deux genres. A parler généralement, l'un ne peut se développer sans que l'autre se développe, et ils doivent parvenir simultanément l'un et l'autre au plus haut degré de leur évolution.

6. Cependant, on se tromperait en affirmant que l'évolution

de la conduite devient complète, lorsqu'elle atteint une adaptation parfaite de moyens à fins pour conserver la vie individuelle et élever les enfants, ou plutôt je dirais que ces deux premiers genres de conduite ne peuvent pas arriver à leur forme la plus haute, sans qu'un troisième genre de conduite, qu'il nous reste à nommer, atteigne lui-même sa forme la plus élevée.

Les créatures innombrables et de toute espèce qui remplissent la terre ne peuvent vivre entièrement étrangères les unes aux autres ; elles sont plus ou moins en présence les unes des autres, se heurtent les unes contre les autres. Dans une grande proportion, les adaptations de moyens à fins dont nous avons parlé sont les composantes de cette « lutte pour l'existence » engagée à la fois entre les membres d'une même espèce et les membres d'espèces différentes ; et, le plus souvent, une heureuse adaptation faite par une créature implique une adaptation manquée par un être de la même espèce ou d'une espèce différente. Pour que le carnivore vive, il faut que des herbivores meurent, et, pour élever ses petits, il doit priver de leurs parents les petits d'animaux plus faibles. Le faucon et sa couvée ne subsistent que par le meurtre de beaucoup de petits oiseaux ; ces petits oiseaux à leur tour ne peuvent multiplier, et leur progéniture ne peut se nourrir que par le sacrifice de vers et de larves innombrables. La compétition entre membres de la même espèce a des résultats analogues, bien que moins frappants. Le plus fort s'empare souvent par la violence de la proie qu'un plus faible a attrapée. Usurpant à leur profit exclusif certains territoires de chasse, les plus féroces relèguent les autres animaux de leur espèce en des lieux moins favorables. Chez les herbivores, les choses se passent de la même manière ; les plus forts s'assurent la meilleure nourriture, tandis que les plus faibles, moins bien nourris, succombent directement d'inanition ou indirectement par l'inhabileté à fuir leurs ennemis qui résulte de ce défaut même d'alimentation. Cela revient à dire que, chez ceux dont la vie se passe à lutter, aucun des deux genres de conduite déterminés plus haut ne peut arriver à un complet développement. Même chez les animaux qui ont peu à craindre de la part d'ennemis ou de compétiteurs, comme les lions ou les tigres, il y a fatalement encore quelques défauts d'adaptation des moyens aux fins dans la dernière partie de leur vie. La mort par la faim qui résulte de l'impuissance à saisir sa proie est une preuve que la conduite n'atteint pas son idéal.

De cette conduite imparfaitement développée, nous passons par antithèse à la conduite parvenue à la perfection. En considérant ces adaptations d'actes à des fins, qui restent toujours incomplètes, parce qu'elles ne peuvent être faites par une créature sans qu'une autre créature soit empêchée de les faire, nous nous élevons à la pensée d'adaptations telles que toutes les créatures pourraient les faire sans empêcher les autres créatures de les faire également. Voilà nécessairement le caractère distinctif de la conduite la plus développée. Aussi longtemps en effet que la conduite se composera d'adaptations d'actes à fins, possibles pour les uns à la condition seulement que les autres ne puissent faire les mêmes adaptations, il y aura toujours place pour des modifications par lesquelles la conduite atteindrait une phase où cette nécessité serait évitée et qui augmenterait la somme de la vie.

De l'abstrait passons au concret. Nous reconnaissons que l'homme est l'être dont la conduite est le plus développée; recherchons à quelles conditions sa conduite, sous les trois aspects de son évolution, atteint sa limite. D'abord, tant que la vie n'est entretenue que par le pillage, comme celle de certains sauvages, les adaptations de moyens à fins ne peuvent atteindre en aucun genre le plus haut degré de la conduite. La vie individuelle, mal défendue d'heure en heure, est prématurément interrompue; l'éducation des enfants fait souvent tout à fait défaut, ou elle est incomplète si elle ne manque pas entièrement; de plus, la conservation de l'individu et celle de la race ne sont assurées, dans la mesure où elles le sont, que par la destruction d'autres êtres, d'une autre espèce ou de la même. Dans les sociétés formées par la composition et la recomposition des hordes primitives, la conduite reste imparfaitement développée dans la mesure où se perpétuent les luttes entre les groupes et les luttes entre les membres des mêmes groupes; or ces deux traits sont nécessairement associés, car la nature, qui pousse aux guerres internationales, porte également aux attaques d'individu à individu. La limite de l'évolution ne peut donc être atteinte par la conduite que dans les sociétés tout à fait paisibles. Cette adaptation parfaite de moyens à fins pour la conservation de la vie individuelle et l'éducation de nouveaux individus, à laquelle chacun peut atteindre sans empêcher les autres d'en faire autant, constitue, dans sa véritable définition, un genre de conduite dont on ne peut approcher que si les guerres diminuent ou cessent tout à fait.

Mais nous avons encore une lacune à combler, car il y a un dernier progrès dont nous n'avons pas encore parlé. Outre que chacun peut agir de telle sorte qu'il parvienne à ses fins sans empêcher les autres de parvenir aux leurs, les membres d'une société peuvent s'entr'aider à atteindre leur but. Si des citoyens unis se rendent plus facile les uns aux autres l'adaptation des moyens aux fins, — soit indirectement par une coopération industrielle, soit directement par une assistance volontaire, — leur conduite s'élève à un degré plus haut encore d'évolution, puisque tout ce qui facilite pour chacun l'adaptation des actes aux fins augmente la somme des adaptations faites et sert à rendre plus complète la vie de tous.

7. Le lecteur qui se rappellera certains passages des *Premiers principes*, des *Principes de biologie* et des *Principes de psychologie* reconnaîtra dans les passages qui précèdent, sous une autre forme, le mode de généralisation déjà adopté dans ces ouvrages. On se souviendra particulièrement de cette proposition que la vie est « la combinaison définie de changements hétérogènes, à la fois simultanés et successifs, en correspondance avec des coexistences et des séquences extérieures; » et surtout de cette formule abrégée et plus nette d'après laquelle la vie est « l'adaptation continuelle de relations internes à des relations externes ».

La différence dans la manière de présenter ici les faits par rapport à la manière dont nous les présentions autrefois consiste surtout en ceci que nous ignorons la partie intérieure de la correspondance pour nous attacher exclusivement à cette partie extérieure constituée par les actions visibles. Mais l'une et l'autre partie sont en harmonie, et le lecteur qui désirerait se préparer lui-même à bien comprendre le sujet de ce livre au point de vue de l'évolution ferait bien d'ajouter, à l'aspect plus spécial que nous allons considérer, les aspects que nous avons déjà décrits.

Cette remarque faite en passant, je reviens à l'importante proposition établie dans les deux chapitres précédents et qui a été, je pense, pleinement justifiée. Guidés par cette vérité que la conduite dont traite la morale est une partie de la conduite en général, et qu'il faut bien comprendre ce que c'est que la conduite en général pour comprendre spécialement ce que c'est que cette partie ; guidés aussi par cette autre vérité que, pour comprendre la conduite en général, nous devions comprendre l'évolution de la conduite, nous avons été amenés à reconnaître que la morale a pour sujet propre la forme que revêt la conduite universelle dans les dernières étapes de son évolution. Nous avons aussi conclu que ces dernières étapes dans l'évolution de la conduite sont celles que parcourt le type le plus élevé de l'être, lorsqu'il est forcé, par l'accroissement du nombre, à vivre de plus en plus en présence de ses semblables. Nous sommes ainsi arrivés à ce corollaire que la conduite obtient une sanction morale à mesure que les activités, devenant de moins en moins militantes et de plus en plus industrielles, sont telles qu'elles ne nécessitent plus ni injustice ni opposition mutuelles, mais consistent en coopérations, en aides réciproques, et se développent par cela même.

Ces conséquences de l'hypothèse de l'évolution, il nous reste à voir qu'elles s'accordent avec les idées morales directrices auxquelles les hommes se sont élevés par d'autres voies.

CHAPITRE III

LA BONNE ET LA MAUVAISE CONDUITE

8. En comparant les sens qu'il a dans différents cas et en observant ce que ces sens ont de commun, nous parvenons à déterminer la signification essentielle d'un mot. Cette signification, pour un mot qui est diversement appliqué, peut aussi être connue en comparant l'une avec l'autre celles de ses applications qui diffèrent le plus entre elles. Cherchons de cette manière ce que signifient les mots bon et mauvais.

Dans quel cas donnons-nous l'épithète de bon à un couteau, à un fusil, à une maison? Quelles circonstances d'autre part nous conduisent à traiter de mauvais un parapluie ou une paire de bottes? Les caractères attribués ici par les mots *bon* et *mauvais* ne sont pas des caractères intrinsèques; car, en dehors des besoins de l'homme, ces objets n'ont ni mérites ni démérites. Nous les appelons bons ou mauvais suivant qu'ils sont plus ou moins propres à nous permettre d'atteindre des fins déterminées. Le bon couteau est un couteau qui coupe; le bon fusil, un fusil qui porte loin et juste; la bonne maison, une maison qui procure convenablement l'abri, le confort, les commodités qu'on y cherche. Réciproquement, le mal que l'on trouve dans le parapluie ou la paire de bottes se rapporte à l'insuffisance au moins apparente de ces objets pour atteindre certaines fins, comme de nous protéger de la pluie ou de garantir efficacement nos pieds.

Il en est de même si nous passons des objets inanimés aux actions inanimées. Nous appelons mauvaise la journée où une tempête nous empêche de satisfaire quelque désir. Une bonne saison est l'expression employée lorsque le temps a favorisé la production de riches moissons.

Si, des choses et des actions où la vie ne se manifeste pas, nous passons aux êtres vivants, nous voyons encore que ces mots, dans leur application courante, se rapportent à l'utilité. Dire d'un chien d'arrêt ou d'un chien courant, d'un mouton ou d'un bœuf, qu'ils sont bons ou mauvais, s'entend, dans certains cas, de leur aptitude à atteindre certaines fins pour lesquelles les hommes les emploient, et, dans d'autres cas, de la qualité de leur chair en tant qu'elle sert à soutenir la vie humaine.

Les actions des hommes considérées comme moralement indifférentes, nous les classons aussi en bonnes ou mauvaises suivant qu'elles réussissent ou qu'elles échouent. Un saut est bon, abstraction faite d'une fin plus éloignée, lorsqu'il atteint exactement le but immédiat que l'on se propose en sautant; et au billard, un coup est bon, suivant le langage ordinaire, lorsque les mouvements sont tout à fait ce qu'ils doivent être pour le succès d'une partie. Au contraire, une promenade où l'on s'égare, une prononciation qui n'est pas distincte sont mauvaises, parce que les actes ne sont pas adaptés aux fins comme ils doivent l'être.

En constatant ainsi le sens des mots *bon* et *mauvais* quand on les emploie dans d'autres cas, nous comprendrons plus facilement leur signification quand on s'en sert pour caractériser la conduite sous son aspect moral. Ici encore, l'observation nous apprend qu'on les applique suivant que les adaptations de moyens à fins sont ou ne sont pas efficaces. Cette vérité est quelque peu déguisée. Les relations sociales sont en effet si enchevêtrées que les actions humaines affectent souvent simultanément le bien-être de l'individu, de ses descendants et de ses concitoyens. Il en résulte de la confusion dans le jugement des actions comme bonnes ou mauvaises; car des actions propres à faire atteindre des fins d'un certain ordre peuvent empêcher des fins d'un autre ordre d'être atteintes. Néanmoins, quand nous démêlons les trois ordres de fins et considérons chacune d'elles séparément, nous reconnaissons clairement que la conduite par laquelle on atteint chaque genre de fin est bonne et que celle qui nous empêche de l'atteindre est relativement mauvaise.

Prenons d'abord le premier groupe d'adaptations, celles qui servent à la conservation de la vie individuelle. En réservant l'approbation ou la désapprobation relativement au but qu'il se propose ultérieurement, on dit qu'un homme qui se bat fait une bonne défense, si sa défense est en effet de nature à assurer son salut; les jugements touchant les autres aspects de sa conduite restant les mêmes, le même homme s'attire un verdict défavorable si, en ne considérant que ses actes immédiats, on les juge inefficaces. La bonté attribuée à un homme d'affaires, comme tel, se mesure à l'activité et à la capacité avec lesquelles il sait acheter et vendre à son avantage, et ces qualités n'empêchent pas la dureté avec les subalternes, une dureté que l'on condamne. Un homme qui prête fréquemment de l'argent à un ami, lequel gaspille chaque fois ce qu'on lui a prêté, se conduit d'une manière louable à la considérer en elle-même; cependant, s'il va jusqu'à s'exposer à la ruine, il est blâmable pour avoir porté si loin le dévouement. Il en est de même des jugements exprimés à chaque instant sur les actes des personnes de notre connaissance, quand leur santé, leur bien-être est en jeu. « Vous n'auriez pas dû faire cela, » dit-on à celui qui traverse une rue encombrée de voitures. « Vous auriez dû changer d'habits, » à celui qui a pris froid à la pluie. « Vous avez bien fait de prendre un reçu. » — « Vous avez eu tort de placer votre argent sans prendre conseil. » Ce sont là des appréciations très ordinaires. Toutes ces expressions d'approbation ou de désapprobation impliquent cette affirmation tacite que, toutes choses égales d'ailleurs, la conduite est bonne ou mauvaise suivant que les actes spéciaux qui la composent, bien ou mal appropriés à des fins spéciales, peuvent conduire ou non à la fin générale de la conservation de l'individu.

Ces jugements moraux que nous portons sur les actes qui concernent l'individu sont ordinairement exprimés sans beaucoup de force, en partie parce que les inspirations de nos inclinations personnelles, généralement assez fortes, n'ont pas besoin d'être fortifiées par des considérations morales, en partie parce que les inspirations de nos inclinations sociales, moins fortes et souvent peu écoutées, en ont besoin; de là un contraste. En passant à cette seconde classe d'adaptations d'actes à des fins qui servent à l'élevage des enfants, nous ne trouvons plus aucune obscurité dans l'application qu'on leur fait des mots *bon* et *mauvais*, suivant qu'elles sont efficaces ou non. Les expressions : bien élever ou mal élever, qu'elles se rapportent à la nourriture, ou à la qualité et à la quantité des vêtements, ou aux soins que les enfants réclament à chaque instant, indiquent implicitement que l'on reconnaît, comme des fins spéciales que l'on doit atteindre, le développement des fonctions vitales, en vue d'une fin générale, la continuation de la vie et de la croissance. Une bonne mère, dira-t-on, est celle qui, tout en veillant à tous les besoins physiques de ses enfants, leur donne aussi une direction propre à leur assurer la santé mentale; un mauvais père est celui qui ne pourvoit pas aux nécessités de la vie pour sa famille, ou qui, de quelque autre manière, nuit au développement physique et mental de ses enfants. De même pour l'éducation qui leur est donnée ou préparée. On affirme qu'elle est bonne ou mauvaise (souvent il est vrai à la légère) suivant que les méthodes en sont appropriées aux besoins physiques et psychiques, de manière à assurer la vie des enfants pour le présent tout en les préparant à vivre complètement et longtemps quand ils auront grandi.

Mais l'application des mots *bon* et *mauvais* est plus énergique quand il s'agit de cette troisième division de la conduite comprenant les actes par lesquels les hommes influent les uns sur les autres. Dans la défense de leur propre vie et l'éducation de leurs enfants, les hommes, en adaptant leurs actes à des fins, peuvent si bien s'opposer à des adaptations pareilles chez les autres hommes qu'il faudra toujours imposer des bornes aux empiètements possibles; les dommages causés par ces conflits entre actions servant de part et d'autre à la conservation de l'individu sont si graves, qu'il faut ici des défenses péremptoires. De là ce fait que les qualifications de bon et mauvais sont plus spécialement appliquées chez nous aux actes qui favorisent la vie complète des autres ou qui lui font obstacle. Le mot *bonté*, pris séparément, suggère avant tout l'idée de la conduite d'un homme qui aide un malade à recouvrer la santé, qui fournit à des malheureux les moyens de subsister, qui défend ceux qui sont injustement attaqués dans leur personne, leur propriété, ou leur réputation, ou qui assure son concours à quiconque promet d'améliorer la condition de ses semblables. Au contraire, le mot *méchanceté* fait penser à la conduite d'un homme qui passe sa vie à entraver la vie des autres, soit en les maltraitant, soit en détruisant ce qui leur appartient, soit en les trompant, ou en les calomniant.

Ainsi les actes sont toujours appelés bons ou mauvais, suivant qu'ils sont bien ou mal appropriés à des fins, et toutes les inconséquences qui peuvent se rencontrer dans l'usage que nous faisons des mots viennent de l'inconséquence des fins. Mais l'étude de la conduite en général et de l'évolution de la conduite nous a préparés à concéder ces interprétations. Les raisonnements exposés plus haut font voir que la conduite à laquelle convient la qualification de bonne est la conduite relativement la plus développée, et que la qualification de mauvaise s'applique à celle qui est relativement la moins développée. Nous avons dit que l'évolution, tendant toujours à la conservation de l'individu, atteint sa limite lorsque la vie individuelle est la plus grande possible, en longueur et en largeur; nous voyons maintenant, en laissant de côté les autres fins, qu'on appelle bonne la conduite par laquelle cette conservation de soi est favorisée, et mauvaise la conduite qui tend à la destruction de l'individu. Nous avons montré aussi qu'à l'accroissement du pouvoir de conserver la vie individuelle, — qui est le fruit de l'évolution, — correspond un accroissement du pouvoir de perpétuer l'espèce par l'élevage des enfants, et que, dans cette direction, l'évolution atteint sa limite lorsque le nombre nécessaire d'enfants amenés à l'âge mûr est capable d'une vie complète en plénitude et en durée. A ce second point de vue, on dit que la conduite des parents est bonne ou mauvaise suivant qu'elle se rapproche ou s'écarte de ce résultat idéal. Le raisonnement montre encore que l'établissement d'un état social rend possible et réclame une forme de conduite telle que la vie soit complète pour chacun et les enfants de chacun, non seulement sans priver les autres du même avantage, mais encore en favorisant leur développement. Nous avons trouvé enfin que c'est là la forme de conduite que l'on regarde essentiellement comme bonne. En outre, de même que l'évolution nous a paru devenir la plus haute possible lorsque la conduite assure simultanément la plus grande somme de vie à l'individu, à ses enfants et aux autres hommes, nous voyons ici que la conduite appelée bonne se perfectionne et devient la conduite considérée comme la meilleure quand elle permet d'atteindre ces trois classes de fins dans le même temps.

9. Ces jugements sur la conduite impliquent-ils quelque postulat? Avons-nous besoin d'une hypothèse pour appeler bons les actes qui favorisent la vie de l'individu ou de ses semblables, et mauvais ceux qui tendent directement ou indirectement à la mort de celui qui les accomplit ou des autres? Oui, nous avons fait une hypothèse d'une extrême importance, une hypothèse qui est nécessaire pour toute appréciation morale.

La question à poser nettement et à résoudre avant d'aborder une discussion morale quelconque est une question très controversée de notre temps : La vie vaut-elle la peine de vivre? Adopterons-nous la théorie pessimiste? Adopterons-nous la théorie optimiste? Ou, après avoir pesé les arguments des pessimistes et ceux des optimistes, conclurons-nous que la balance est en faveur d'un optimisme mitigé?

De la réponse à cette question dépend absolument toute décision relativement à la bonté ou à la méchanceté de la conduite. Pour ceux qui regardent la vie non comme un avantage, mais comme un malheur, il faut blâmer plutôt que louer la conduite qui la prolonge; si la fin d'une existence odieuse est désirable, on doit applaudir à ce qui hâtera cette fin et condamner les actions qui favoriseraient sa durée pour l'individu ou pour les autres. D'un autre côté, ceux qui embrassent l'optimisme, ou qui, sans être tout à fait optimistes, soutiennent cependant que le bien dans cette vie l'emporte sur le mal, porteront des jugements tout opposés; d'après eux, on doit approuver une conduite qui favorise la vie de l'individu et des autres et désapprouver celle qui lui nuit ou la met en danger.

La dernière question est donc de savoir si l'évolution a été une faute, et surtout l'évolution qui perfectionne l'adaptation des actes à des fins dans les degrés ascendants de l'organisation. Si l'on soutient qu'il aurait mieux valu qu'il n'y eût pas d'êtres animés quelconques, et que plus tôt ils cesseront d'exister mieux cela vaudra, on aura un ordre déterminé de conclusions relativement à la conduite. Si l'on soutient, au contraire, que la balance est en faveur des êtres animés, bien plus, si l'on prétend que cette balance leur sera de plus en plus favorable dans l'avenir, les conclusions à tirer seront d'un ordre tout différent. Si même on alléguait que la valeur de la vie ne doit pas être appréciée par son caractère intrinsèque, mais bien par ses conséquences extrinsèques, — par certains résultats supposés au delà de cette vie, — nous arriverions à des conclusions du même ordre que dans le cas précédent, mais sous une autre forme. En effet la foi dans cette dernière hypothèse peut bien condamner un attentat volontaire à une vie misérable, mais elle ne peut pas approuver une prolongation gratuite d'une telle vie. La théorie pessimiste fait blâmer une législation qui tend à accroître la longévité, tandis que la théorie optimiste la fait hautement apprécier.

Eh bien, ces opinions irréconciliables ont-elles quelque chose de commun? Les hommes pouvant être divisés en deux écoles adverses sur cette question essentielle, il faut rechercher s'il n'y a rien que les deux théories radicalement opposées accordent l'une et l'autre. Dans la proposition optimiste, que l'on affirme tacitement lorsque l'on emploie les mots *bon* et *mauvais* avec leur sens ordinaire, et dans la proposition pessimiste qui, si elle est faite ouvertement, implique l'emploi des mêmes mots avec un sens inverse du sens ordinaire, un examen attentif ne découvre-t-il pas une autre proposition cachée sous celles-là, une proposition qu'elles renferment l'une et l'autre, et qui peut être affirmée avec plus de certitude, une proposition universellement reconnue?

10. Oui, il y a un postulat que les pessimistes et les optimistes admettent également. Leurs arguments de part et d'autre supposent comme évident de soi-même que la vie est bonne ou

mauvaise suivant qu'elle apporte ou n'apporte pas un surplus de sensations agréables. Le pessimiste déclare qu'il condamne la vie parce qu'elle aboutit à plus de peine que de plaisir. L'optimiste défend la vie dans cette croyance qu'elle apporte plus de plaisir que de peine. L'un et l'autre prennent pour critérium la nature de la vie au point de vue de la sensibilité. Ils accordent que la question de savoir si la vie est une manière d'être bonne ou mauvaise revient à celle-ci : La conscience, dans ses oscillations, se maintient-elle au-dessus du point d'indifférence dans une sensation de plaisir ou tombe-t-elle au-dessous, dans la peine ? Leurs théories opposées supposent également que la conduite doit tendre à la préservation de l'individu, de la famille et de la société, dans l'hypothèse seulement où la vie apporterait plus de bonheur que de misère.

La différence du point de vue ne peut changer ce verdict. Le pessimiste soutient que les maux prédominent dans la vie et l'optimiste prétend que ce sont les plaisirs; mais l'un et l'autre admettent que les peines actuelles doivent être compensées par des plaisirs futurs et qu'ainsi la vie, justifiée ou non dans ses résultats immédiats, est justifiée par ces derniers résultats. L'hypothèse impliquée dans ces deux jugements reste donc la même. On se décide encore en comparant la somme des plaisirs à celle des peines. Les uns et les autres jugent qu'il faut maudire l'existence, si, au surplus de misères actuelles, doit s'ajouter un surplus de misères dans l'avenir, et qu'il faut la bénir au contraire si, en admettant que le mal surpasse le bien aujourd'hui, on suppose que le bien l'emportera un jour sur le mal. Il faut donc reconnaître qu'en appelant bonne la conduite qui sert à la conservation de la vie, mauvaise celle qui l'arrête ou la détruit, en supposant ainsi qu'on doit bénir la vie et non la maudire, nous affirmons nécessairement que la conduite est bonne ou mauvaise selon que la somme de ses effets est agréable ou pénible.

Pour expliquer autrement le sens des mots *bon* et *mauvais*, il n'y a qu'une seule théorie possible, celle d'après laquelle les hommes auraient été créés afin d'être pour eux-mêmes des sources de misères, et seraient tenus de continuer à vivre pour que leur créateur ait la satisfaction de contempler leurs souffrances. C'est là une théorie que personne ne soutient ouvertement, et qui n'est clairement formulée nulle part; cependant il y a beaucoup d'hommes qui l'acceptent sous une forme déguisée. Les religions inférieures sont toutes pénétrées de cette croyance qu'une vie de douleur est agréable aux dieux. Ces dieux sont des ancêtres sanguinaires divinisés, et il est naturel de croire qu'ils aiment les supplices ; de leur vivant, ils trouvaient leurs délices à torturer les autres êtres, et l'on suppose que c'est leur procurer les mêmes délices que les faire assister à des tortures. Ces conceptions subsistent longtemps. Il n'est pas nécessaire de rappeler les fakirs indiens qui se suspendent à des crochets de fer, ou les derviches orientaux qui se font eux-mêmes des blessures, pour montrer que, dans des sociétés déjà fort développées, on peut encore trouver des hommes regardant la douleur volontaire comme un moyen de s'assurer la faveur divine. Sans nous étendre sur les jeûnes et les mortifications, nous savons bien qu'il y a eu, et qu'il y a encore chez les chrétiens, cette croyance que le Dieu auquel Jephté, pour se le rendre propice, sacrifie sa fille, peut être rendu propice en effet par les peines que l'on s'inflige à soi-même. Cette autre idée, — conséquence de la première, — qu'on offense Dieu en se procurant du plaisir, a subsisté longtemps et conserve encore aujourd'hui beaucoup de partisans ; si elle n'est pas un dogme formel, elle constitue cependant une croyance dont les effets sont assez visibles.

Sans doute, de pareilles croyances se sont affaiblies de nos jours. Le plaisir que des dieux féroces étaient supposés prendre à la vue des tortures s'est, dans une grande mesure, transformé ; c'est aujourd'hui la satisfaction d'une divinité qui aimerait voir les hommes se mortifier eux-mêmes pour assurer leur bonheur futur. Il est clair que les adeptes d'une théorie si profondément modifiée ne rentrent pas dans la classe des hommes dont nous nous occupons maintenant. Bornons-nous à cette classe : supposons que le sauvage immolant des victimes à un dieu cannibale ait parmi les hommes civilisés des descendants convaincus que le genre humain est né pour souffrir et qu'il est de son devoir de continuer à vivre dans la misère pour le plus grand plaisir de son créateur : nous serons bien forcés de reconnaître que la race des adorateurs du diable n'est pas encore éteinte.

Laissons de côté les gens de cette sorte, s'il y en a ; leur croyance est au-dessus ou au-dessous de tout raisonnement. Tous les autres doivent soutenir, ouvertement ou tacitement, que la raison dernière pour continuer de vivre est uniquement de goûter plus de sensations agréables que de sensations pénibles, et que cette supposition seule permet d'appeler bons ou mauvais les actes qui favorisent ou contrarient le développement de la vie.

Nous sommes ici ramenés à ces premières significations des mots *bon* et *mauvais*, que nous avions laissées pour considérer les secondes. Car, en nous rappelant que nous appelons bonnes et mauvaises les choses qui produisent immédiatement des sensations agréables et désagréables, et aussi ces sensations elles-mêmes, — un bon vin, un bon appétit, une mauvaise odeur, un mauvais mal de tête, — nous voyons que ces sens directement relatifs aux plaisirs et aux peines s'accordent avec les sens qui se rapportent indirectement aux plaisirs et aux peines. Si nous appelons bon l'état de plaisir lui-même, comme un bon rire ; si nous appelons bonne la cause prochaine d'un état de plaisir, comme une bonne musique ; si nous appelons bon tout agent qui de près ou de loin nous conduit à un état agréable, comme un bon magasin, un bon maître ; si nous appelons bon, en le considérant en lui-même, tout acte si bien adapté à sa fin qu'il favorise la conservation de l'individu et assure ce surplus de plaisir qui rend la conservation de soi désirable ; si nous appelons bon tout genre de conduite qui aide les autres à vivre, et cela dans la croyance que la vie comporte plus de bonheur que de misère : il est alors impossible de nier que, — en tenant compte de ces effets immédiats ou éloignés pour une personne quelconque, — ce qui est bon ne se confonde universellement avec ce qui procure du plaisir.

11. Diverses influences morales, théologiques et politiques conduisent les hommes à se déguiser eux-mêmes cette vérité. Dans ce cas le plus général de tous, comme en certains cas plus particuliers, les hommes sont bientôt si préoccupés des moyens d'atteindre une fin, qu'ils en viennent à prendre ces moyens pour la fin elle-même. L'argent, par exemple, qui est un moyen de pourvoir à ses besoins, un malheureux le regarde comme la seule chose que l'on doive s'efforcer de se procurer, et il ne songe pas à satisfaire ses besoins. Exactement de la même manière, la conduite jugée préférable, parce qu'elle conduit le mieux au bonheur, a fini par être regardée comme préférable en elle-même, — non seulement en tant que fin prochaine (ce qu'elle doit être), mais aussi en tant que fin dernière, — à l'exclusion de la fin dernière véritable. Cependant un examen attentif amène bien vite à reconnaître la vraie fin dernière. Le malheureux dont nous parlions, si nous le forçons à s'expliquer, est obligé de reconnaître la valeur de l'argent pour obtenir les choses désirables. De même, pour le moraliste qui regarde telle conduite comme bonne en elle-même et telle autre comme mauvaise : une fois poussé dans ses derniers retranchements, il est obligé de se rabattre sur les effets agréables ou pénibles de ces deux genres de conduite. — Pour le prouver, il suffit de remarquer qu'il nous serait impossible de les juger comme nous le faisons, si leurs effets étaient inverses.

Supposons qu'une blessure ou un coup produise une sensation agréable et entraîne à sa suite un accroissement de nos facultés d'agir ou de jouir : nous ferions-nous d'une attaque l'idée que nous en avons maintenant? Ou bien supposez qu'une mutilation volontaire, comme une amputation de la main, soit à la fois agréable en elle-même et favorable au progrès par lequel on assure son propre bien-être et celui des siens : estimerions-nous, comme à présent, qu'il faut condamner ce dommage qu'un homme peut se faire subir à lui-même? Supposez encore qu'en vidant la poche d'un homme on lui procure des émotions agréables, on aille au-devant de ses désirs : le vol serait-il mis au nombre des crimes, comme le veulent toutes les lois et le code moral? Dans ces cas extrêmes, personne ne peut nier que nous appelons certaines actions *mauvaises* uniquement parce qu'elles sont des causes de peine, immédiate ou éloignée, et qu'elles ne seraient pas ainsi qualifiées si elles procuraient du plaisir.

En examinant nos conceptions sous leur aspect opposé, ce fait général force lui-même notre attention avec une égale clarté. Imaginez qu'en soignant un malade on ne fasse qu'augmenter ses souffrances, que l'adoption d'un orphelin soit nécessairement pour lui une source de misères, que l'assistance donnée dans un embarras d'argent à un homme qui s'adresse à vous tourne à son désavantage, que ce soit enfin le moyen d'empêcher un homme de faire son chemin dans le monde que de lui inspirer un noble caractère : que dirions-nous de ces actes classés maintenant parmi les actes dignes d'éloges? Ne devrions-nous pas au contraire les ranger parmi ceux qu'il faut blâmer?

En employant comme pierres de touche ces formes les plus accusées de la bonne et de la mauvaise conduite, on met facilement ce point hors de doute : que nos idées de la bonté et de la méchanceté des actes viennent de la certitude ou de la probabilité avec laquelle nous les croyons capables de produire, ici ou là, des plaisirs ou des peines. Cette vérité nous apparaît avec la même clarté si nous examinons les règles des différentes écoles morales, car l'analyse nous montre que chacune de ces règles tire son autorité de cette règle suprême.

Les systèmes de morale peuvent être distingués en gros suivant qu'ils prennent pour idées cardinales : 1° le caractère de l'agent; 2° la nature de ses motifs; 3° la qualité de ses actes; et 4° leurs résultats. Chacun de ces faits peut être caractérisé comme bon ou mauvais; ceux qui n'apprécient pas un mode de conduite d'après ses effets sur le bonheur l'apprécient par la bonté ou la méchanceté supposée de l'agent, de ses motifs ou de ses actes. La perfection de l'agent est prise comme pierre de touche pour juger sa conduite. En dehors de l'agent, nous prenons son sentiment considéré comme moral, et, en dehors du sentiment, nous avons l'action considérée comme vertueuse.

Les distinctions ainsi indiquées sont aussi peu définies que les mots qui les expriment sont d'un usage invariable; mais elles correspondent cependant à des doctrines en partie différentes les unes des autres. Nous pouvons les examiner avec soin, et séparément, pour montrer que leurs critériums de la bonté sont dérivés.

12. Il est étrange qu'une notion aussi abstraite que celle de perfection ou d'un certain achèvement idéal de la nature ait jamais pu être choisie comme point de départ pour le développement d'un système de morale. Elle a été acceptée cependant d'une manière générale par Platon et avec plus de précision par Jonathan Edwards. Perfection est synonyme de bonté au plus haut degré. Définir la bonne conduite par le mot de perfection, c'est donc indirectement la définir par elle-même. Il en résulte naturellement que l'idée de perfection, comme celle de bonté, ne peut être formée que par la considération des fins.

Nous disons d'un objet inanimé, d'un outil par exemple, qu'il est imparfait quand il manque d'une partie nécessaire pour exercer une action efficace, ou lorsque quelqu'une de ses parties est conformée de manière à l'empêcher de servir de la façon la plus convenable à l'usage auquel il est destiné. On parle de la perfection d'une montre quand elle marque exactement les heures, quelque simple qu'elle soit; et on la déclare imparfaite, quelle que soit d'ailleurs la richesse de ses ornements, si elle ne marque pas bien les heures. Nous disons bien que les choses sont imparfaites quand nous y découvrons quelque défaut, même s'il ne les empêche pas de rendre de bons services; mais nous le faisons parce que ce défaut implique une fabrication inférieure, ou une usure, et par suite cette dégradation qui décèlent ordinairement dans la pratique l'impossibilité d'être vraiment utile; le plus souvent en effet l'absence d'imperfections minimes s'associe avec l'absence d'imperfections plus graves.

Appliqué aux êtres vivants, le mot perfection a le même sens. L'idée d'une forme parfaite, s'il s'agit d'un cheval de race, est dérivée par généralisation des traits qui chez les chevaux de race accompagnent habituellement la faculté d'atteindre la plus grande vitesse ; l'idée de constitution parfaite pour un cheval de race se rapporte aussi à la force qui lui permet de conserver cette vitesse le plus longtemps possible. Il en est de même des hommes, à les considérer comme êtres physiques : nous n'avons d'autre critérium de la perfection que la faculté complète pour chaque organe de remplir ses fonctions particulières. Notre conception d'un équilibre parfait des parties internes et d'une parfaite proportion des parties externes se forme de cette manière ; il est facile de s'en convaincre : par exemple nous reconnaissons l'imperfection d'un viscère, comme les poumons, le cœur ou le foie, à ce seul caractère qu'il est incapable de répondre entièrement aux exigences des activités organiques ; de même l'idée de la grandeur insuffisante ou de la grandeur excessive d'un membre dérive d'expériences accumulées relativement à cette proportion des membres qui favorise au plus haut degré l'accomplissement des actions nécessaires.

Nous n'avons pas d'autre moyen de mesurer la perfection quand il s'agit de la nature mentale. Si l'on parle d'une imperfection de la mémoire, du jugement, du caractère, on entend par là une inaptitude à satisfaire aux besoins de la vie. Imaginer un parfait équilibre des facultés intellectuelles et des émotions, c'est imaginer entre elles cette harmonie qui assure l'entier accomplissement de tous les devoirs suivant les exigences de chaque cas.

Aussi la perfection d'un homme considéré comme agent veut dire qu'il est constitué de manière à effectuer une complète adaptation des actes aux fins de tout genre. Or, comme nous l'avons montré plus haut, la complète adaptation des actes aux fins est à la fois ce qui assure et ce qui constitue la vie à son plus haut degré de développement, aussi bien en largeur qu'en longueur. D'un autre côté, ce qui justifie tout acte destiné à accroître la vie, c'est que nous recueillons de la vie plus de bonheur que de misère. Il résulte de ces deux propositions que l'aptitude à procurer le bonheur est le dernier critérium de la perfection dans la nature humaine. Pour en être pleinement convaincu, il suffit de considérer combien serait étrange la proposition contraire. Supposez un instant que tout progrès vers la perfection implique un accroissement de misère pour l'individu, ou pour les autres, ou pour l'un et les autres à la fois; puis essayez de mettre en regard cette affirmation que le progrès vers la perfection signifie véritablement un progrès vers ce qui assure un plus grand bonheur !

13. Passons maintenant, de la théorie de ceux qui font de

l'excellence de l'être leur principe, à la théorie de ceux qui prennent pour règle le caractère vertueux de l'action. Je ne fais pas allusion ici aux moralistes qui, après avoir décidé expérimentalement ou rationnellement, par induction ou par déduction, que des actes d'un certain genre ont le caractère que nous désignons par le mot *vertueux*, soutiennent que de pareils actes doivent être accomplis sans égard pour leurs conséquences immédiates : ceux-là sont amplement justifiés. Je parle de ceux qui s'imaginent concevoir la vertu comme une fin non dérivée d'une autre fin, et qui soutiennent que l'idée de vertu ne peut se ramener à des idées plus simples.

Il semble que telle soit la doctrine proposée par Aristote. Je dis : semble, car il s'en faut que les différents traits de cette doctrine s'accordent les uns avec les autres. Aristote reconnaissait que le bonheur est la fin suprême des efforts de l'homme, et on pourrait croire à première vue qu'il ne doit point passer pour le type de ceux qui font de la vertu la fin suprême. Cependant il se range lui-même dans cette catégorie, en cherchant à définir le bonheur par la vertu, au lieu de définir la vertu par le bonheur. L'imparfaite distinction des mots et des choses, qui caractérise généralement la philosophie grecque, en est peut-être la cause. Dans les esprits primitifs, le nom et l'objet nommé sont associés de telle sorte que l'un est regardé comme une partie de l'autre. C'est au point que le seul fait de connaître le nom d'un sauvage paraît à ce sauvage entraîner la possession d'une partie de son être et donner par suite le pouvoir de lui faire du mal à volonté. Cette croyance à une connexion réelle entre le mot et la chose se continue aux degrés inférieurs du progrès, et persiste longtemps dans cette hypothèse tacite que le sens des mots est intrinsèque. Elle pénètre dans les dialogues de Platon, et l'on peut en suivre la trace même dans les œuvres d'Aristote : il ne serait pas facile de comprendre autrement pourquoi il aurait si imparfaitement séparé l'idée abstraite de bonheur des formes particulières du bonheur.

Tant que le divorce des mots comme symboles et des choses comme symbolisées n'est pas complet, il doit naturellement être difficile de donner aux mots abstraits une signification assez abstraite. A l'époque des premiers développements du langage, un nom ne peut être séparé, dans la pensée, de l'objet concret auquel il s'applique : cela donne à présumer que, pendant la formation successive de plus hauts degrés de noms abstraits, il a fallu résister contre la tendance d'interpréter chaque mot plus abstrait au moyen de quelques-uns des noms moins abstraits auxquels on le substituait. De là, je pense, ce fait qu'Aristote regarde le bonheur comme associé à un certain ordre d'activités humaines, plutôt qu'à tous les ordres réunis de ces activités. Au lieu d'enfermer dans le bonheur la sensation agréable liée à des actions qui constituent surtout l'être vivant, actions communes, dit-il, à l'homme et au végétal; au lieu d'y comprendre ces états mentaux que produit l'exercice de la perception externe, et qui, d'après lui, sont communs à l'homme et à l'animal en général, il les exclut de l'idée qu'il se fait du bonheur, pour y comprendre seulement les modes de conscience qui accompagnent la vie rationnelle. Il affirme que la tâche propre de l'homme « consiste dans l'exercice actif des facultés mentales conformément à la raison; » et il conclut que « le suprême bien de l'homme consiste à remplir cette tâche avec excellence ou avec vertu : par là, il arrivera au bonheur. » Il trouve une confirmation de sa théorie dans le fait qu'elle concorde avec des théories précédemment exposées. « Notre doctrine, dit-il, s'accorde exactement avec celles qui font consister le bonheur dans la vertu; car selon nous il consiste dans l'action de la vertu, c'est-à-dire non seulement dans la possession, mais encore dans la pratique. »

La croyance ainsi exprimée que la vertu peut être définie d'une autre manière que par le bonheur — autrement cela reviendrait à dire que le bonheur doit être obtenu par des actions conduisant au bonheur — se ramène à la théorie platonicienne d'un bien idéal ou absolu d'où les biens particuliers et relatifs empruntent leur caractère de bonté. Un argument analogue à celui qu'Aristote emploie contre la conception du bien proposée par Platon peut servir également contre sa propre conception de la vertu. Qu'il s'agisse du bien ou de la vertu, il ne faut pas employer le singulier, mais le pluriel : dans la classification même d'Aristote, la vertu, au singulier quand il en parlait en général, se transforme en vertus. Les vertus qu'il distingue alors doivent être ainsi nommées, grâce à quelque caractère commun, intrinsèque ou extrinsèque. Nous pouvons classer ensemble certaines choses, pour deux motifs : 1° parce qu'elles sont toutes faites de la même manière chez des êtres qui présentent d'ailleurs en eux quelque particularité, par exemple lorsque nous réunissons les animaux vertébrés parce qu'ils ont tous une colonne vertébrale; — 2° à cause de quelque trait commun dans leurs relations extérieures, par exemple lorsque nous groupons, sous le nom commun d'outils, les scies, les couteaux, les marteaux, les herses, etc. Les vertus sont-elles classées comme telles à cause de quelque communauté de nature intrinsèque? Il doit alors y avoir un trait commun à retrouver dans toutes les vertus cardinales distinguées par Aristote : « le courage, la tempérance, la libéralité, la magnanimité, la magnificence, la douceur, l'amabilité ou l'amitié, la franchise, la justice. » Quel est donc le trait commun à la magnificence et à la douceur? et, si l'on peut démêler un pareil trait commun, est-ce aussi le trait qui constitue essentiellement la franchise? Notre réponse doit être négative. Les vertus ne sont donc pas classées comme telles à cause d'une communauté intrinsèque de caractère. Il faut donc qu'elles le soient à cause de quelque chose d'extrinsèque, et ce quelque chose ne peut être que le bonheur, lequel consiste, suivant Aristote, dans la pratique de ces vertus. Elles sont unies par leur relation commune à ce résultat; mais elles ne le sont point dans leur nature intérieure.

Peut-être rendrons-nous cette induction plus claire en la présentant en ces termes : Si la vertu est primordiale et indépendante, on ne peut donner aucune raison pour expliquer la correspondance qui doit exister entre la conduite vertueuse et la conduite procurant le plaisir, pleinement et dans tous ses effets, à l'auteur ou aux autres, ou à l'un et aux autres à la fois. Or, s'il n'y a pas là une correspondance nécessaire, on pourra concevoir que la conduite classée comme vertueuse soit capable de causer de la peine dans ses résultats définitifs. Pour montrer la conséquence d'une pareille conception, prenons deux vertus considérées comme des vertus par excellence chez les anciens et chez les modernes : le courage et la chasteté. Par hypothèse, nous devons donc concevoir le courage, déployé pour la défense de l'individu aussi bien que pour la défense du pays, non seulement comme entraînant des maux accidentels, mais encore comme étant une cause nécessaire de misères pour l'individu et pour l'État; l'absence de courage au contraire, par une conséquence légitime, amènerait le bien-être de l'individu et de la société. De même, par hypothèse, nous devons concevoir les relations sexuelles irrégulières comme directement et indirectement avantageuses : l'adultère amènerait avec lui l'harmonie domestique et l'éducation attentive des enfants; les relations conjugales, au contraire, produiraient le désaccord entre le mari et la femme en proportion de leur durée, et auraient pour résultats les souffrances, les maladies, la mort des enfants. A moins d'affirmer que le courage et la chasteté pourraient encore être regardés comme des vertus malgré cette suite de maux, il faut bien admettre que la conception de la vertu ne peut être séparée de la conception d'une conduite procurant le bonheur. Si cela est vrai de toutes les vertus, quelles que soient d'ailleurs

leurs différences, c'est qu'elles doivent d'être classées comme des vertus à leur propriété de donner le bonheur.

14. En passant de ces doctrines morales, pour lesquelles la perfection de nature ou le caractère vertueux de l'action fournissent le principe de jugement, à celles qui prennent pour critérium la rectitude de l'intention, nous nous rapprochons de la théorie de l'intuition morale, et nous pouvons légitimement traiter de ces doctrines en critiquant cette théorie.

Par théorie de l'intuition, j'entends ici non pas celle qui regarde comme produits par l'hérédité ou des expériences prolongées les sentiments d'amour ou d'aversion que nous inspirent certains genres d'actes, mais bien la théorie d'après laquelle ces sentiments nous viennent de Dieu lui-même, indépendamment des résultats expérimentés par nous ou par nos ancêtres. « Il y a donc, dit Hutcheson, comme chacun peut s'en convaincre par une sérieuse attention et par la réflexion, un penchant naturel et immédiat à approuver certaines affections et certains actes qui leur répondent; » Hutcheson admettait, avec ses contemporains, la création spéciale de l'homme et de tous les autres êtres; il considérait donc « ce sens naturel d'une excellence immédiate » comme un guide d'origine surnaturelle. Il dit bien que les sentiments et les actions dont nous reconnaissons ainsi intuitivement la bonté « s'accordent tous en un caractère général, celui de tendre au bonheur des autres ; » mais il est obligé d'y voir l'effet d'une harmonie préétablie. Néanmoins on peut établir que l'aptitude à procurer le bonheur, représentée ici comme un trait accidentel des actes qui obtiennent cette approbation morale innée, est réellement la pierre de touche qui révèle le caractère moral de cette approbation. Les intuitionnistes mettent leur confiance dans ces verdicts de la conscience, uniquement parce qu'ils aperçoivent, d'une manière au moins confuse, sinon distincte, que ces verdicts s'accordent avec les indications de ce critérium suprême. En voici la preuve.

Par hypothèse, on apprécie donc la gravité d'un meurtre grâce à une intuition morale que l'esprit humain doit à sa constitution originelle. D'après cette hypothèse, il ne faudrait pas admettre que ce sentiment de la culpabilité naisse, de près ni de loin, de la conscience que le meurtre implique, directement ou indirectement, une diminution du bonheur. Si vous demandez à un partisan de cette doctrine d'opposer son intuition à celle d'un Figien qui regarde le meurtre comme un acte honorable et n'a pas de repos avant d'avoir massacré quelques individus ; si vous lui demandez comment on justifiera l'intuition de l'homme civilisé par opposition à celle du sauvage, il n'aura qu'un seul moyen de le faire, c'est de montrer comment, en se conformant à l'une, on arrive au bien-être, tandis que l'autre produit seulement des souffrances particulières ou générales. Demandez-lui pourquoi son sens moral, lui enseignant qu'il est mal de dérober le bien d'autrui, doit être obéi plutôt que le sens moral d'un Turcoman qui prouve combien le vol lui paraît méritoire en faisant des pèlerinages et en portant des offrandes aux tombeaux de voleurs fameux : l'intuitionniste est réduit à reconnaître que, — du moins dans des conditions comme celles où nous vivons, sinon dans celles où le Turcoman est placé, — le mépris du droit de propriété chez les autres non seulement cause une misère immédiate, mais encore implique un état social qui ne saurait comporter aucun bonheur. Demandez-lui encore de justifier le sentiment de répugnance que le mensonge lui inspire, en opposition avec le sentiment d'un Egyptien qui s'estime pour son adresse à mentir, qui croit même très beau de tromper sans autre but que le plaisir de tromper : l'intuitionniste ne le fera qu'en montrant la prospérité sociale favorisée par une entière confiance mutuelle et la désorganisation sociale liée à la défiance universelle ; or ces conséquences conduisent respectivement, de toute nécessité, à des sentiments agréables ou à des sentiments désagréables.

Il faut donc bien conclure que l'intuitionniste n'ignore pas, ne peut pas ignorer que le bien et le mal dérivent en dernière analyse du plaisir et de la peine. Admettons qu'il soit guidé, et bien guidé, par les décisions de sa conscience sur le caractère des actes humains : s'il a pleine confiance dans ces décisions, c'est parce qu'il aperçoit, d'une manière vague, mais positive, qu'en s'y conformant il assure son propre bien-être et celui des autres, et qu'en les méprisant il s'expose, lui et les autres, à toutes sortes de maux. Demandez-lui d'indiquer un jugement du sens moral déclarant bon un genre d'actes qui doit entraîner un excès de peine, en tenant compte de tous ses effets, soit dans cette vie, soit, par hypothèse, dans la vie future : vous verrez qu'il est incapable d'en citer un seul. Voilà bien la preuve qu'au fond de toutes ces intuitions sur la bonté et la méchanceté des actes se cache cette hypothèse fondamentale : les actes sont bons ou mauvais suivant que la somme de leurs effets augmente le bonheur des hommes ou augmente leur misère.

15. Il est curieux de voir combien le culte rendu par les sauvages aux démons a survécu, sous divers déguisements, chez les hommes civilisés. Ce culte démoniaque a engendré l'ascétisme qui, sous différentes formes et à différents degrés, jouit d'une si

grande faveur aujourd'hui encore, et exerce une influence si marquée sur des hommes, affranchis en apparence, non-seulement des superstitions primitives, mais encore des superstitions plus développées. Ces manières de comprendre la vie et la conduite, inventées par des hommes qui cherchaient, en se torturant eux-mêmes, à se rendre favorables leurs ancêtres divinisés, inspirent encore de notre temps les théories morales de beaucoup de personnes, même de personnes qui ont rompu depuis bien des années avec la théologie du passé et se croient entièrement soustraites à son influence.

Dans les écrits d'un auteur qui rejette les dogmes chrétiens aussi bien que la religion juive d'où ces dogmes procèdent, vous trouverez le récit d'une conquête, qui a coûté la vie à dix mille hommes, fait avec une sympathie toute semblable à la joie dont les livres hébraïques saluent la destruction des ennemis accomplie au nom de Dieu. D'autres fois l'éloge du despotisme se joint à des considérations sur la force d'un Etat où les volontés des esclaves ou des citoyens sont soumises aux volontés de maîtres ou de tribuns, et ce sentiment nous rappelle la vie orientale dépeinte dans les récits de la Bible. Avec ce culte de l'homme fort, avec cette facilité à justifier tout ce que la force entreprend pour satisfaire son ambition, avec cette sympathie pour une forme de société où la suprématie d'une minorité est sans limite, où la vertu du grand nombre consiste dans l'obéissance, il est tout naturel de répudier la théorie morale d'après laquelle la plus grande somme de bonheur, sous une forme ou sous une autre, est la fin de la conduite humaine; il est tout naturel d'adopter cette philosophie utilitaire désignée sous le nom méprisant de « philosophie de porc ». Alors, pour montrer comment doit s'entendre la philosophie ainsi surnommée, on nous dit que ce n'est pas le bonheur, mais la béatitude qui est la véritable fin de l'homme.

Evidemment on suppose ainsi que la béatitude n'est pas un genre de bonheur. Mais cette hypothèse provoque une question : Quel mode de sentiment est-elle donc ? Si c'est un état de conscience quelconque, il faut nécessairement qu'il soit pénible, indifférent ou agréable. Si la béatitude ne fait éprouver aucune émotion d'aucun genre à celui qui l'a acquise, c'est exactement comme s'il ne l'avait point acquise; et, si elle lui fait éprouver une émotion, cette émotion doit être pénible ou agréable.

Chacune de ces possibilités peut être conçue de deux manières. Le mot béatitude peut d'abord désigner un état particulier de conscience, parmi tous ceux qui se succèdent en nous : nous avons alors à chercher si cet état est agréable, indifférent ou pénible. Dans un second sens, le mot béatitude ne s'appliquerait pas à un état particulier de la conscience, mais caractériserait l'agrégat de ses états ; par hypothèse, cet agrégat peut être constitué de telle sorte ou que le plaisir y prédomine, ou que la peine l'emporte, ou que les plaisirs et les peines s'y compensent exactement.

Nous allons examiner successivement ces deux interprétations possibles du mot béatitude.

« Bienheureux les miséricordieux ! » — « Bienheureux les pacifiques ! » — « Bienheureux celui qui a pitié du pauvre ! » Ce sont là autant d'expressions que nous pouvons prendre à bon droit comme propres à faire connaître le sens du mot *béatitude*. Que devons-nous donc penser de celui qui est bienheureux en accomplissant un acte de miséricorde ? Son état mental est-il agréable ? Alors il faut abandonner l'hypothèse, car la béatitude devient une forme du bonheur. Son état est-il indifférent ou pénible ? Il faut alors que l'homme bienheureux dont on parle soit assez exempt de sympathie pour que le fait de soulager la peine d'un autre, ou de l'affranchir de la crainte de la peine, le laisse absolument froid ou même lui cause une émotion désagréable. De même, si un homme, bienheureux pour avoir rétabli la paix, n'en ressent aucune joie comme récompense, c'est que la vue des hommes s'attaquant injustement les uns les autres ne l'afflige pas du tout, ou lui cause même un plaisir qui se change en peine lorsqu'il prévient ces injustices. De même encore, appeler bienheureux celui qui « a compassion du pauvre », si ce n'est pas lui attribuer un sentiment agréable, c'est dire que sa compassion pour le pauvre ne lui procure aucun sentiment ou lui fait éprouver un sentiment désagréable. Si donc la béatitude est un mode particulier de conscience d'une durée déterminée produit à la suite de tout genre d'actions bienfaisantes, ceux qui refusent d'y voir un plaisir ou un élément de bonheur avouent eux-mêmes que le bien-être des autres ou ne les émeut en aucune manière, ou leur déplaît.

Dans un autre sens, la béatitude, comme nous l'avons dit, consiste dans la totalité des sentiments éprouvés durant sa vie par l'homme occupé des actes que ce mot désigne. On peut faire alors trois hypothèses : excès de plaisir, excès de peine, ou égalité de l'un et de l'autre. Si les états agréables l'emportent, la vie bienheureuse ne se distingue plus d'une autre vie agréable que par la quantité relative ou la qualité des plaisirs ; c'est une vie qui a pour fin un bonheur d'un certain genre et d'un certain degré : il faut alors renoncer à soutenir que la béatitude n'est pas une forme du bonheur. Si au contraire, dans la vie bienheureuse, les plaisirs et les peines s'équilibrent exactement et produisent ainsi comme résultante un état d'indifférence, ou si la somme des peines l'emporte sur celle des plaisirs, cette vie possède le caractère que les pessimistes attribuent à la vie en général et pour lequel ils la maudissent. L'anéantissement, disent-ils, est préférable. En effet, si l'indifférence est le terme de la vie bienheureuse, l'anéantissement fait atteindre ce but une fois pour toutes ; et, si un excès de maux est le seul résultat de cette forme la plus haute de la vie, de la vie bénie, c'est assurément une raison de plus pour souhaiter la fin de toute existence en général.

On nous opposera peut-être cette réponse : Supposez agréable l'état particulier de conscience accompagnant la conduite appelée bienheureuse ; on peut soutenir que la pratique de cette conduite et la recherche du plaisir qui s'y attache entraînent cependant, par l'abnégation de soi-même, par la persistance de l'effort et peut-être par quelque douleur physique qui en est la suite, une souffrance supérieure à ce plaisir même. On affirmerait, malgré cela, que la béatitude, ainsi caractérisée par l'excès d'un ensemble de peines sur un ensemble de plaisirs, doit être poursuivie comme une fin préférable au bonheur qui consiste dans un excès des plaisirs sur les peines.

Cette conception de la béatitude peut se défendre, s'il s'agit d'un seul individu ou de quelques-uns ; mais elle devient insoutenable dès qu'on l'étend à tous les hommes. Pour le comprendre, il suffit de chercher la raison qui fait supporter ces peines supérieures aux plaisirs. Si la béatitude est un état idéal offert également à tous les hommes, si les sacrifices que chacun s'impose dans la poursuite de cet idéal ont pour but d'aider les autres à atteindre le même idéal, il en résulte que chacun doit parvenir à cet état de béatitude, rempli d'ailleurs de peines, pour permettre aux autres d'arriver aussi à cet état à la fois bienheureux et pénible : la conscience bienheureuse se formerait donc par la contemplation de la conscience de tous dans une condition de souffrance. Peut-on admettre cette conséquence ? Évidemment non. Mais, en rejetant une pareille théorie, on accorde implicitement que si l'homme accepte la souffrance dans l'accomplissement des actes constituant la vie appelée bienheureuse, ce n'est pas avec l'intention d'imposer aux autres les peines de la béatitude, mais bien pour leur procurer des plaisirs. Par suite le plaisir, sous une forme ou une autre, est tacitement reconnu comme la fin suprême.

En résumé, la condition nécessaire à l'existence de la béatitude est un accroissement de bonheur, positif ou négatif, dans une conscience ou dans une autre. Elle n'a plus aucun sens si les actions dites bénies peuvent être présentées comme une cause de diminution de bonheur aussi bien pour les autres que pour celui qui les accomplit.

16. Pour achever de rendre claire l'argumentation exposée dans ce chapitre, nous allons en rappeler les différentes parties.

Ce qu'on a étudié, dans le chapitre précédent, comme la conduite parvenue au dernier degré de l'évolution, reparaît dans celui-ci sous le nom de bonne conduite. Le but idéal que nous avons d'abord dû assigner à l'évolution naturelle de la conduite nous donne maintenant la règle idéale de la conduite considérée au point de vue moral.

Les actes adaptés à des fins, qui constituent à tous les instants la vie manifestée au dehors sont de mieux en mieux adaptés à leurs fins, à mesure que l'évolution fait des progrès ; ils finissent par rendre complète, en longueur et en largeur, la vie de chaque individu, en même temps qu'ils contribuent efficacement à l'élevage des jeunes. Puis, ce double résultat est atteint sans empêcher les autres individus d'y parvenir aussi, et même de manière à les y aider. Ici, on affirme sous ces trois aspects la bonté de cette conduite. Toutes choses égales d'ailleurs, nous appelons bons les actes bien appropriés à notre conservation ; bons, les actes bien appropriés à l'éducation d'enfants capables d'une vie complète ; bons, les actes qui favorisent le développement de la vie de nos semblables.

Juger bonne la conduite qui favorise pour l'individu et pour ses semblables le développement de la vie, c'est admettre que l'existence de l'être animé est désirable. Un pessimiste ne peut, sans se contredire, appeler bonne une conduite qui sert à assurer la vie : pour l'appeler ainsi, il devrait en effet, sous une forme ou sous une autre, adopter l'optimisme. Nous avons vu toutefois que les pessimistes et les optimistes s'accordent au moins sur ce postulat : que la vie est digne d'être bénie ou maudite suivant que la résultante en est agréable ou pénible pour la conscience. Puisque les pessimistes, déclarés ou secrets, et les optimistes de toutes sortes constituent, pris ensemble, l'humanité tout entière, il en résulte que ce postulat est universellement accepté. D'où il suit que, si nous pouvons appeler *bonne* la conduite favorable au développement de la vie, nous le pouvons à la condition seulement de sous-entendre qu'elle procure en définitive plus de plaisirs que de peines.

Cette vérité — que la conduite est jugée bonne ou mauvaise suivant que la somme de ses effets, pour l'individu, pour les autres, ou pour l'un et les autres à la fois, est agréable ou pénible, — un examen attentif nous a montré qu'elle était impliquée dans tous les jugements ordinaires sur la conduite : la preuve en est qu'en renversant l'emploi des mots on arrive à des absurdités. Nous avons constaté en outre que toutes les autres règles de conduite que l'on a pu imaginer tirent leur autorité de ce principe. Qu'on prenne comme terme de nos efforts la perfection, la vertu des actes, ou la droiture du motif, peu importe : pour définir la perfection, la vertu ou la droiture, il faut toujours revenir, comme idée fondamentale, au bonheur éprouvé sous une forme ou sous une autre, à un moment ou à un autre, par une personne ou par une autre. On ne peut pas davantage se faire de la béatitude une idée intelligible, sans la concevoir comme impliquant une tendance de la conscience, individuelle ou générale, à un plus haut degré de bonheur, soit par la diminution des peines, soit par l'accroissement des plaisirs.

Ceux mêmes qui jugent la conduite au point de vue religieux plutôt qu'au point de vue moral ne pensent pas autrement. Les hommes qui cherchent à se rendre Dieu propice, soit en s'infligeant des peines à eux-mêmes, soit en se privant de plaisirs pour éviter de l'offenser, agissent ainsi pour échapper à des peines futures plus grandes, ou obtenir à la fin de plus grands plaisirs. Si, par des souffrances positives ou négatives en cette vie, ils s'attendaient à augmenter plus tard leurs souffrances, ils ne se conduiraient pas comme ils le font. Ce qu'ils appellent leur devoir, ils cesseraient de le regarder comme tel si son accomplissement leur promettait un malheur éternel au lieu d'un éternel bonheur. Bien plus, s'il y a des gens capables de croire les hommes créés pour être malheureux, et obligés de continuer une vie misérable pour la seule satisfaction de celui qui les a créés, de pareils croyants sont obligés eux-mêmes de suivre la même règle dans leurs jugements; car le plaisir de leur dieu diabolique est la fin qu'ils doivent se proposer.

Aucune école ne peut donc éviter de prendre pour dernier terme de l'effort moral un état désirable de sentiment, quelque nom d'ailleurs qu'on lui donne : récompense, jouissance ou bonheur. Le plaisir, de quelque nature qu'il soit, à quelque moment que ce soit, et pour n'importe quel être ou quels êtres, voilà l'élément essentiel de toute conception de moralité. C'est une forme aussi nécessaire de l'intuition morale que l'espace est une forme nécessaire de l'intuition intellectuelle.

CHAPITRE IV

DES MANIÈRES DE JUGER LA CONDUITE

17. Le développement de l'idée de causation suppose le développement d'un si grand nombre d'autres idées qu'il est la mesure la plus exacte du progrès intellectuel. Avant de se frayer une route, il faut que la pensée et le langage soient assez avancés déjà pour concevoir et exprimer les propriétés ou les attributs des objets, indépendamment des objets eux-mêmes : il n'en est pas encore ainsi aux degrés inférieurs de l'intelligence humaine. De plus, pour acquérir même la plus simple notion de cause, il faut d'abord avoir groupé un grand nombre de cas semblables dans une généralisation unique ; et, à mesure que nous nous élevons, des idées de causes de plus en plus hautes supposent des idées générales de plus en plus larges. Ensuite, comme il faut avoir réuni dans son esprit des causes concrètes de divers genres avant de pouvoir en faire sortir la notion générale de cause conçue comme distincte des causes particulières, cette opération suppose un nouveau progrès de la faculté d'abstraire. Tout ce travail implique en même temps la reconnaissance de relations constantes entre les phénomènes, et cette reconnaissance fait naître des idées d'uniformité de séquence et de coexistence, l'idée d'une loi naturelle. Pour que ces progrès soient possibles et sûrs, il faut que l'usage des mesures donne une forme nettement définie aux perceptions et aux pensées qui en résultent ; cet usage familiarise l'esprit avec les notions d'exacte correspondance, de vérité, de certitude. Enfin la causation n'est conçue comme nécessaire et universelle que lorsque la science, en se développant, a rassemblé des exemples de relations quantitatives, prévues et vérifiées, entre une foule toujours plus grande de phénomènes. Aussi, bien que toutes ces conceptions cardinales s'aident l'une l'autre dans leurs progrès respectifs, le développement de l'idée de causation dépend d'une manière plus spéciale du développement de toutes les autres : il est donc la meilleure mesure du développement intellectuel en général.

Cette idée de la causation, par suite de sa dépendance même, se développe avec une extrême lenteur : un exemple suffit pour le rendre évident. On s'étonne d'entendre un sauvage, tombé dans un précipice, attribuer sa chute à la méchanceté de quelque diable ; on sourit de l'idée toute semblable de cet ancien Grec, dont une déesse, disait-il, avait sauvé la vie en délaçant la courroie du casque par lequel son ennemi le traînait déjà. Mais tous les jours, sans manifester d'étonnement, nous entendons dire, aux uns qu'ils ont été sauvés d'un naufrage « par une intervention divine », aux autres qu'ils ont « providentiellement » manqué un train qui a déraillé un peu plus loin, ou qu'ils ont échappé « par miracle » à la chute d'une cheminée.

Ces gens-là ne reconnaissent pas plus, en pareils cas, la causation physique que les sauvages ou les hommes à demi civilisés. Le Veddah, qui se reproche, quand sa flèche a manqué un gibier, d'avoir mal fait son invocation à l'esprit d'un ancêtre, et le prêtre chrétien, qui prie pour un malade dans l'espérance de voir le cours de la maladie suspendu, ces deux hommes ne diffèrent qu'au point de vue de l'agent dont ils attendent une assistance surnaturelle, auquel ils demandent de changer l'ordre des phénomènes ; mais, l'un et l'autre, ils méconnaissent également les relations nécessaires des causes et des effets.

On trouve des exemples de ce manque de foi dans la causation même chez ceux dont l'éducation a été le plus propre à développer cette foi, même chez des hommes de science. Alors que, depuis une génération déjà, les savants admettent tous la théorie des actions lentes en géologie, ils sont restés en biologie partisans de la théorie des cataclysmes ; dans la genèse de la croûte terrestre, ils n'admettent que des actions naturelles, et ils attribuent à des actions surnaturelles la genèse des organismes à la surface de la terre. Bien plus, parmi les naturalistes convaincus que les êtres vivants en général se sont développés sous l'action et la réaction de forces partout agissantes, il en est qui font une exception pour l'homme ; ou bien, s'ils admettent que le corps humain a été soumis à l'évolution comme celui des autres animaux, ils soutiennent que son esprit n'est pas le résultat de cette évolution et qu'il a été l'objet d'une création spéciale.

Si la causation universelle et nécessaire commence aujourd'hui seulement à être pleinement acceptée par ceux dont les travaux la rendent chaque jour plus claire, il faut s'attendre à la voir en général très imparfaitement reconnue par les autres hommes, par ceux dont la culture n'a pas été dirigée de manière à imprimer cette notion dans leur esprit; il faut surtout s'attendre à la leur voir reconnaître bien moins encore dans ces classes de phénomènes où la complexité des faits rend la causation bien plus difficile à suivre qu'autre part : les phénomènes psychiques, sociaux et moraux.

Pourquoi ces réflexions, qui semblent si peu à leur place dans ce livre? Le voici. En étudiant les divers systèmes de morale, je suis très frappé de reconnaître qu'ils se caractérisent tous, soit par l'absence complète de l'idée de causation, soit par une application insuffisante de cette idée. Théologiques, politiques, intuitionnistes ou utilitaires, ils ont tous, sinon au même degré, chacun du moins dans une large mesure, les défauts qui résultent de cette lacune. — Nous allons les étudier dans l'ordre où nous venons de les énumérer.

18. L'école morale que l'on doit considérer comme représentant aujourd'hui encore la doctrine la plus ancienne, c'est l'école qui ne reconnaît d'autre règle de conduite que la prétendue volonté de Dieu. Elle prend naissance chez les sauvages, dont le seul frein, après la peur de leurs semblables, est la crainte que leur inspire l'esprit de quelque ancêtre : pour eux la notion d'un devoir moral, distincte de la notion de prudence sociale, est l'effet de cette crainte. La doctrine morale et la doctrine religieuse sont encore réunies et ne diffèrent à aucun degré.

Cette forme primitive de la doctrine morale, — modifiée seulement par la suppression d'une infinité d'agents surnaturels de second ordre et le développement d'un agent surnaturel unique, — subsiste avec beaucoup de force même de notre temps. Les symboles religieux, orthodoxes ou non, donnent tous un corps à cette croyance que le bien et le mal sont déterminés exclusivement par un ordre de Dieu. Cette supposition tacite a passé des systèmes théologiques aux systèmes de morale; ou plutôt disons que les systèmes de morale, encore peu distincts des systèmes théologiques qui les accompagnaient aux premières phases de leur développement, ont participé à cette hypothèse. Nous la trouvons dans les œuvres des stoïciens comme dans les livres de certains moralistes chrétiens.

Parmi les derniers, je citerai les *Essais sur les principes de la moralité* de Jonatham Dymond, un quaker qui fait de « l'autorité divine » le seul fondement du devoir, et de sa volonté révélée le seul principe suprême de la distinction du bien et du mal. Cette théorie n'est pas admise seulement par des écrivains d'une secte aussi peu philosophique. Elle l'est aussi par des écrivains de sectes toutes différentes. Ils affirment que, si l'on ne croit pas en Dieu, l'on n'a plus de guide moral : cela revient à dire que les vérités de l'ordre moral n'ont d'autre origine que la volonté de Dieu, qu'elle soit d'ailleurs révélée dans des livres sacrés ou dans la conscience.

Quand on l'examine de près, on voit bientôt que cette doctrine conduit à la négation de la morale. En effet, dans l'hypothèse où la distinction du bien et du mal n'aurait d'autre fondement que la volonté de Dieu, révélée ou connue intuitivement, les actes que nous jugeons mauvais ne pourraient être jugés tels, si nous ne connaissions pas cette volonté de Dieu dont on parle. Or, si les hommes ne savaient pas que de tels actes sont mauvais comme contraires à la volonté de Dieu, ils ne se rendraient pas coupables de désobéissance en les commettant ; et, s'ils n'avaient pas d'autre raison de les trouver mauvais, ils pourraient alors les commettre indifféremment comme les actes que nous jugeons aujourd'hui vertueux : le résultat, en pratique, serait le même de toutes manières. Tant qu'il s'agit de questions temporelles, il n'y aurait aucune différence entre ces deux sortes d'actes. En effet, dire que, dans les affaires de la vie, on s'expose à quelque mal en continuant de faire les actes appelés mauvais, en cessant d'accomplir les actes appelés bons, ce serait avouer que ces actes produisent par eux-mêmes certaines conséquences fâcheuses ou utiles, c'est-à-dire reconnaître une autre source des règles morales que la volonté divine révélée ou supposée, et admettre qu'elles peuvent être établies par une induction fondée sur l'observation des conséquences de ces actes.

Je ne vois aucun moyen d'échapper à cette conclusion. Il faut admettre ou nier que les actes appelés bons et les actes appelés mauvais conduisent naturellement, les uns au bien-être, les autres au malheur. L'admet-on ? On reconnaît alors que l'expérience suffit pour apprécier la valeur de la conduite, et l'on doit, par suite, renoncer à la doctrine qui place l'origine des jugements moraux dans les seuls ordres de Dieu. Nie-t-on, au contraire, que les actes classés comme bons ou mauvais diffèrent par leurs effets ? On affirme alors tacitement que les affaires humaines iraient tout aussi bien si l'on ignorait cette distinction, et la prétendue nécessité des commandements de Dieu s'évanouit.

Nous sentons ici combien manque la notion de cause. Admettre que telles ou telles actions sont rendues respectivement bonnes ou mauvaises par une simple injonction de la divinité, cela revient à croire que telles ou telles actions n'ont pas dans la nature des choses tels ou tels genres d'effets. C'est la preuve que l'on n'a pas conscience de la causation ou qu'on l'ignore entièrement.

19. A la suite de Platon et d'Aristote, qui font des lois de l'Etat les sources du bien et du mal, à la suite de Hobbes, d'après lequel il n'y a ni justice ni injustice jusqu'à ce qu'un pouvoir coercitif soit régulièrement constitué pour édicter et sanctionner des commandements, un grand nombre de penseurs modernes soutiennent que la loi seule est le principe de la distinction du bien et du mal dans la conduite. Cette doctrine implique que l'obligation morale a sa source dans les actes d'un Parlement et peut être changée dans un sens ou dans l'autre par les majorités. Ses partisans tournent en ridicule l'hypothèse des droits naturels de l'homme et prétendent que les droits sont exclusivement le résultat d'une convention : par une conséquence rigoureuse, les devoirs eux-mêmes ne peuvent pas être autre chose. Avant de rechercher si cette théorie s'accorde avec des vérités établies ailleurs, voyons jusqu'à quel point elle est conséquente avec elle-même.

Après avoir soutenu que les droits et les devoirs dérivent d'arrangements sociaux, Hobbes continue en ces termes :

« Si aucun contrat n'a précédé, aucun droit n'a été transféré, et tout homme a droit à toute chose ; par conséquent, aucune action ne peut être injuste. Mais, s'il y a un contrat, alors il est *injuste* de le rompre, et la seule définition de l'INJUSTICE est de dire qu'elle est *le fait de ne pas se conformer au contrat*. Tout ce qui n'est pas injuste est *juste*.... Il faut donc, avant de pouvoir employer les mots de juste et d'injuste, qu'il y ait une puissance coercitive, pour contraindre également tous les hommes à observer leurs contrats, par la crainte de quelque châtiment plus sensible que le profit à espérer de la violation de ces contrats [1]. »

Dans ce passage, les propositions essentielles sont celles-ci : la justice consiste dans l'observation d'un contrat ; l'observation d'un contrat implique un pouvoir qui l'impose : « *il ne peut* y avoir de place pour le juste et l'injuste, » à moins que les hommes ne soient contraints à observer leurs contrats. Mais cela revient à dire que les hommes ne *peuvent* observer leurs contrats sans y être forcés. Accordons que la justice consiste dans l'observation d'un contrat. Supposons maintenant qu'il soit observé volontairement : c'est un acte de justice. En

---

[1]. *Léviathan*, ch. XV.

pareil cas, cependant, c'est un acte de justice accompli sans aucune contrainte : ce qui est contraire à l'hypothèse. On ne conçoit qu'une seule réplique, c'est que l'observation volontaire d'un contrat est impossible : n'est-ce pas une absurdité? Faites cette réplique et vous pourrez alors défendre la doctrine qui fonde la distinction du bien et du mal sur l'établissement d'une souveraineté. Refusez de la faire, et cette doctrine est renversée.

Des inconséquences du système considéré en lui-même, passons à ses inconséquences extérieures. Hobbes cherche à justifier sa théorie d'une autorité civile absolue, prise comme source des règles de conduite, par les maux résultant de la guerre chronique d'homme à homme qui devait exister en l'absence de toute société; suivant lui, la vie est meilleure sous n'importe quel gouvernement que dans l'état de nature. Admettez, si vous voulez, avec cette théorie toute gratuite, que les hommes ont sacrifié leurs libertés à un pouvoir absolu quelconque, dans l'espoir de voir leur bien-être s'accroître ; ou croyez, avec la théorie rationnelle, fondée sur une induction, qu'un état de subordination politique s'est établi par degrés, grâce à l'expérience de l'accroissement de bien-être qui en résultait : dans un système comme dans l'autre, il est également évident que les actes de pouvoir absolu n'ont de valeur et d'autorité qu'autant qu'ils servent à la fin pour laquelle on l'a établi. Les nécessités qui ont fait créer le gouvernement lui prescrivent elles-mêmes ce qu'il doit faire. Si ses actes ne répondent pas à ces nécessités, ils perdent toute valeur. En vertu de l'hypothèse même, l'autorité de la loi est une autorité dérivée, et ne peut jamais s'élever au-dessus des principes dont elle dérive. Si la fin suprême est le bien général, ou le bien-être, ou l'utilité, et si les ordres du gouvernement se justifient comme autant de moyens d'arriver à cette fin suprême, alors ces ordres tirent toute leur autorité de la valeur qu'ils ont par rapport à cette fin. S'ils sont justes, c'est uniquement comme expression de l'autorité primordiale, et ils sont mauvais quand ils ne la représentent pas. C'est dire que la loi ne peut rendre la conduite bonne ou mauvaise ; ces caractères sont déterminés en définitive par ses effets, suivant qu'elle favorise ou ne favorise pas le développement des citoyens.

Les inconséquences des théories de Hobbes et de ses disciples deviennent encore plus manifestes, quand on passe des abstractions à la réalité concrète. Ces philosophes reconnaissent, comme tout le monde, que, si la sécurité n'est pas suffisante pour que chacun se livre sans crainte à ses affaires, il n'y a ni bonheur, ni prospérité, soit pour l'individu soit pour l'ensemble des citoyens;

ils admettent qu'il faut prendre des mesures pour prévenir les meurtres, les agressions de toutes sortes, etc., et ils prétendent que tel ou tel système pénal est le meilleur moyen d'arriver à ce résultat. Ils soutiennent ainsi, pour les maux comme pour les remèdes, que telles et telles causes, en vertu de la nature des choses, produisent tels ou tels effets. Ils déclarent certaine *à priori* cette vérité que les hommes ne chercheront pas à amasser du bien s'ils ne peuvent compter avec beaucoup de vraisemblance en retirer des avantages ; que, par suite, — dans un pays où le vol ne serait pas puni ou dans lequel un maître rapace s'emparerait de tout ce que ses sujets ne pourraient cacher, — la production dépasserait à peine le niveau des consommations immédiates, et qu'il n'y aurait nécessairement aucune accumulation de capitaux, comme il en faut pour tout développement social et pour l'accroissement du bien-être. Comment n'aperçoivent-ils pas, en raisonnant ainsi, l'affirmation qu'ils acceptent implicitement ? A savoir qu'il est indispensable de déduire les règles relatives à la conduite des conditions nécessaires au complet développement de la vie dans l'état social. Ils déclarent donc, sans s'en douter, que l'autorité de la loi est dérivée et non primitive.

Un partisan de cette doctrine dira peut-être qu'il faut distinguer un certain nombre d'obligations morales comme autant de règles cardinales ayant une base plus profonde que la législation, et que celle-ci ne crée pas, mais se borne à confirmer. Si, après un tel aveu, il continuait à réclamer, pour de moindres droits seulement et de moindres devoirs, une origine législative, nous devrions en conclure que certaines manières d'agir tendent, d'après la nature des choses, à produire certains genres d'effets, mais qu'en même temps certaines autres manières d'agir ne tendent pas, d'après la nature des choses, à produire certains genres d'effets. Les premières auraient naturellement de bonnes ou de mauvaises conséquences ; mais on pourrait le nier des secondes. Il faut accepter cette distinction, pour avoir le droit de prétendre que les actes de la dernière classe doivent à la loi leur caractère moral ; en effet, si ces actes ont quelque tendance intrinsèque à produire des effets fâcheux ou avantageux, c'est cette tendance qui les fait commander ou interdire par la loi. Dire que c'est ce commandement ou cette interdiction qui les rend bons ou mauvais, c'est déclarer qu'ils n'ont en eux-mêmes aucune tendance à produire des effets avantageux ou funestes.

Ici encore, nous sommes donc en face d'une doctrine où la conscience de la causation fait défaut. Une conscience parfaite de la causation oblige à croire que dans la société, tous les actes, du plus sérieux au plus simple, produisent des conséquences qui, en dehors de l'action légale, contribuent à différents degrés au bien-être ou au malaise général. Si les meurtres causent un dommage à la société, que la loi d'ailleurs les défende ou non ; si l'appropriation violente de ce qu'un autre a gagné est une source de maux privés et publics, qu'elle soit du reste contraire ou non aux édits d'un maître ; si la violation d'un contrat, si la fraude et la falsification sont des maux pour une communauté en proportion de leur fréquence, lors même qu'elles ne seraient pas frappées de prohibitions légales, n'est-il pas manifeste qu'il en est de même pour tous les détails de la conduite humaine ? N'est-il pas vrai que, si la législation prescrit certains actes qui ont naturellement de bons effets et en défend d'autres qui ont naturellement des effets funestes, ces actes ne tiennent pas de la législation leurs caractères, mais que la législation emprunte au contraire son autorité aux effets naturels de ces actes ? Ne pas le reconnaître, c'est nier la causation naturelle.

20. Il n'en est pas autrement des purs intuitionnistes qui déclarent les perceptions morales innées dans l'intelligence primitive. D'après eux, c'est Dieu qui a doué les hommes de facultés morales, et ils refusent d'admettre qu'elles résultent de modifications héréditaires produites par des expériences accumulées.

Affirmer que l'homme reconnaît certaines choses comme moralement bonnes, d'autres comme moralement mauvaises, en vertu d'une conscience qui lui vient d'en haut, et par suite affirmer implicitement qu'il ne pourrait discerner autrement le bien du mal, c'est nier tacitement toute relation naturelle entre les actes et leurs résultats. En effet, s'il y a des relations de ce genre, on peut les découvrir, par induction ou par déduction, ou des deux manières à la fois. S'il était admis que, grâce à ces relations naturelles, le bonheur est produit par un genre de conduite qui doit être approuvé pour cette raison, tandis que le malheur est produit par un autre genre de conduite qui doit être pour cette raison condamné, on admettrait en même temps que la bonté ou la culpabilité des actions peut être déterminée, et doit être finalement déterminée, par le caractère des effets bons ou mauvais qui en découlent : ce qui est contraire à l'hypothèse.

On pourrait répondre, il est vrai, que cette école ignore de parti pris les résultats ; elle enseigne que les actes reconnus bons par l'intuition morale doivent être accomplis sans s'inquiéter do leurs conséquences. Mais il est facile de voir qu'il s'agit seulement des conséquences particulières et non des conséquences générales. Par exemple, lorsqu'on dit qu'un objet perdu doit être restitué par celui qui l'a trouvé sans considérer le mal qui en résulte pour lui, — en faisant cette restitution, il s'enlève peut-être le moyen de ne pas périr de faim, — on entend que, dans l'observation du principe, il ne faut pas considérer les conséquences immédiates et spéciales; on ne parle pas des conséquences générales et éloignées. Cette théorie, tout en s'interdisant de reconnaître ouvertement une causation, la reconnaît donc sans l'avouer.

De là un trait sur lequel j'attire l'attention du lecteur. L'idée d'une causation naturelle est si imparfaitement développée que nous avons seulement une conscience indistincte de ce fait que les relations de causes et d'effets gouvernent l'ensemble de la conduite humaine, et que toutes les règles morales dérivent d'elles en définitive, bien que beaucoup de ces règles puissent être immédiatement dérivées d'intuitions morales.

21. Chose étrange, l'école utilitaire, qui, à première vue, paraît se distinguer des autres par la croyance à la causation naturelle, est elle-même, sinon aussi loin, du moins très loin encore de la reconnaître complètement.

Suivant sa théorie, la conduite doit être estimée d'après les résultats observés. Lorsque, dans des cas assez nombreux, on a constaté que telle manière d'agir produisait le bien, tandis que telle autre produisait le mal, on doit respectivement juger bonne ou mauvaise l'une et l'autre de ces deux manières d'agir. Eh bien, si l'affirmation de cette vérité, que les règles morales ont pour origine des causes naturelles, paraît contenue dans cette théorie, cette affirmation n'est encore que partielle. Ce qu'on y trouve en effet, c'est que nous avons à établir par induction que tels dommages ou tels avantages *suivent* tels ou tels actes et à induire que de pareilles relations subsisteront dans l'avenir. Mais accepter ces généralisations et les conclusions qu'on en tire, cela n'équivaut pas à la reconnaissance de la causation dans toute la force du terme. Tant que l'on se contente de reconnaître *quelque* relation entre une cause et un effet dans la conduite, au lieu de reconnaître *la* relation, on n'a pas encore donné à la connaissance sa forme définitivement scientifique. Jusqu'à présent, les utilitaires ne tiennent pas compte de cette distinction, même lorsqu'elle leur est signalée; ils ne comprennent pas que l'utilitarisme empirique est seulement une forme de transition qu'il faut dépasser pour arriver à l'utilitarisme rationnel.

Dans une lettre adressée, il y a seize ans environ, à M. Mill, et où je repoussais le nom d'anti-utilitaire qu'il m'avait appliqué (cette lettre a été publiée depuis dans le livre de M. Bain *mental and moral Science*), j'ai essayé d'éclaircir la différence que je viens de signaler. Voici quelques passages de cette lettre :

> L'idée que je défends c'est que la morale proprement dite — la science de la conduite droite — a pour objet de déterminer *comment* et *pourquoi* certains modes de conduite sont nuisibles, certains autres avantageux. Ces résultats bons et mauvais ne peuvent être accidentels, ils doivent être des conséquences nécessaires de la constitution des choses. A mon avis, l'objet de la science morale doit être de déduire des lois de la vie et des conditions de l'existence quelles sortes d'actions tendent nécessairement à produire le bonheur, quelles autres à produire le malheur. Cela fait, ces déductions doivent être reconnues comme les lois de la conduite ; elles doivent être obéies indépendamment de toute considération directe et immédiate de bonheur ou de misère.
>
> Un exemple fera peut-être mieux comprendre ce que je veux dire. Dans les premiers temps, l'astronomie planétaire ne possédait que des observations accumulées relativement aux positions et aux mouvements du soleil et des planètes ; de loin en loin ces observations permettaient de prédire, approximativement, que certains corps célestes occuperaient certaines positions à telles époques. La science moderne de l'astronomie planétaire consiste en déductions de la loi de la gravitation, déductions qui font connaître pourquoi les corps célestes occupent *nécessairement* certaines places à certaines époques. Le rapport qui existe entre l'ancienne astronomie et l'astronomie moderne est analogue à celui qui existe aussi, selon moi, entre la morale de l'utile et la science morale proprement dite. L'objection que je fais à l'utilitarisme courant, c'est qu'il ne reconnaît pas la forme développée de la morale : il ne s'aperçoit pas qu'il n'a pas encore dépassé la période primitive de la science morale.

Sans doute, si l'on demandait aux utilitaires si c'est par hasard que cette sorte d'actions produit du mal et cette autre du bien, ils répondraient négativement : ils admettraient que de pareilles séquences sont des parties d'un ordre nécessaire auquel les phénomènes sont soumis. Cette vérité est au-dessus de toute discussion, et s'il y a des relations causales entre les actes et leurs résultats, les règles de la conduite ne peuvent devenir scientifiques que le jour où elles seront déduites de ces relations : on continue à se contenter de cette forme de l'utilitarisme dans laquelle ces relations causales restent ignorées en pratique. On suppose qu'à l'avenir, comme aujourd'hui, l'utilité doit être déterminée uniquement par l'observation des résultats, et qu'il n'est pas possible de connaître par déduction de principes fondamentaux quelle conduite *doit* être nuisible, quelle autre *doit* être avantageuse.

22. Pour rendre plus précise cette idée de la science morale que j'indique ici, je vais la présenter sous un aspect concret. Je commencerai par un exemple fort simple, et, par degrés, je rendrai cet exemple de plus en plus complexe.

Si nous arrêtons la plus grande partie du sang qui circule dans un membre, en liant sa principale artère, aussi longtemps que ce membre fonctionnera les parties appelées à travailler perdront plus qu'elles ne recevront, et il en résultera un certain affaiblissement. Le rapport entre l'arrivée régulière des matières nutritives dans ce membre, par des artères, et l'accomplissement régulier de ses fonctions, forme une partie de l'ordre physique. Si, au lieu d'arrêter la nutrition d'un membre en particulier, nous faisons perdre au patient une grande quantité de sang, nous supprimons ainsi les matériaux nécessaires à la réparation non d'un seul membre mais de tous les membres, et non seulement des membres mais aussi des viscères : nous déterminons à la fois une diminution des forces musculaires et un amoindrissement des fonctions vitales. Ici encore, la cause et l'effet ont des rapports nécessaires. Le dommage qui résulte d'une grande perte de sang en résulte sans qu'il soit utile de faire intervenir un commandement divin, ou un ordre politique, ou une intuition morale. Faisons un pas de plus. Supposons un homme dans l'impossibilité de prendre assez de cette nourriture, solide ou liquide, contenant les substances que le sang doit fournir pour la réparation des tissus ; supposons qu'il ait un cancer de l'œsophage et qu'il ne puisse avaler : qu'arrive-t-il ? Par cette perte indirecte, comme par la perte directe, il est fatalement réduit à l'impuissance d'accomplir les actes d'un homme en bonne santé. Dans ce cas, comme dans les autres, la connexion entre la cause et l'effet est une connexion qui ne peut être établie ou détruite par aucune autorité extérieure aux phénomènes eux-mêmes. Supposons encore que, au lieu d'être arrêtés après avoir passé la bouche, les aliments n'y arrivent même pas, de telle sorte que, chaque jour, cet homme soit forcé d'user ses tissus en cherchant de quoi se nourrir, et que, chaque jour aussi, il ne puisse manger ces aliments qu'il s'est épuisé à chercher : comme plus haut, le progrès vers la mort par inanition est inévitable ; la connexion entre les actes et les effets est indépendante de toute autorité, quelle qu'elle soit, théologique ou politique. De même, si on le force à coups de fouet à travailler, et si on ne lui donne pas en retour une nourriture proportionnée à son travail, les maux qui s'ensuivront sont également certains ; les ordres d'un pouvoir sacré ou profane n'y peuvent rien.

Passons maintenant aux actes qu'on regarde d'ordinaire comme soumis à des règles de conduite. Voici un homme auquel on dérobe continuellement le produit de son travail, qui devait servir à réparer sa dépense d'énergie nervoso-musculaire, à renouveler ses forces. Ici encore, la relation qui existe entre la conduite et ses conséquences prend racine dans la nature des choses; une loi de l'Etat ne pourrait pas la changer, et nous n'avons pas besoin pour l'établir d'une généralisation empirique. Si l'action qui atteint cet homme ne produit pas de résultats aussi immédiats ou aussi décisifs, nous trouvons tout de même dans l'ordre physique le fondement de la moralité. Par exemple, on lui paye ses services en fausse monnaie, ou bien on lui fait attendre ce payement au delà de l'époque marquée, ou bien les aliments qu'il achète sont falsifiés. Evidemment tous ces actes, que nous condamnons comme injustes et que la loi punit, empêchent, comme les faits cités plus haut, l'établissement d'un équilibre physiologique régulier entre la consommation et la réparation.

Il en est de même pour les actes dont les effets sont encore beaucoup plus éloignés. Si l'on empêche cet homme de défendre son droit, si la prédominance d'une classe lui interdit tout progrès, si un juge corrompu rend un jugement contraire à l'évidence, si un témoin dépose contre la vérité : ces différents actes l'affectent sans doute moins directement, mais leur culpabilité ne tient-elle pas à la même raison originelle ?

On peut en dire autant des actions qui produisent un dommage diffus, indéfini. Que notre homme, au lieu d'être trompé, soit calomnié : ici, comme dans les cas précédents, on entrave l'exercice des activités qui servent au soutien de sa vie, car la perte de sa réputation est funeste à ses affaires. Ce n'est pas tout. La dépression mentale qui en résulte le rend, dans une certaine mesure, incapable d'efforts énergiques et peut le faire tomber malade. Ainsi le colportage criminel de faux jugements tend à la fois à diminuer sa vie et à diminuer son aptitude à conserver sa vie. De là vient la gravité morale de la calomnie.

Allons plus loin; suivons jusqu'à leurs ramifications dernières les effets produits par quelques-uns des actes que condamne la morale dite intuitive, et demandons-nous quels en sont les résultats, non seulement pour l'individu lui-même, mais encore pour ceux qui lui tiennent de près. L'appauvrissement entrave l'éducation des enfants, en ne permettant de leur donner qu'une nourriture et des vêtements insuffisants, ce qui peut aboutir à la mort des uns, à l'affaiblissement de la constitution des autres ; nous voyons donc que, par suite des connexions nécessaires des choses, ces actes ne tendent pas seulement à amoindrir la vie chez l'individu qui en est la victime, ils tendent en second lieu à l'amoindrir aussi chez les membres de sa famille, et, en troisième lieu, à diminuer le développement de la société en général; celle-ci en effet doit souffrir de tout ce que souffrent ses membres.

On comprendra mieux maintenant pourquoi l'utilitarisme, qui admet seulement comme principes de conduite les principes fournis par l'induction, n'est qu'une préparation à un autre utilitarisme qui déduit ces principes des progrès de la vie conformément aux conditions réelles de l'existence.

23. Voilà justifiée, je crois, l'affirmation formulée au début, à savoir que toutes les méthodes ordinaires de morale ont un défaut commun, indépendamment de leurs caractères distinctifs et de leurs tendances spéciales : elles négligent les dernières relations causales. Sans doute, elles n'ignorent pas entièrement les conséquences naturelles des actions; mais elles ne les reconnaissent que d'une manière incidente. Elles n'érigent pas en méthode l'affirmation de relations nécessaires entre les causes et les effets, et la déduction des règles de la conduite de la connaissance de ces relations.

Toute science commence par accumuler des observations et elle les généralise aussitôt d'une manière empirique; mais il faut qu'elle parvienne à englober ces généralisations empiriques dans une généralisation rationnelle pour devenir une science constituée. L'astronomie a déjà passé par ces degrés successifs : d'abord, collection de faits ; ensuite, inductions fondées sur ces faits; enfin, interprétations déductives de ces mêmes faits, considérés comme corollaires d'un principe universel d'action gouvernant les masses dans l'espace. En groupant et comparant toutes les observations faites sur la structure et la disposition des couches de terrains, on a été graduellement conduit à expliquer les différentes classes de phénomènes géologiques par l'action de l'eau ou par celle du feu. Si la géologie forme aujourd'hui une véritable science c'est parce que ces phénomènes sont considérés maintenant comme les conséquences des processus naturels qui se sont succédé pendant le refroidissement et la solidification de la terre, placée sous l'influence de la chaleur solaire et l'action que la lune exerce sur son Océan. La science de la vie a parcouru et parcourt encore une série de phases analogues : l'évolution des formes organiques en général est rattachée aux actions physiques qui agissaient dès l'origine; quant aux phénomènes vitaux présentés par chaque organisme, on commence à les considérer comme des séries de changements s'accomplissant dans des particules matérielles soumises à certaines forces et produisant d'autres forces.

Les premières théories relatives à la pensée et au sentiment excluaient toute idée de cause, si ce n'est pour certains effets de l'habitude qui avaient forcé l'attention et étaient passés en proverbe. Mais on en vient à rattacher la pensée et le sentiment aux actions et aux réactions d'une structure nerveuse qui est influencée par les changements extérieurs et produit dans le corps des changements appropriés. Il en résulte que la psychologie tend aujourd'hui à devenir une science, dans la mesure où ces relations de phénomènes sont expliquées comme des conséquences de principes suprêmes.

La sociologie, représentée jusqu'à ces derniers temps par des idées éparses sur l'organisation sociale, perdues dans une foule de considérations sans valeur que nous ont laissées les historiens, commence elle-même à être regardée comme une science par quelques savants. Les premiers traits, qui nous en ont été fournis de temps à autre sous forme de généralisations empiriques, commencent à prendre le caractère de généralisations cohérentes en se rattachant aux causes qui agissent dans la nature humaine placée au milieu de conditions données. Il est donc clair que la morale, c'est-à-dire la science de la conduite des hommes vivant en société, doit subir une transformation semblable : non développée encore jusqu'à présent, elle pourra, quand elle aura subi cette transformation, être considérée comme une science constituée.

Il faut cependant que des sciences plus simples lui aient d'abord préparé la voie. La morale a un côté physique, puisqu'elle traite des activités humaines soumises, comme toutes les manifestations de l'énergie, à la loi de la conservation de la force : les principes moraux doivent donc être conformes aux nécessités physiques. Elle a aussi un côté biologique, car elle concerne certains effets, internes ou externes, individuels ou sociaux, des changements vitaux qui se produisent dans le type le plus élevé de l'animalité. Elle présente également un côté psychologique ; car elle s'occupe d'un ensemble d'actions inspirées par les sentiments et guidées par l'intelligence. Enfin, elle a encore un côté sociologique, car ces actions, — quelques-unes directement et toutes indirectement — affectent des êtres réunis en société.

Quelle est la conclusion ? Appartenant, par l'un de ces côtés, à des sciences diverses, physique, biologie, psychologie et sociologie, la morale ne peut être définitivement comprise qu'au moyen des vérités fondamentales communes à toutes ces sciences. Nous avons établi déjà, par une autre méthode, que la conduite en général, — qui renferme la conduite dont s'occupe la morale, — doit, pour être bien comprise, être regardée comme une face de l'évolution de la vie ; une méthode plus spéciale conduit au même résultat.

Il faut donc aborder maintenant l'étude des phénomènes moraux considérés comme phénomènes de l'évolution ; nous sommes forcés de le faire, parce que nous découvrons en eux une partie de l'agrégat des phénomènes que l'évolution a produits. Si l'univers visible tout entier est soumis à l'évolution, si le système solaire, considéré comme formant un tout, si la terre, comme partie de ce tout, si la vie en général qui se développe à la surface de la terre, aussi bien que celle de chaque organisme individuel, si les phénomènes psychiques manifestés par toutes les créatures, jusqu'aux plus élevées, comme les phénomènes résultant de la réunion de ces créatures les plus parfaites, si tout enfin est soumis aux lois de l'évolution, il faut bien admettre que les phénomènes de conduite produits par ces créatures de l'ordre le plus élevé, et qui font l'objet de la morale, sont aussi soumis à ces lois.

Les ouvrages précédents [1] ont préparé la voie pour l'étude de la morale ainsi comprise. Nous tirerons parti des conclusions qu'ils contiennent, et nous verrons quelles données elles nous fournissent. Nous traiterons successivement du point de vue physique, du point de vue biologique, du point de vue psychologique et du point de vue sociologique de la morale.

---

1. *Premiers principes*, *Principes de biologie*, *Principes de psychologie* et *Principes de sociologie*. — Voir aussi l'*Introduction à la Science sociale* dans la *Bibliothèque scientifique internationale*, cinquième édition.

CHAPITRE V

LE POINT DE VUE PHYSIQUE

24. A chaque moment, nous passons instantanément des actions humaines que nous percevons aux motifs qu'elles impliquent, et nous sommes ainsi conduits à formuler ces actions en termes se rapportant à l'esprit plutôt qu'en termes se rapportant au corps. C'est aux pensées et aux sentiments qu'on applique son jugement lorsqu'on loue ou qu'on blâme les actes d'un homme, et non à ces manifestations extérieures qui révèlent les pensées et les sentiments. On arrive ainsi peu à peu à oublier que la conduite, telle que l'expérience nous la fait connaître, consiste en changements perçus par le toucher, la vue et l'ouïe.

L'habitude de considérer seulement l'aspect psychique de la conduite est si tenace qu'il faut un véritable effort pour examiner aussi son aspect physique. On ne peut nier que, par rapport à nous, la manière d'être d'un autre homme est faite des mouvements de son corps et de ses membres, de ses muscles faciaux et de son appareil vocal : cependant il semble paradoxal de dire que ce sont là les seuls éléments de conduite réellement connus, tandis que les éléments de la conduite exclusivement regardés comme ses éléments constitutifs ne sont pas directement connus, mais induits par raisonnements.

Eh bien, laissant de côté pour le moment les éléments induits de la conduite, occupons-nous ici des éléments perçus : nous avons à observer les caractères de la conduite considérés comme une suite de mouvements combinés. En se plaçant au point de vue de l'évolution, en se rappelant que, pendant qu'un agrégat se développe, non seulement la matière qui le compose, mais aussi le mouvement de cette matière, passe d'une homogénéité indéfinie incohérente à une hétérogénéité définie cohérente, nous avons maintenant à rechercher si la conduite, pendant qu'elle s'élève vers ses formes les plus élevées, manifeste ces caractères dans son progrès, et si elle les manifeste au plus haut degré lorsqu'elle atteint la forme la plus élevée de toutes que nous appelons la forme morale.

25. Il faut s'occuper d'abord du caractère de cohérence croissante. La conduite des êtres dont l'organisation est simple contraste beaucoup avec la conduite des êtres dont l'organisation est développée, en ce sens que les parties successives n'ont qu'une faible liaison. Les mouvements qu'un animalcule fait au hasard n'ont aucun rapport avec les mouvements qu'il a faits un moment auparavant et n'ont aucune influence déterminée sur les mouvements produits aussitôt après. Les tours et détours que fait aujourd'hui un poisson à la recherche de la nourriture, bien qu'ils offrent peut-être par leur adaptation à la capture de différents genres de proies aux différentes heures un ordre légèrement déterminé, n'ont aucune relation avec ses tours d'hier et ceux de demain. Mais des êtres déjà plus développés, comme les oiseaux, nous montrent, — dans la construction de leurs nids, la disposition des œufs, l'éducation des jeunes et l'assistance qu'ils leur donnent quand ils commencent à voler, — des suites de mouvements formant une série liée qui s'étend à une période considérable. En observant la complexité des actes accomplis pour se procurer et fixer les fibres du nid, ou pour capturer et apporter aux petits chaque portion de leur nourriture, nous découvrons dans les mouvements combinés une cohésion latérale aussi bien qu'une cohésion longitudinale.

L'homme, même à son état le plus inférieur, déploie dans sa conduite des combinaisons beaucoup plus cohérentes de mouvements. Par les manipulations laborieuses nécessaires pour la fabrication d'armes qui serviront à la chasse l'année prochaine, ou pour la construction de canots ou de wigwams d'un usage permanent, par les actes d'agression ou de défense qui se relient à des injustices depuis longtemps subies ou commises, le sauvage produit un ensemble de mouvements qui, dans quelques-unes de ses parties, subsiste pendant de longues périodes. Bien plus, si on considère les divers mouvements impliqués par les transactions de chaque jour, dans le bois, sur l'eau, dans le camp, dans la famille, on voit que cet agrégat cohérent de mouvements se compose lui-même de divers agrégats plus petits, qui ont leur cohésion particulière et s'unissent à leurs voisins.

Chez l'homme civilisé, ce trait du développement de la conduite devient bien plus remarquable encore. Quelle que soit l'affaire dont il s'occupe, son action enveloppe un nombre relativement considérable de mouvements dépendants ; jour par jour, la conduite se continue de manière à montrer une connexion entre des mouvements actuels et des mouvements accomplis depuis longtemps, aussi bien que des mouvements destinés à se produire dans un avenir éloigné. Outre les diverses actions, liées les unes aux autres, par lesquelles le fermier s'occupe de son bétail, dirige ses laboureurs, surveille sa laiterie, achète ses instruments, vend ses produits, etc., le fait d'obtenir et de régler son bail implique une combinaison de mouvements nombreux dont dépendent les mouvements des années suivantes. En fumant ses terres pour en augmenter le rendement, ou en établissant des drainages pour la même raison, il accomplit des actes qui font partie d'une combinaison cohérente relativement étendue. Il en est évidemment de même du marchand, du manufacturier, du banquier. Cette cohérence ainsi accrue de la conduite chez les hommes civilisés nous frappera bien davantage si nous nous rappelons que ses éléments sont souvent maintenus dans un arrangement systématique pendant toute la vie, avec l'intention de faire fortune, de fonder une famille, de gagner un siège au Parlement.

Remarquez maintenant qu'une cohérence plus grande entre les mouvements composants distingue profondément la conduite appelée morale de celle que nous appelons immorale. L'application du mot *dissolue* à la seconde, et du mot *retenue* à la première, implique que la conduite du genre le plus bas, composée d'actes désordonnés, a ses parties relativement mal reliées les unes avec les autres ; au contraire, la conduite du genre le plus élevé se suivant ordinairement d'après un ordre assuré, y gagne une unité et une cohérence caractéristiques.

Plus la conduite est ce que nous appelons une conduite morale, plus elle présente de ces connexions comparativement fermes entre les antécédents et les conséquents, car la droiture des actions implique que, dans certaines conditions données, les mouvements combinés constituant la conduite se suivent dans une voie qui peut être spécifiée. Par contre, dans la conduite d'un homme dont les principes ne sont pas élevés, les séquences des mouvements sont douteuses. Il peut payer ses dettes ou il peut ne pas le faire ; il peut observer ses engagements ou y manquer ; il peut dire la vérité ou mentir. Les mots : *digne de confiance* et *indigne de confiance*, employés pour caractériser respectivement ces deux conduites, montrent bien que les actions de l'une peuvent être prévues, tandis que celles de l'autre ne le peuvent pas. Cela implique que les mouvements successifs dont la conduite morale est composée ont les uns avec les autres des relations plus constantes que ceux dont l'autre conduite se compose, sont plus cohérents que cette conduite.

26. Outre qu'elle est incohérente, la conduite encore peu développée a aussi pour caractère d'être non définie. En montant les degrés ascendants de l'évolution de la conduite, on constate une coordination de plus en plus définie des mouvements qui la constituent.

Les changements de forme que présentent les protozoaires les plus grossiers sont essentiellement vagues, et ne peuvent être décrits avec la moindre précision. Chez les animaux un peu plus élevés, les mouvements des parties sont plus faciles à définir; mais le mouvement du tout par rapport à une direction est encore indéterminé : il ne semble en aucune manière adapté pour atteindre tel ou tel point dans l'espace. Chez les cœlentérés comme chez les polypes, les parties du corps se meuvent sans précision : chez ceux de ces êtres capables de changer de place, comme la méduse, quand le déplacement ne se fait pas au hasard, il a simplement pour but de se rapprocher de la lumière, dans les endroits où l'on distingue des degrés de lumière et d'obscurité.

Parmi les annelés, le même contraste existe entre la trace d'un ver, qui tourne çà et là au hasard, et la course définie d'une abeille volant de fleur en fleur ou revenant à la ruche : les actes de l'abeille construisant ses cellules et nourrissant les larves montrent plus de précision dans les mouvements simultanés en même temps que dans les mouvements successifs. Quoique les mouvements faits par un poisson à la poursuite de sa proie soient bien définis, leur caractère est encore simple; ils forment à ce point de vue un contraste complet avec les divers mouvements définis du corps, de la tête et des membres d'un mammifère carnassier qui épie un herbivore, fond sur lui et le saisit; en outre, le poisson ne produit aucune de ces séries de mouvement si exactement appropriés par lesquels le mammifère pourvoit à l'élevage des jeunes.

Même à ses degrés les plus bas, la conduite humaine se caractérise par ce fait qu'elle est beaucoup mieux définie, sinon dans les mouvements combinés formant des actes particuliers, du moins dans les adaptations de plusieurs actes combinés pour atteindre des fins diverses. Dans la fabrication et l'usage des armes, dans les manœuvres de guerre des sauvages, de nombreux mouvements, caractérisés par leur adaptation à des fins prochaines, sont disposés en outre pour atteindre des fins éloignées avec une précision qui ne se rencontre point chez les créatures inférieures. La vie des hommes civilisés présente ce trait d'une façon bien plus remarquable encore. Chaque art industriel fournit l'exemple de mouvements définis séparément et arrangés aussi d'une manière définie dans un ordre simultané et successif. Les affaires et transactions de tout genre sont caractérisées par des relations rigoureuses, au point de vue du temps, du lieu et de la quantité, entre les fins à atteindre et les séries de mouvements constituant les actes. En outre, le train de vie journalier de chaque personne nous montre, dans ses périodes régulières d'activité, de repos, de délassement, un arrangement mesuré que nous ne trouvons pas dans les actes du sauvage errant : celui-ci n'a pas d'heures fixes pour chasser, dormir, se nourrir, ni pour aucun genre d'action.

La conduite morale diffère de la conduite immorale de la même manière et au même degré. L'homme consciencieux est exact dans toutes ses transactions. Il donne un poids précis pour une somme spécifiée; il fournit une qualité définie, comme on la lui demande; il paye tout ce qu'il s'est engagé à payer. Au point de vue des dates comme au point de vue des quantités, ses actes répondent complètement aux prévisions. S'il a fait un contrat, il est exact au jour dit; s'il s'agit d'un rendez-vous, il y va à la minute. Il en est de même pour la vérité : ce qu'il dit s'accorde de point en point avec les faits. Dans la vie de famille, il se comporte de la même manière. Il maintient dans leur intégrité les relations conjugales telles qu'elles sont définies par opposition à celles qui résultent de la rupture de l'union conjugale; comme père, il conforme sa conduite à ce que demande la nature de chacun de ses enfants, et modifie suivant les occasions les soins qu'il leur donne, évitant tout excès dans l'éloge ou le blâme, les récompenses ou les punitions. Il ne se dément pas dans les actes les plus divers. Dire qu'il traite équitablement ceux qu'il emploie, suivant qu'ils agissent bien ou mal, c'est dire qu'il agit avec eux selon leurs mérites; dire qu'il est judicieux dans ses charités, c'est dire qu'il distribue ses secours avec discernement, au lieu de les accorder indifféremment aux bons et aux méchants, comme le font ceux qui n'ont pas un juste sentiment de leur responsabilité sociale.

Le progrès vers la rectitude de la conduite est un progrès vers la conduite bien pondérée et relativement définie; nous pouvons le voir à un autre point de vue. Un des traits de la conduite que nous appelons immorale c'est l'exagération, tandis que la modération caractérise ordinairement la conduite morale.

Les excès impliquent une extrême divergence entre les actions et le milieu déterminé où elles se produisent, tandis que le fait de s'accommoder à ce milieu caractérise la modération : d'où il suit que les actions de ce dernier genre peuvent être définies avec plus d'exactitude que celles du premier. Évidemment la conduite qui manque de retenue, présente de grandes oscillations impossibles à calculer d'avance, et diffère en cela de la conduite retenue, dont les oscillations sont renfermées, par hypothèse, dans de plus étroites limites : or ce fait d'être ainsi renfermées dans de plus étroites limites implique une règle définie des mouvements.

27. Il est superflu de montrer dans le détail qu'en même temps que l'hétérogénéité de structure et de fonction s'accroît à travers les formes ascendantes de la vie, l'hétérogénéité de conduite et la diversité dans les séries de mouvements externes ou les séries combinées de ces mouvements s'accroissent aussi d'une façon parallèle. Il n'est pas plus nécessaire de montrer que, devenue déjà relativement grande dans les mouvements constituant la conduite de l'homme non civilisé, cette hétérogénéité s'accroît encore dans ceux que l'homme civilisé accomplit. On peut passer sans transition à ce degré plus élevé où nous trouvons un contraste semblable en montant de la conduite de l'homme immoral à celle de l'homme moral.

Au lieu de reconnaître ce contraste, la plupart des lecteurs seront portés à identifier la vie morale avec une vie peu variée dans son activité. Nous touchons ici à un défaut de la conception courante de la moralité. Cette uniformité relative dans l'agrégat de mouvements accompagnant la moralité telle qu'on la conçoit d'ordinaire, cette uniformité non seulement n'est pas morale, mais est plutôt l'opposé de la morale. Mieux un homme se conforme à toutes les exigences de la vie, — aussi bien pour son propre corps et son esprit que pour le corps ou l'esprit de ceux qui dépendent de lui, et même pour le corps et l'esprit de ses concitoyens, — plus aussi son activité devient variée. Plus il met de soin à accomplir toutes ces actions, plus ses mouvements doivent être hétérogènes.

Toutes choses égales d'ailleurs, celui qui satisfait seulement ses besoins personnels emploie des procédés moins variés que celui qui pourvoit aussi aux besoins de sa femme et de ses enfants. En supposant qu'il n'y ait pas d'autres différences, l'addition des rapports de famille rend nécessairement les actions de l'homme, qui remplit les devoirs de mari et de parent, plus hétérogènes que celles de l'homme qui n'a pas de semblables devoirs à remplir, ou qui, s'il les a, ne les remplit pas. Déclarer ses actions plus hétérogènes, c'est dire qu'il y a une plus grande hétérogénéité dans les mouvements combinés à exécuter.

Il en est de même des obligations sociales. Dans la proportion où un citoyen s'y soumet comme il le doit, ces obligations compliquent beaucoup ses mouvements. S'il est utile à ses inférieurs, à ceux qui dépendent de lui, s'il prend part au mouvement politique, s'il rend des services en répandant la science, dans ces différentes voies, il ajoute à ses genres antérieurs d'activité, il rend les séries de ses mouvements plus variés; il diffère ainsi de l'homme qui est l'esclave d'une seule passion ou d'un groupe de passions.

Sans doute, il n'est pas conforme à l'usage d'attribuer un caractère moral à ces activités que développe la culture. Mais, pour le petit nombre de ceux aux yeux de qui cet exercice légitime de toutes les facultés les plus hautes, intellectuelles et esthétiques, doit être compris dans la conception d'une vie complète, identifiée ici avec la vie morale idéale, il est clair que le développement de ces activités suppose une hétérogénéité plus grande encore. Chacune d'elles en effet, constituée par le jeu spécial de ces facultés éventuellement ajouté à leur usage ordinaire pour la conservation de la vie, augmente aussi la variété des groupes de mouvements.

En résumé, si la conduite est en toute occasion la meilleure possible, comme les occasions sont infiniment variées, les actes seront aussi infiniment variés, l'hétérogénéité dans les combinaisons de mouvements sera extrême.

28. L'évolution de la conduite considérée sous son aspect moral tend, comme toute autre évolution, à un équilibre. Je n'entends pas parler ici de l'équilibre atteint à la mort, bien que celui-ci soit nécessairement l'état final commun à l'évolution de l'homme le plus élevé et à toute autre évolution inférieure; je parle d'un équilibre mobile.

On a vu que l'action de continuer à vivre, exprimée en termes physiques, c'est l'action de maintenir une certaine combinaison balancée d'actions internes en face de forces externes tendant à détruire cette combinaison. Progresser vers une vie plus haute, c'est devenir capable de maintenir la balance pour une période plus longue, grâce à des additions successives de forces organiques dont l'action annihile de plus en plus complètement les forces perturbatrices. Nous sommes conduits ainsi à conclure que la vie appelée morale est une vie dans laquelle le maintien de l'équilibre mobile devient complet, ou s'approche le plus possible de cet état.

Cette vérité éclate dans tout son jour quand on observe comment les rythmes physiologiques, vaguement esquissés lorsque l'organisation commence, deviennent plus réguliers, en même temps que plus variés dans leurs genres, à mesure que l'organisation se développe. La périodicité est très faiblement marquée dans les actions, intérieures ou extérieures, des types les plus grossiers. Là où la vie est inférieure, elle dépend de tous les accidents du milieu, et il en résulte de grandes irrégularités dans les processus vitaux.

Un polype prend de la nourriture à des intervalles tantôt rapprochés, tantôt éloignés, suivant que les circonstances le déterminent; l'utilisation de cette nourriture s'opère par une lente dispersion dans les tissus, aidée seulement par les mouvements irréguliers du corps; la respiration s'effectue d'une manière qui ne présente également aucune trace de rythme. Beaucoup plus haut, par exemple chez les mollusques inférieurs, nous trouvons encore des périodicités très imparfaites : bien que pourvus d'un système vasculaire, ces mollusques n'ont pas de circulation proprement dite, mais un mouvement lent d'un sang grossier à travers les vaisseaux, tantôt dans un sens, tantôt, après une pause, dans le sens opposé.

C'est avec les structures bien développées qu'apparaît un rythme des actions respiratoire et circulatoire, chez les oiseaux et les mammifères. En même temps qu'une grande rapidité et une grande régularité de ces rythmes essentiels, en même temps qu'une grande activité vitale qui en est la suite ainsi qu'une grande dépense d'énergie, il s'établit alors une régularité relative dans le rythme des actions élémentaires et aussi dans le rythme de l'activité et du repos; en effet, la déperdition rapide dont une circulation et une respiration rapides sont les instruments, exige des apports réguliers de nutrition, aussi bien que des intervalles réguliers de sommeil durant lesquels la réparation puisse compenser la déperdition. L'équilibre mobile caractérisé par ces rythmes, qui dépendent mutuellement les uns des autres, les perfectionne sans cesse en réagissant de plus en plus contre les actions qui tendent à le troubler.

Il en est ainsi à mesure que nous nous élevons du sauvage à l'homme civilisé et du plus humble parmi les civilisés à celui qui est placé le plus haut. Le rythme des actions extérieures, nécessaire pour le maintien du rythme des actions internes, devient à la fois plus compliqué et plus complet, et leur donne un meilleur équilibre mobile. Les irrégularités que leurs conditions d'existence imposent aux hommes primitifs produisent toujours de grandes déviations de ce bon état d'équilibre mobile, de grandes oscillations; elles causent l'imperfection de cet équilibre pour le présent et déterminent sa destruction prématurée. Chez les hommes civilisés dont nous disons qu'ils se conduisent mal, de fréquentes perturbations de l'équilibre mobile sont produites par les excès caractérisant une carrière dans laquelle les périodicités sont souvent rompues ; le résultat ordinaire est que, le rythme des actions internes étant souvent dérangé, l'équilibre mobile, rendu imparfait à proportion, a souvent une moindre durée. Au contraire, un homme dont les rythmes internes sont le mieux conservés est un homme qui accomplit séparément, à mesure que l'occasion le demande, toutes les actions externes nécessaires pour satisfaire à ses besoins ou à ses obligations, et qui arrive ainsi à un équilibre mobile à la fois consolidé et prolongé par cette manière d'agir.

Il faut nécessairement supposer que l'homme atteignant ainsi la limite de l'évolution vit dans une société qui s'accorde avec sa nature, c'est-à-dire vit parmi des hommes constitués comme lui, et séparément en harmonie avec ce milieu social qu'ils ont formé. C'est la seule hypothèse possible : la production du type le plus élevé de l'homme suit seulement *pari passu* la production du type le plus élevé de la société. Les conditions requises sont celles que nous avons indiquées plus haut comme accompagnant la conduite la plus développée, conditions sous lesquelles chacun peut satisfaire à tous ses besoins et élever un nombre convenable d'enfants, non seulement sans empêcher les autres d'en faire autant, mais au contraire en les y aidant. Considérée sous son aspect physique, la conduite de l'individu ainsi constitué et ainsi associé à des individus semblables est évidemment une conduite dans laquelle toutes les actions, c'est-à-dire les mouvements combinés de tous genres, sont devenues telles qu'elles répondent convenablement aux exigences de la vie quotidienne, à toute occurrence ordinaire, à toute contingence du milieu. Une vie complète dans une société complète n'est qu'un autre nom pour désigner l'équilibre complet entre les activités coordonnées de chaque unité sociale et celles de l'agrégat des unités.

29. Même pour ceux qui ont lu mes ouvrages précédents, et à plus forte raison pour ceux qui ne les ont pas lus, il semblera étrange, ou même absurde, de présenter ainsi la conduite morale en termes physiques. Cependant il a été nécessaire de le faire. Si cette redistribution de matière et de mouvement qui constitue l'évolution s'étend à tous les agrégats, ses lois doivent être observées dans l'être le plus développé comme en toute autre chose, et les actions de cet être, lorsqu'on les décompose en

mouvements, doivent fournir des exemples de ces lois. C'est ce qui arrive effectivement : il y a une entière correspondance entre l'évolution morale et l'évolution comme nous l'avons définie en physique.

La conduite, — telle que nos sens nous la font directement connaître et non telle qu'elle est interprétée ensuite et ramenée aux sentiments et aux idées qui l'accompagnent, — consiste en mouvements combinés. En remontant les différents degrés des créatures animées, nous trouvons ces mouvements combinés caractérisés par une cohérence croissante, par une définition croissante, qu'on les considère isolément ou dans leurs groupes coordonnés, et par une croissante hétérogénéité ; en avançant des types inférieurs aux types les plus élevés de l'humanité, aussi bien qu'en passant du type le moins moral au type le plus moral, ces traits de la conduite en évolution deviennent plus marqués encore.

En outre, nous voyons que la cohérence, la définition et l'hétérogénéité croissantes des mouvements combinés servent à mieux maintenir un équilibre mobile. Là où l'évolution est faible, cet équilibre est très imparfait et bientôt détruit; à mesure que l'évolution se développe et augmente la force et l'intelligence, il devient plus ferme et se conserve plus longtemps en face d'actions contraires; dans l'espèce humaine en général, il est comparativement régulier et durable, et sa régularité, sa durée atteignent le plus haut degré dans la race la plus élevée.

CHAPITRE VI

LE POINT DE VUE BIOLOGIQUE

30. Le principe que l'homme moral idéal est celui chez lequel l'équilibre mobile est parfait ou approche le plus de la perfection, devient, lorsqu'on le traduit en langage physiologique, cette vérité qu'il est celui chez lequel les fonctions de tous genres sont convenablement remplies. Chaque fonction a quelque rapport, direct ou indirect, avec les besoins de la vie : son existence même est un résultat de l'évolution, car elle est elle-même une preuve qu'elle a été produite, immédiatement ou de loin, par l'adaptation des actions intérieures aux actions extérieures. Le non-accomplissement d'une fonction dans ses proportions normales est donc le non-accomplissement de quelque chose de nécessaire à une vie complète. Si une fonction marche d'une manière incomplète, l'organisme éprouve certains dommages par suite de cette insuffisance. S'il y a excès, il se produit une réaction sur les autres fonctions, qui diminue d'une manière ou d'une autre leur efficacité.

Sans doute, à l'époque de la pleine vigueur, lorsque les actions organiques ont beaucoup de force, le désordre causé par un excès ou une défaillance légère de quelque fonction disparaît bientôt; la balance se rétablit. Mais il n'en est pas moins vrai qu'il résulte certains désordres de l'excès ou du défaut, que cet excès ou ce défaut exerce une certaine influence sur chaque fonction du corps et de l'esprit, et qu'il constitue un abaissement de la vie.

Outre l'altération temporaire de la vie complète par l'effet de l'exercice peu convenable ou inadéquat d'une fonction, il en résulte aussi, comme dernier résultat, une diminution de la longueur de la vie. Si telle fonction est ordinairement remplie plus ou moins qu'il ne faut, et si, par suite, il se produit une perturbation répétée des fonctions en général, il en résulte un dérangement chronique dans la balance des fonctions. En réagissant nécessairement sur la structure et en imprimant en elle ses effets accumulés, ce dérangement produit une détérioration générale, et, si les énergies vitales commencent alors à décliner, l'équilibre mobile, plus éloigné de la perfection qu'il ne l'aurait été autrement, est bientôt détruit : la mort est plus ou moins prématurée.

Il s'ensuit que l'homme moral est un homme dont les fonctions nombreuses et variées dans leurs genres, comme nous l'avons vu, sont toutes accomplies à des degrés convenablement proportionnés aux conditions d'existence.

31. Quelque étrange que la conclusion paraisse, c'est cependant une conclusion qu'il faut tirer ici : l'accomplissement de toutes les fonctions est, en un sens, une obligation morale.

On pense d'ordinaire que la morale nous commande seulement de restreindre certaines activités vitales qui, dans notre état actuel, se développent souvent à l'excès, ou qui sont en opposition avec le bien-être spécial ou général; mais elle nous commande aussi de développer ces activités jusqu'à leurs limites normales. Si on les comprend ainsi, toutes les fonctions animales, aussi bien que les fonctions plus élevées, ont leur caractère obligatoire. Sans doute, dans notre état actuel de transition, caractérisé par une adaptation très imparfaite de notre constitution aux conditions d'existence, des obligations morales d'ordre suprême rendent souvent nécessaire une conduite préjudiciable au point de vue physique; mais nous devons reconnaître aussi que, laissant de côté les autres effets, il est immoral de traiter le corps de manière à diminuer la plénitude ou la vigueur de sa vitalité.

De là résulte un critérium des actions. Nous pouvons dans chaque cas nous demander : L'action tend-elle pour le présent à maintenir la vie complète? Tend-elle à la prolongation de la vie jusqu'à sa pleine durée? Répondre oui ou non à l'une ou à l'autre de ces questions, c'est implicitement classer l'action comme bonne ou mauvaise par rapport à ses effets immédiats, quelle qu'elle puisse être par rapport à ses effets éloignés.

L'apparence paradoxale de cette proposition vient de notre tendance presque incorrigible à juger une conclusion présupposant une humanité idéale, par le degré où cette conclusion est applicable à l'humanité telle qu'elle existe actuellement. La conclusion précédente se rapporte à la conduite la plus élevée où aboutit, comme nous l'avons vu, l'évolution humaine, à cette conduite dans laquelle le fait d'adapter les actes à des fins qui contribuent à rendre complète la vie individuelle, en même temps qu'elles servent à assurer le développement des enfants et leur croissance jusqu'à la maturité, non seulement se concilie avec le fait de pareilles adaptations de la part des autres, mais encore les favorise. Cette conception d'une conduite dans sa forme ultime implique la conception d'une nature se manifestant spontanément par une pareille conduite, ayant en elle le produit de ses activités normales. Si l'on entend ainsi les choses, il devient manifeste que, dans de semblables conditions, l'insuffisance d'une fonction, aussi bien que son excès, implique une déviation de la conduite la meilleure ou de la conduite parfaitement morale.

32. Jusqu'ici, en traitant de la conduite au point de vue biologique, nous avons considéré les actions qui la constituent sous leurs aspects physiologiques seulement, et laissé de côté leurs aspects psychologiques. Nous avons constaté les changements corporels et négligé les changements psychiques qui les accompagnent. Au premier abord, il paraissait nécessaire d'agir ainsi; car tenir compte ici des états de conscience n'était-ce pas admettre implicitement que le point de vue psychologique est compris dans le point de vue biologique?

Il n'en est pas ainsi cependant. Comme nous l'avons montré dans les *Principes de psychologie* (§§ 52, 53), on n'entre dans le domaine de la psychologie proprement dite que lorsqu'on commence à étudier les états psychiques et leurs relations considérés comme se rapportant à des agents externes et à leurs relations. Tant que nous nous occupons exclusivement de nous-mêmes et des modes de l'esprit comme corrélatifs à des changements nerveux, nous traitons de ce que j'ai appelé ailleurs l'æsto-physiologie. On n'arrive à la psychologie qu'au moment où on cherche la correspondance entre les connexions des états subjectifs et les connexions des actions objectives. Nous pouvons donc traiter ici, sans dépasser les limites de notre sujet immédiat, des sentiments et des fonctions dans leurs mutuelles dépendances.

Il était impossible de passer ce point sous silence, parce que les changements psychiques qui accompagnent un grand nombre de changements physiques dans l'organisme sont eux-mêmes, de deux manières, des facteurs biologiques.

Les sentiments classés comme sensations, qui naissent directement dans telle ou telle partie du corps, se produisent à la suite de certains états des organes vitaux et surtout à la suite de certains états des organes externes : tantôt ils servent essentiellement de guides pour l'accomplissement des fonctions, et partiellement de stimulants, tantôt au contraire ils servent principalement de stimulants, mais aussi de guides à un moindre degré. En tant qu'elles sont coordonnées, les sensations visuelles nous permettent de diriger nos mouvements ; et, si elles sont vives, elles accélèrent en outre la respiration ; au contraire les sensations de chaud et de froid, qui accroissent aussi ou diminuent dans une grande proportion les actions vitales, servent encore à nous permettre de porter des jugements.

Les sentiments rangés sous le nom d'émotions, qui ne peuvent être localisés dans une partie quelconque du corps, agissent d'une manière plus générale comme guides et comme stimulants, exercent plus d'influence sur l'exercice des fonctions que la plupart des sensations. La peur, en même temps qu'elle pousse à la fuite et développe les forces nécessaires pour fuir, affecte aussi le cœur et le canal alimentaire ; tandis que la joie, en nous portant à faire durer les causes qui l'ont produite, exalte en même temps les processus des viscères.

En traitant de la conduite sous son aspect biologique, nous sommes donc amenés à étudier cette réaction mutuelle des sentiments et des fonctions, qui est essentielle à la vie animale sous ses formes les plus développées.

33. Dans les *Principes de psychologie,* § 124, j'ai montré que, dans le monde animal tout entier, « les douleurs sont nécessairement corrélatives à des actions nuisibles pour l'organisme, tandis que les plaisirs sont corrélatifs à des actions contribuant au bien-être. » En effet, « c'est une déduction inévitable de l'hypothèse de l'évolution que des races d'êtres sentants n'ont pu venir à l'existence dans d'autres conditions. » Voici (§ 125) quel était le raisonnement :

> Si nous substituons au mot *plaisir* la périphrase équivalente : un sentiment que nous cherchons à produire dans la conscience et à y retenir, et au mot *douleur* la périphrase équivalente : un sentiment que nous cherchons à faire sortir de la conscience ou à en tenir éloigné, nous voyons aussitôt que si les états de conscience qu'un être s'efforce de conserver sont les corrélatifs d'actions nuisibles, et que si les états de conscience qu'il s'efforce de chasser sont les corrélatifs d'actions profitables, cet être doit promptement disparaître en persistant dans ce qui est nuisible, en fuyant ce qui est profitable. En d'autres termes, ces races d'êtres seules ont survécu, chez lesquelles, en moyenne, les états de conscience agréables ou désirés ont accompagné les activités utiles à la conservation de la vie, tandis que des sentiments désagréables ou habituellement évités ont accompagné les activités directement ou indirectement destructives de la vie. Par suite, toutes choses égales d'ailleurs, parmi les diverses races, celles-là ont dû se multiplier et survivre, qui ont eu les meilleurs ajustements des sentiments aux actions et ont toujours tendu à rendre cet ajustement parfait.

Des connexions convenables entre les actes et les résultats peuvent s'établir dans les êtres vivants, avant même que la conscience n'apparaisse. Après l'apparition de la conscience, ces connexions ne peuvent changer autrement qu'en devenant mieux établies. Tout à fait à l'origine, la vie se maintient par la persistance dans des actions qui ont la vie pour effet, et par la cessation des actes qui l'entravent; lorsque la sensibilité apparaît comme accompagnement, sa nature doit être telle que, dans le premier cas, le sentiment produit soit d'un genre qui sera recherché, un plaisir, et, dans le second cas, d'un genre qui sera évité, une douleur. Mettons en évidence la nécessité de ces relations au moyen de quelques exemples concrets.

Une plante qui enveloppe d'un plexus de radicelles un os enterré, ou une pomme de terre qui dirige les tiges blanches sortant de ses bourgeons vers le soupirail par lequel la lumière pénètre dans le cellier, montrent bien que les changements produits dans leurs tissus par les agents extérieurs eux-mêmes sont des changements qui servent à l'utilisation de ces agents. Qu'arriverait-il si une plante, au lieu de pousser ses racines du côté où se rencontre de l'humidité, les en éloignait, ou si ses feuilles, que la lumière rend capables d'assimilation, se dirigeaient cependant vers l'obscurité? La mort serait évidemment le résultat de l'absence des adaptations nécessaires. Cette relation générale est encore mieux marquée dans une plante insectivore, la *Dionæa muscipula*, qui tient son piège fermé sur une matière animale et non sur une autre. Dans ce cas-là, il est manifeste que le stimulus produit par la superficie même de la substance absorbée suscite des actions grâce auxquelles la masse de la substance est utilisée au profit de la plante.

En passant des organismes végétaux aux organismes animaux inconscients, on constate une connexion aussi étroite entre le penchant et l'avantage. Observez comment les tentacules d'un polype s'attachent d'elles-mêmes à un être vivant ou à quelque substance animale, et commencent à l'englober, tandis qu'elles sont indifférentes au contact de toute autre substance : vous comprendrez que la diffusion de quelques-uns des sucs nutritifs dans les tentacules, — qui est un commencement d'assimilation, — cause les mouvements d'où résulte la préhension. La vie cesserait si ces relations étaient renversées.

Il n'en est pas autrement de la connexion fondamentale entre le fait de toucher et le fait de prendre la nourriture, observée chez les êtres conscients, jusqu'au plus élevé. Le fait de goûter une substance implique le passage de ses molécules à travers la muqueuse de la langue et du palais ; cette absorption, lorsqu'il s'agit d'une substance nutritive, n'est que le commencement de l'absorption opérée à travers le canal alimentaire. En outre, la sensation qui accompagne cette absorption, lorsqu'elle est du genre de celles que produit la nourriture, détermine à la place où elle est la plus forte, au front du pharynx, le commencement d'un acte automatique pour avaler. En un mot les choses se passent à peu près comme lorsque le stimulus d'absorption dans les tentacules d'un polype provoque la préhension.

Si nous passons, de ces processus et de ces relations supposant un contact entre la surface d'un être et la substance dont il se nourrit, aux processus et aux relations que font naître les particules diffuses de la substance, celles qui constituent pour un être conscient son odeur, nous rencontrons une vérité générale analogue. Exactement comme certaines molécules d'une masse de nourriture sont absorbées, à la suite d'un contact, par la partie touchée, et excitent l'acte de la préhension, de même sont absorbées telles de ses molécules qui atteignent l'organisme en se répandant à travers l'eau, et qui, une fois absorbées, excitent les actes propres à effectuer le contact avec la masse. Quand la stimulation physique ainsi causée par les particules dispersées n'est pas accompagnée de conscience, les changements moteurs excités doivent avoir pour effet la durée de l'organisme, s'ils sont tels qu'ils déterminent le contact ; il doit y avoir au contraire défaut relatif de nutrition et mortalité des organismes dans lesquels les contractions produites n'ont pas ce résultat. Il n'est pas douteux non plus que, dans tous les cas, partout où la stimulation physique s'accompagne d'une sensation, celle-ci consiste en mouvements pour se rapprocher de l'objet nutritif, ou conduit à ces mouvements : elle doit être non une sensation répulsive, mais une sensation attractive. Ce qui est vrai de la conscience la plus humble est vrai à tous les degrés, et nous le constatons dans les êtres supérieurs qui sont attirés vers leur nourriture par l'odeur.

Comme les mouvements qui déterminent la locomotion, ceux qui ont pour effet la préhension doivent aussi nécessairement s'ajuster de la même manière. Les changements moléculaires causés par l'absorption d'une matière nutritive dans la substance organique en contact avec elle, ou dans une substance organique adjacente, commencent des mouvements qui sont encore indéfinis quand l'organisation est imparfaite, et qui deviennent de plus en plus définis à mesure que l'organisation se développe. A l'origine, alors que le protoplasma encore indifférencié est à la fois absorbant et contractile sur tous les points, les changements de forme commencés par la stimulation physique de la matière nutritive adjacente sont vagues et adaptés d'une façon peu efficace à l'utilisation de cette matière. Mais, à mesure que la spécialisation des parties absorbantes et des parties contractiles se manifeste davantage, ces mouvements deviennent mieux adaptés; car il arrive nécessairement que les individus chez lesquels ils sont le moins bien adaptés disparaissent plus vite que ceux chez lesquels ils sont le mieux adaptés.

En reconnaissant cette nécessité, nous avons ici à en déduire une autre. La relation entre ces stimulations et ces contractions combinées doit être telle qu'un accroissement des unes cause celui des autres. En effet, les directions des décharges étant une fois établies, une plus forte stimulation cause une plus forte contraction; la contraction plus énergique, amenant un contact plus intime avec l'agent stimulant, produit à son tour un accroissement de stimulus et par cela même s'accroît elle aussi davantage. On arrive alors à un corollaire qui nous intéresse plus particulièrement.

Dès qu'une sensation se produit à la suite de ces phénomènes, elle ne peut être une sensation désagréable qui aurait pour effet la cessation des actes, mais bien une sensation agréable qui en assure la continuation. La sensation de plaisir doit être elle-même le stimulus de la contraction par lequel cette sensation est maintenue et augmentée, ou elle doit être liée avec le stimulus de telle sorte que l'une et l'autre croissent ensemble. La relation, directement établie, on l'a vu, dans le cas d'une fonction fondamentale, doit l'être aussi, indirectement, pour les autres fonctions, car, si elle ne l'était pas dans un cas particulier, il en résulterait que, pour ce cas, les conditions d'existence ne seraient pas remplies.

On peut donc démontrer de deux manières qu'il y a une connexion primordiale entre les actes donnant du plaisir et la continuation ou l'accroissement de la vie, et, par conséquent, entre les actes donnant de la peine et la décroissance ou la perte de la vie. D'une part, en partant des êtres vivants les plus humbles, nous voyons que l'acte utile et l'acte que l'on a une tendance à accomplir sont originellement deux côtés d'un seul et même acte et ne peuvent être séparés sans un résultat fatal. D'autre part, si nous considérons des créatures développées comme elles existent actuellement, nous voyons que chaque individu et chaque espèce se conservent de jour en jour par la poursuite de l'agréable et la fuite de la peine.

En abordant ainsi les faits de deux côtés différents, l'analyse nous conduit à une autre face de cette vérité suprême qui avait déjà été mise en évidence dans un précédent chapitre. Nous avons trouvé alors que la formation des conceptions morales, en excluant la notion d'un plaisir de quelque genre, en quelque temps et par rapport à quelque être que ce fût, était aussi impossible que la conception d'un objet sans la notion de l'espace. Nous voyons maintenant que cette nécessité logique a son origine dans la nature même de l'existence sensible : la condition essentielle de développement de cette existence, c'est que les actes agréables soient en même temps des actes favorables au développement de la vie.

34. Malgré les observations déjà faites, l'énonciation pure et simple de cette vérité, comme vérité suprême servant de fondement à toute appréciation du bien et du mal, causera à plusieurs personnes, sinon au plus grand nombre, quelque étonnement. Frappés, d'un côté, de certains résultats avantageux qui sont précédés par des états de conscience désagréables, par exemple ceux qui accompagnent ordinairement le travail ; songeant, d'un autre côté, aux résultats préjudiciables qui suivent certains plaisirs, comme ceux que produit l'excès de boisson, la plupart des hommes croient qu'en général il est bon de souffrir, et mauvais de se procurer du plaisir. Ils sont préoccupés des exceptions au point de méconnaître la règle.

Quand on les interroge, ils sont obligés d'admettre que les souffrances accompagnant les blessures, les contusions, ou les entorses, sont des maux pour le patient aussi bien que pour ceux qui l'entourent, et que la prévision de ces souffrances sert à détourner des actes de négligence ou des actions dangereuses. Ils ne peuvent nier que les tortures diverses produites par le feu, ou les douleurs d'un froid intense, de la faim et de la soif, sont indissolublement liées à des dommages permanents ou temporaires rendant celui qui les supporte incapable de faire ce qu'il devrait pour son bien ou celui des autres. Ils sont contraints de reconnaître que l'angoisse causée par un commencement de suffocation sert à préserver la vie, et qu'en tâchant de s'y soustraire on se met en état de se sauver et de favoriser le développement de l'être. Ils ne refuseront pas non plus d'avouer qu'un homme enchaîné dans un cachot froid et humide, dans l'obscurité et le silence, subit une diminution de santé et de vigueur, aussi bien par les souffrances positives qui lui sont infligées que par les peines négatives résultant de l'absence de la lumière et de la privation de toute société.

Par contre, ils ne doutent pas que le plaisir de manger, en dépit des excès dont il est l'occasion, n'ait des avantages physiques, et que ces avantages soient d'autant plus grands que la satisfaction de l'appétit est plus complète. Il leur faut bien reconnaître que les instincts et les sentiments si puissants qui entraînent les hommes au mariage, ou ceux qui ont pour fin l'éducation des enfants, produisent, déduction faite de tous les maux, un immense surplus de bonheur. Ils n'osent pas mettre en doute que le plaisir d'accumuler des biens laisse, tout compte fait, une large balance d'avantages privés et publics.

Quels que soient cependant le nombre et l'importance des cas où les plaisirs et les peines, les sensations et les émotions, encouragent à des actes convenables et détournent d'actions inopportunes, on n'en tient pas compte, et l'on considère seulement les cas où les hommes sont, directement ou indirectement, mal dirigés par ces sentiments. On oublie leurs bons effets dans des matières essentielles pour proclamer exclusivement leurs mauvais effets en des matières qui ne sont pas essentielles.

Dira-t-on que les peines et les plaisirs les plus intenses, ayant un rapport immédiat aux besoins du corps, nous dirigent bien, tandis que les peines et les plaisirs plus faibles, qui n'ont pas une connexion immédiate avec la conservation de la vie, nous conduisent mal ? Autant dire que le système de conduite par les plaisirs ou les peines, qui convient à tous les êtres au-dessous de l'homme, n'a plus de valeur quand il s'agit du genre humain ; ou plutôt, en admettant qu'il soit bon pour l'humanité tant qu'il s'agit de satisfaire certains besoins impérieux, on supposerait qu'il pèche lorsqu'il s'agit de besoins non impérieux. Ceux qui admettent cela sont tenus d'abord de nous montrer comment on peut tracer une ligne de démarcation entre les animaux et les hommes, et ensuite de nous faire voir pourquoi le système qui donne de bons résultats en bas ne les donne plus en haut.

35. Il est évident toutefois, d'après les antécédents, que l'on soulèvera de nouveau la même difficulté : on parlera des plaisirs nuisibles et des peines avantageuses. On citera le buveur, le joueur, le voleur, qui poursuivent chacun certains plaisirs, pour prouver que la recherche du plaisir est mauvaise conseillère. D'autre part, on énumérera le père qui se sacrifie, le travailleur qui persiste malgré la fatigue, l'honnête homme qui se prive pour payer ses dettes, afin d'établir que des modes désagréables de conscience accompagnent des actes qui sont réellement avantageux. Mais, — après avoir rappelé le fait démontré dans le § 20, à savoir que cette objection ne vaut pas contre l'influence du plaisir et de la peine sur la conduite en général, puisqu'elle signifie simplement que l'on doit ne pas tenir compte

de jouissances ou de peines spéciales et prochaines en vue de jouissances ou de peines éloignées et générales, — je reconnais que, dans l'état actuel de l'humanité, la direction donnée par les peines et les plaisirs immédiats est mauvaise dans un grand nombre de cas. On va voir comment la biologie interprète ces anomalies, qui ne sont ni nécessaires ni permanentes, mais accidentelles ou temporaires.

Déjà, en démontrant que, chez les créatures inférieures, les plaisirs et les peines ont de tout temps guidé la conduite par laquelle la vie s'est développée et conservée, j'ai établi qu'à partir du moment où les conditions d'existence d'une espèce ont changé par suite de certaines circonstances, il en est résulté parallèlement un dérangement partiel dans l'adaptation des sensations aux besoins, dérangement qui nécessitait une adaptation nouvelle.

Cette cause générale de dérangement, qui agit sur tous les êtres sensibles, a exercé sur les hommes une influence particulièrement marquée, persistante et profonde. Il suffit d'opposer le genre de vie suivi par les hommes primitifs, errant dans les forêts et vivant d'une nourriture grossière, au genre de vie suivi par les paysans, les artisans, les commerçants et les hommes qui ont une profession quelconque dans une communauté civilisée, pour voir que la constitution physique et mentale bien ajustée pour les uns, est mal ajustée pour les autres. Il suffit d'observer d'un côté les émotions provoquées dans chaque tribu sauvage, périodiquement hostile aux tribus voisines, et de l'autre les émotions que la production et l'échange pacifique mettent en jeu, pour voir que ces émotions sont non seulement dissemblables, mais opposées. Il suffit enfin de constater comment, pendant l'évolution sociale, les idées et les sentiments appropriés aux activités militantes développées par une coopération imposée se sont changés en idées et sentiments appropriés à des activités industrielles, s'exerçant par une coopération volontaire, pour voir qu'il y a toujours eu au sein de chaque société, et qu'il y a encore aujourd'hui, un conflit entre les deux natures morales adaptées à ces deux genres de vie différents.

La réadaptation constitutionnelle aux circonstances nouvelles, impliquant un ajustement nouveau de plaisirs et de peines comme guides moraux, telle que l'ont subie de temps à autre toutes les créatures, a donc été pour la race humaine spécialement difficile pendant son évolution civilisatrice. La difficulté vient non seulement de l'importance de la transformation de petits groupes nomades en vastes sociétés bien assises, et d'habitudes belliqueuses en habitudes pacifiques, mais aussi de ce que l'ancienne vie d'hostilités a été conservée entre les sociétés en même temps que se développait une vie paisible à l'intérieur de chaque société. Tant que coexistent deux genres de vie si radicalement opposés que la vie militaire et la vie industrielle, la nature humaine ne peut pas s'adapter exactement à l'une ni à l'autre.

C'est de là que viennent, dans la direction donnée par les plaisirs ou les peines, les défauts qui se manifestent tous les jours ; on s'en rend compte en remarquant dans quelle partie de la conduite ces défauts se font surtout sentir. Comme on l'a montré plus haut, les sensations agréables et pénibles sont parfaitement adaptées aux exigences physiques rigoureuses : les avantages qu'on trouve à obéir aux sensations en ce qui concerne la nutrition, la respiration, la conservation d'une certaine température, etc., l'emportent immensément sur les maux accidentels, et les mauvaises adaptations qui se produisent peuvent s'expliquer par le passage de la vie extérieure de l'homme primitif à la vie sédentaire que l'homme civilisé est souvent forcé de mener. Ce sont les plaisirs et les peines de l'ordre émotionnel qui cessent de s'accorder avec les besoins de la vie dans la société nouvelle, et ce sont ces émotions qui demandent un temps si long, pour être adaptées de nouveau, parce que cette nouvelle adaptation est difficile.

Ainsi, au point de vue biologique, les connexions entre un plaisir et une action avantageuse, entre une peine et une action nuisible, qui ont apparu au début même de l'existence sensible et se sont continuées à travers la suite des êtres animés jusqu'à l'homme, ces connexions se manifestent généralement dans le genre humain du plus bas au plus haut degré, jusqu'au point où sa nature atteint l'organisation la plus complète, et doivent se manifester de plus en plus, au degré le plus élevé de la nature humaine, à mesure que se développe son adaptation aux conditions de la vie sociale.

36. La biologie a encore un autre jugement à porter sur les relations qui existent entre les plaisirs ou les peines et le bien-être. Outre les connexions entre les actes avantageux à l'organisme et les plaisirs qui accompagnent l'accomplissement de ces actes, entre les actes nuisibles à l'organisme et les peines qui détournent de les accomplir, il y a des connexions entre le plaisir en général et une certaine exaltation physiologique, entre la peine en général et une certaine dépression physiologique. Tout plaisir accroît la vitalité ; toute peine diminue la vitalité. Tout plaisir élève le cours de la vie ; toute peine abaisse le cours de la vie. Considérons d'abord les peines,

Par les dommages généraux résultant du fait de souffrir, je n'entends pas ceux qui naissent des effets diffus de lésions organiques locales, par exemple les accidents consécutifs d'un anévrisme produit par un effort excessif en dépit de la protestation des sensations, ou les troubles qu'entraînent les varices provenant de ce qu'on a méprisé trop longtemps la fatigue des jambes, ou les désordres qui suivent l'atrophie des muscles que l'on continue à exercer malgré une extrême lassitude. J'entends les dommages généraux causés par le trouble constitutionnel que la peine détermine immédiatement. Ces dommages s'aperçoivent aisément quand les peines deviennent vives, qu'elles soient sensationnelles ou émotionnelles.

La fatigue corporelle longtemps supportée amène la mort par épuisement. Plus souvent, en suspendant les mouvements du cœur, elle cause cette mort temporaire que nous appelons l'évanouissement. Dans d'autres cas, elle a pour effet des vomissements. Quand il n'en résulte pas des dérangements aussi manifestes, nous pouvons encore constater, par la pâleur et le tremblement du sujet, une prostration générale.

Outre la perte immédiate de la vie qui peut survenir sous l'influence d'un froid intense, il y a des dépressions de vitalité moins marquées causées par un froid moins extrême : l'affaiblissement temporaire suivant une immersion trop prolongée dans une eau glacée, l'énervation et la langueur résultant de l'insuffisance du vêtement, etc. Les mêmes effets apparaissent quand on est exposé à une température trop élevée : on éprouve alors une lassitude qui aboutit à l'épuisement ; les personnes faibles s'évanouissent et restent quelque temps débilitées ; en voyageant dans les jungles des tropiques, les Européens contractent des fièvres qui, lorsqu'elles ne sont pas mortelles, ont souvent des suites fâcheuses pour le reste de la vie. Considérez maintenant les maux qui résultent d'un exercice violent continué en dépit des sensations pénibles : tantôt c'est une fatigue qui détruit l'appétit ou, si c'est après un repas, arrête la digestion, supprimant les processus réparateurs alors qu'ils sont le plus nécessaires ; tantôt une prostration du cœur, ici durant quelque temps seulement, et là, si la faute a été commise chaque jour, devenue permanente, et réduisant le reste de la vie à un minimum.

Les effets déprimants des peines émotionnelles ne sont pas moins remarquables. Dans certains cas, la mort en résulte ; dans d'autres cas, les douleurs mentales causées par un malheur se manifestent, comme les souffrances corporelles, par une syncope. Souvent, de mauvaises nouvelles déterminent une maladie ; l'anxiété, quand elle est chronique, entraîne la perte de l'appétit, une perpétuelle incapacité de digérer, la diminution des forces. Une peur excessive, qu'elle soit l'effet d'un danger physique ou moral, arrêtera pour un temps, de la même manière, les fonctions de nutrition ; bien souvent elle fait avorter les femmes enceintes. Dans des cas moins graves, la sueur froide et le tremblement des mains marquent un abaissement général des activités vitales, produisant une incapacité partielle du corps ou de l'esprit, ou des deux à la fois. On voit à quel point les peines émotionnelles troublent les fonctions des viscères, par ce fait qu'une préoccupation incessante détermine assez souvent la jaunisse. Bien plus, il se trouve que, dans ce cas, la relation entre la cause et l'effet a été démontrée par une expérience directe. En disposant les choses de telle sorte que le canal biliaire d'un chien se déversât hors du corps, Claude Bernard a observé que, tant qu'il gâtait ce chien et le maintenait en bonne humeur, la sécrétion se produisait dans la mesure normale ; mais, s'il lui parlait sévèrement ou le traitait pendant quelque temps de manière à produire une dépression morale, le cours de la bile était arrêté.

Objectera-t-on que les mauvais résultats de ce genre se présentent seulement lorsque les peines, corporelles ou mentales, sont grandes ? je répondrais que, chez les personnes bien portantes, les perturbations fâcheuses produites par de petites peines, n'en sont pas moins réelles, bien que difficiles à observer, et que, chez les personnes dont la maladie a beaucoup affaibli les forces vitales, de légères irritations physiques et de faibles ennuis moraux occasionnent souvent des rechutes.

Les effets constitutionnels du plaisir sont tout à fait opposés. Il arrive parfois, — mais le fait est rare, — qu'un plaisir extrême, un plaisir devenu presque une peine, donne aux personnes faibles une secousse nerveuse nuisible ; mais il ne produit pas cet effet chez les hommes qui ne se sont pas affaiblis en se soumettant volontairement ou par force à des actions funestes pour l'organisme. Dans l'ordre normal, les plaisirs, grands ou petits, sont des stimulants pour les processus qui servent à la conservation de la vie.

Parmi les sensations, on peut donner comme exemple celles qui résultent d'une vive lumière. La clarté du soleil est vivifiante en comparaison du brouillard ; le moindre rayon excite une vague de plaisir ; des expériences ont montré que la clarté du soleil élève le niveau de la respiration ; or cet accroissement de la respiration est un signe de l'accroissement des activités vitales en général. Un degré de chaleur agréable favorise l'action du cœur et développe les différentes fonctions dont il est l'instrument. Les hommes en pleine vigueur et qui sont convenablement vêtus peuvent maintenir leur température en hiver et digérer un supplément de nourriture pour compenser leurs pertes de chaleur; mais il en est autrement des personnes faibles, et, à mesure que la force décline, l'avantage d'un bon feu devient plus facile à constater. Les bienfaits qui accompagnent les sensations agréables produites par un air frais, les sensations agréables qui accompagnent l'action musculaire après un repos légitime, et celles que cause à son tour le repos après l'exercice, sont au-dessus de toute contestation ; jouir de ces plaisirs conduit à conserver le corps dans de bonnes conditions pour toutes les entreprises de la vie.

Les avantages physiologiques des plaisirs émotionnels sont encore plus manifestes. Tout pouvoir, corporel ou mental, est accru par « la bonne humeur »; nous désignons par là une satisfaction émotionnelle générale. Les actions vitales fondamentales, celles de la nutrition par exemple, sont favorisées par une conversation portant à la gaieté, le fait est depuis longtemps reconnu ; tout homme atteint de dyspepsie sait que, dans une joyeuse compagnie, il peut faire impunément et même avec profit un repas ample et varié où n'entre rien de très facile à digérer, tandis qu'un petit repas de mets simples et soigneusement choisis, lui donnera une indigestion, s'il le prend dans la solitude. Cet effet frappant sur le système alimentaire est accompagné d'effets tout aussi certains, quoique moins manifestes, sur la circulation et la respiration. De même, un homme qui, pour se reposer des travaux et des soucis du jour, se laisse charmer par un beau spectacle ou se revivifie par toutes les nouveautés qu'il peut observer autour de lui, fait bien voir en rentrant, par sa bonne mine et ses vives manières, l'accroissement d'énergie avec lequel il est préparé à poursuivre sa tâche. Les invalides, sur la vitalité affaiblie desquels l'influence des conditions est très visible, montrent presque toujours fort bien les avantages qui dérivent des états agréables de sentiment. Un cercle vivant autour d'eux, la visite d'un ancien ami, ou même leur établissement dans une chambre plus vaste, toutes ces causes de distraction contribuent à améliorer leur état. En un mot, comme le savent bien tous ceux qui s'occupent de médecine, il n'y a pas de fortifiant meilleur que le bonheur.

Ces effets physiologiques généraux des plaisirs et des peines, qui s'ajoutent aux effets physiologiques locaux et spéciaux, sont évidemment inévitables. J'ai montré dans les *Principes de psychologie* (§§ 123-125) que le besoin, ou une douleur négative, accompagne l'inaction d'un organe, et qu'une douleur positive accompagne l'excès d'activité de cet organe, mais le plaisir au contraire accompagne son activité normale. Nous avons vu qu'aucune autre relation ne pouvait être établie par l'évolution ; en effet, chez tous les types d'êtres inférieurs, si le défaut ou l'excès d'une fonction ne produisait pas de sensation pénible, si une fonction moyenne ne produisait pas une sensation agréable, il n'y aurait rien pour assurer l'exercice bien proportionné d'une fonction. Comme c'est une des lois de l'action nerveuse que chaque stimulus, outre une décharge directe dans l'organe particulièrement intéressé, cause indirectement une décharge à travers le système nerveux (*Princ. de psych.*, §§ 21, 39), il en résulte que les autres organes, tous influencés comme ils le sont par le système nerveux, participent à l'excitation. Outre le secours, assez lentement manifesté, que les organes se prêtent l'un à l'autre par la division physiologique du travail, il y a donc un autre secours, plus promptement manifesté, que fournit leur excitation mutuelle.

En même temps que l'organisme tout entier tire un avantage présent de l'exercice convenable de chaque fonction, il obtient encore un autre avantage immédiat par suite de l'exaltation de ses fonctions en général causé par le plaisir qui les accompagne. Les douleurs aussi, qu'elles soient produites par excès ou par défaut, sont suivies d'un double effet, immédiat et éloigné.

37. Le refus de reconnaître ces vérités générales vicie toute spéculation morale dans son ensemble. A la manière dont on juge ordinairement du bien et du mal, on néglige entièrement les effets physiologiques produits sur l'agent par ses sentiments. On suppose tacitement que les plaisirs et les peines n'ont aucune réaction sur le corps de celui qui les éprouve et ne sont pas capables d'affecter son aptitude à remplir les devoirs de la vie. Les réactions sur le caractère sont seules reconnues, et, par rapport à celles-ci, on suppose le plus souvent que le fait d'éprouver du plaisir est nuisible, et le fait de subir des peines avantageux. L'idée que l'esprit et le corps sont indépendants, cette idée dérivée à travers les siècles de la théorie des sauvages sur les esprits, implique entre autres choses cette croyance que les états de conscience n'ont absolument aucune relation avec les états du corps. « Vous avez eu votre plaisir, il est passé, et vous êtes dans l'état où vous étiez auparavant, » dit le moraliste à un homme. Il dit à un autre : « Vous avez subi une souffrance, elle a disparu ; c'est fini par là. » Les deux affirmations sont fausses. En laissant de côté les résultats indirects,

les résultats directs sont que l'un a fait un pas pour s'éloigner de la mort et que l'autre s'en est rapproché d'un pas.

Nous laissons de côté, ai-je dit, les résultats indirects. Ce sont ces résultats indirects, laissés ici de côté pour un moment, que les moralistes ont exclusivement en vue : ainsi occupés de ceux-là, ils ignorent les résultats directs. Le plaisir, recherché peut-être à un trop haut prix, goûté peut-être alors qu'on aurait dû travailler, ravi peut-être injustement à celui qui devait en jouir, on le considère seulement par rapport à ses effets éloignés et funestes, et l'on ne tient aucun compte de ses effets avantageux immédiats. Réciproquement, pour les peines positives ou négatives que l'on supporte, tantôt pour se procurer un avantage futur, tantôt pour s'acquitter d'un devoir, tantôt en accomplissant un acte généreux, on insiste seulement sur le bien éloigné, et l'on ignore le mal prochain. Les conséquences, agréables ou pénibles, éprouvées au moment même par l'agent, n'ont aucune importance ; elles ne deviennent importantes que lorsqu'elles sont prévues comme devant survenir dans la suite pour l'agent ou les autres personnes. En outre, les maux futurs subis par l'agent ne doivent pas, dit-on, entrer en ligne de compte, s'ils résultent de quelque privation que l'on s'impose à soi-même ; on n'en parle que lorsqu'ils résultent des plaisirs que l'on s'est donnés. De pareilles appréciations sont évidemment fausses, et il est évident que les jugements ordinaires sur la conduite fondés sur de telles appréciations doivent être inexacts. Voyons les anomalies d'opinion qui en résultent.

Si, par suite d'une maladie contractée à la poursuite d'un plaisir illégitime, l'iris est attaqué et la vision altérée, on range ce dommage parmi ceux que cause la mauvaise conduite ; mais si, malgré des sensations douloureuses, on use ses yeux en se livrant trop tôt à l'étude après une ophtalmie, et si l'on en vient par là à perdre la vue pour des années ou pour toute la vie, entraînant ainsi son propre malheur et celui d'autres personnes, les moralistes se taisent. Une jambe cassée, si l'accident est une suite de l'ivresse, compte parmi ces maux que l'intempérance attire à celui qui s'y livre et à sa famille, et c'est une raison pour la condamner ; mais si le zèle à remplir ses devoirs pousse un homme à marcher, sans se reposer et en dépit de la douleur, quand il a un genou foulé, et s'il en résulte une infirmité chronique entraînant la cessation de tout exercice, par suite l'altération de la santé, l'incapacité d'agir, le chagrin et le malheur, on suppose que la morale n'a aucun verdict à prononcer en cette affaire. Un étudiant qui échoue, parce qu'il a dépensé en amusements le temps et l'argent qu'il devait employer à travailler, est blâmé de rendre ainsi ses parents malheureux et de se préparer à lui-même un avenir misérable; mais celui qui, en songeant exclusivement à ce que l'on attend de lui, passe la nuit à lire et prend un transport au cerveau qui le force à interrompre ses études, à manquer ses examens et à retourner chez lui la santé perdue, incapable même de se soutenir, celui-là n'est nommé qu'avec compassion, comme s'il ne devait être soumis à aucun jugement moral; ou plutôt le jugement moral porté sur son compte lui est tout à fait favorable.

Ainsi, en signalant les maux produits par certains genres de conduite seulement, les hommes en général, et les moralistes en tant qu'ils exposent les croyances du genre humain, méconnaissent que la souffrance et la mort sont chaque jour causées autour d'eux par le mépris de cette direction qui s'est établie d'elle-même dans le cours de l'évolution. Dominés par cette hypothèse tacite, commune aux stoïciens du paganisme et aux ascètes chrétiens, que nous sommes organisés d'une manière si diabolique que les plaisirs sont nuisibles et les douleurs avantageuses, les hommes nous donnent de tous côtés l'exemple de vies ruinées par la persistance à accomplir des actes contre lesquels leurs sensations se révoltent. L'un, tout mouillé de sueur, s'arrête dans un courant d'air, fait fi des frissons qui le prennent, gagne une fièvre rhumatismale avec des défaillances subséquentes, et le voilà incapable de rien faire pour le peu de temps qu'il lui reste à vivre. Un autre, méprisant la fatigue, se met trop tôt au travail après une maladie qui l'a affaibli, et il devient pour le reste de ses jours maladif et inutile à lui-même et aux autres. Ou bien l'on entend parler d'un jeune homme qui, en persistant à faire des tours de gymnastique d'une violence excessive, se brise un vaisseau, tombe sur le sol et reste abîmé pour toute sa vie; une autre fois, c'est un homme arrivé à l'âge mûr, qui, en faisant un effort jusqu'à l'excès de la douleur, se donne une hernie. Dans telle famille, on observe un cas d'aphasie, un commencement de paralysie, bientôt suivi de mort, parce que la victime mangeait trop peu et travaillait trop; dans une autre, un ramollissement du cerveau est la conséquence d'efforts intellectuels ininterrompus malgré la protestation continuelle des sensations; ailleurs, des affections cérébrales moins graves ont été causées par l'excès du travail en dépit du malaise et du besoin de grand air et d'exercice[1]. Même sans accumuler des exemples spéciaux, la vérité s'impose à nous en ne considérant

---

1. Je puis compter plus d'une douzaine de cas parmi ceux que je connais personnellement.

que des classes. L'homme d'affaires usé à force de rester dans son cabinet, l'avocat à la face cadavéreuse qui passe la moitié de ses nuits à étudier des dossiers, les ouvrières affaiblies des manufactures, les couturières qui vivent de longues heures dans un mauvais air, les écolières anémiques, à la poitrine enfoncée, qui s'appliquent toute la journée au travail et auxquelles on interdit les jeux impétueux de leur âge, non moins que les émouleurs de Sheffield qui meurent suffoqués par la poussière, et les paysans tout perclus de rhumatismes dus à l'action perpétuelle des intempéries, tous ces gens nous montrent les innombrables misères causées par des actes qui répugnent aux sensations et par la négligence obstinée des actes auxquels nos sensations nous portent. Mais nous en avons des preuves encore plus nombreuses et plus frappantes. Que sont les enfants malingres et mal conformés des districts les plus pauvres, sinon des enfants dont le besoin de nourriture, le besoin de chaleur n'ont jamais été convenablement satisfaits? Que sont les populations arrêtées dans leur développement et vieillies avant l'âge, comme on voit dans certaines parties de la France, sinon des populations épuisées par un travail excessif et une alimentation insuffisante, l'un impliquant une douleur positive, l'autre une douleur négative? Que conclure de la grande mortalité constatée chez les gens affaiblis par les privations, sinon que les souffrances physiques conduisent à des maladies mortelles? Que devons-nous encore inférer du nombre effroyable de maladies et de morts qui s'abattent sur les armées en campagne, nourries de provisions insuffisantes et mauvaises, couchant sur le sol humide, exposées à toutes les extrémités de la chaleur et du froid, imparfaitement protégées contre la pluie et condamnées aux efforts les plus pénibles, que devons-nous en inférer, sinon les maux terribles que l'on s'attire en exposant continuellement le corps à un traitement contre lequel les sensations protestent?

Peu importe à notre thèse que les actions suivies de tels effets soient volontaires ou involontaires; peu importe, au point de vue biologique, que les motifs qui les déterminent soient élevés ou bas. Les exigences des fonctions vitales sont absolues, et il ne suffit pas, pour y échapper, de dire qu'on a été forcé de négliger ces fonctions ou, qu'en le faisant, on a obéi à un motif élevé. Les souffrances directes et indirectes causées par la désobéissance aux lois de la vie restent les mêmes, quel que soit le motif de cette désobéissance, et l'on ne doit pas les omettre dans une appréciation rationnelle de la conduite. Si le but de l'étude de la morale est d'établir des règles pour bien vivre, et si les règles pour bien vivre sont celles dont les résultats complets, individuels ou généraux, directs ou indirects, sont le plus propres à produire le bonheur de l'homme, il est absurde d'écarter les résultats immédiats pour se préoccuper seulement des résultats éloignés.

38. On pourrait insister ici sur la nécessité de preluder à l'étude de la science morale par l'étude de la science biologique. On pourrait insister sur l'erreur des hommes qui se croient capables de comprendre les phénomènes spéciaux de la vie humaine dont traite la morale, tout en prêtant peu d'attention ou même en n'en prêtant aucune aux phénomènes généraux de la vie humaine, tout en ne tenant aucun compte des phénomènes de la vie générale. Et il est assurément permis de penser qu'une connaissance du monde des êtres vivants qui nous révèlerait le rôle joué dans l'évolution organique par les plaisirs et les souffrances, conduirait à rectifier les conceptions imparfaites des moralistes. Mais comment croire que l'absence de cette connaissance soit la seule ou même la principale cause de leur imperfection? Les faits dont nous avons donné des exemples — et qui, si l'on y prêtait une attention suffisante, préviendraient les déformations de la théorie morale, — sont des faits qu'on n'a pas besoin d'apprendre par des recherches biologiques, mais qui abondent chaque jour sous les yeux de tout le monde.

La vérité est plutôt que la conscience générale est tellement obsédée de sentiments et d'idées en opposition avec les conclusions fondées sur les témoignages les plus familiers, que ces témoignages n'obtiennent aucune attention. Ces sentiments et ces idées contraires ont plusieurs sources.

Il y a la source théologique. Comme nous l'avons montré plus haut, le culte pour les ancêtres cannibales, qui trouvaient leurs délices dans le spectacle des tortures, a produit la première conception de divinités que l'on rendait propices en supportant la douleur, et, par suite, que l'on irritait en goûtant quelque plaisir. Conservée par les religions des peuples à demi civilisés, dans lesquelles elle s'est transmise, cette conception de la nature divine est parvenue en se modifiant peu à peu, jusqu'à notre époque, et elle inspire à la fois les croyances de ceux qui adhèrent à la religion communément admise et de ceux qui font profession de la rejeter.

Il y a une autre source dans l'état de guerre primitif qui subsiste encore aujourd'hui. Tant que les antagonismes sociaux continueront à produire la guerre, qui consiste en efforts pour infliger aux autres des souffrances ou la mort, en s'exposant soi-même au danger de subir les mêmes maux, et qui implique nécessairement de grandes privations, il faudra que la souffrance physique, considérée en elle-même ou dans les maux qu'elle entraîne, soit considérée comme peu de chose, et que parmi les plaisirs regardés comme les plus dignes de recherche on range ceux que la victoire apporte avec elle.

L'industrialisme, partiellement développé, fournit lui aussi l'une de ces sources. L'évolution sociale, qui implique le passage de la vie de chasseurs errants à celle de peuples sédentaires livrés au travail, donne par suite naissance à des activités singulièrement différentes de celles auxquelles est adaptée la constitution primitive : elle produit donc une inaction des facultés auxquelles l'état social nouveau n'offre pas d'emploi, et une surexcitation des facultés exigées par cet état social ; il en résulte d'un côté la privation de certains plaisirs, de l'autre la soumission à certaines douleurs. Par suite, à mesure que se manifeste l'accroissement de population qui rend plus intense la lutte pour l'existence, il devient nécessaire de supporter tous les jours des souffrances, et de sacrifier des plaisirs.

Or, toujours et partout, il se forme parmi les hommes une théorie conforme à leur pratique. La nature sauvage, donnant naissance à la conception d'une divinité sauvage, développe la théorie d'un contrôle surnaturel assez rigoureux et assez cruel pour influer sur la conduite des hommes. Avec la soumission à un gouvernement despotique assez sévère dans la répression pour discipliner des natures barbares, se produit la théorie d'un gouvernement de droit divin et la croyance au devoir d'une soumission absolue. Là où l'existence de voisins belliqueux fait regarder la guerre comme la principale affaire de la vie, les vertus requises pour la guerre sont bientôt considérées comme les vertus suprêmes ; au contraire, lorsque l'industrie est devenue dominante, la violence et les actes de pillage dont les gens de guerre se glorifient ne tardent pas à passer pour des crimes.

C'est ainsi que la théorie du devoir réellement acceptée (et non celle qui l'est nominalement) s'accommode au genre de vie que l'on mène chaque jour. Si cette vie rend nécessaires la privation habituelle de plaisirs et l'acceptation fréquente de souffrances, il se forme bientôt un système moral d'après lequel la recherche du plaisir est tacitement désapprouvée et la souffrance ouvertement approuvée. On insiste sur les mauvais effets des plaisirs excessifs, et l'on passe sous silence les avantages que procurent des plaisirs modérés ; on fait valoir avec force les bons résultats obtenus en se soumettant à la douleur, et l'on néglige les maux qui la suivent.

Tout en reconnaissant la valeur et même la nécessité de systèmes moraux adaptés, comme les systèmes religieux et politiques, aux temps et aux pays dans lesquels ils se développent, nous devons regarder les premiers, aussi bien que les seconds, comme transitoires. Nous devons admettre qu'un état social plus avancé comporte une morale plus vraie, comme un dogme plus pur et un meilleur gouvernement. Conduits, *à priori*, à prévoir l'existence de défauts, nous sommes en état de déclarer tels ceux que nous rencontrons en effet, et dont la nature justifie nos prévisions. Il faut donc proclamer comme vérité certaine, que la moralité scientifique commence seulement lorsque les conceptions imparfaites adaptées à des conditions transitoires se sont développées assez pour devenir parfaites. La science du bien vivre doit tenir compte de toutes les conséquences qui affectent le bonheur de l'individu ou de la société, directement ou indirectement, et autant elle néglige une classe quelconque de conséquences, autant elle est éloignée de l'état de science.

39. Ainsi le point de vue biologique, comme le point de vue physique, est d'accord avec les résultats que nous avons obtenus en prenant le principe de l'évolution pour point de départ de l'étude de la conduite en général.

Ce qui était défini en termes physiques comme un équilibre mobile, nous le définissons en termes biologiques comme une balance de fonctions. Ce que suppose une pareille balance, c'est que, par leur genre, leur énergie et leurs combinaisons, les diverses fonctions s'ajustent aux diverses activités qui constituent et conservent une vie complète : pour elles, être ainsi ajustées, c'est être arrivées au terme vers lequel tend continuellement l'évolution de la conduite.

Passant aux sentiments qui accompagnent l'accomplissement des fonctions, nous voyons que, de toute nécessité, les plaisirs pendant l'évolution de la vie organique, ont coïncidé avec l'état normal des fonctions, tandis que les souffrances positives ou négatives ont coïncidé avec l'excès ou l'insuffisance des fonctions. Bien que, dans chaque espèce, ces relations soient souvent troublées par des changements de conditions, elles se rétablissent toujours d'elles-mêmes, sous peine, pour l'espèce, de disparaître.

Le genre humain qui a reçu par héritage, des êtres inférieurs, cette adaptation des sentiments et des fonctions dans leurs rapports avec les besoins essentiels du corps, et qui est forcé chaque jour par des sensations impérieuses à faire les actes qui conservent la vie, et à éviter ceux qui entraîneraient une mort immédiate, le genre humain a subi un changement de conditions d'une grandeur et d'une complexité inusitées. Ce changement a beaucoup dérangé la direction de la conduite par les sensations, et dérangé plus encore celle que nous devrions recevoir des émotions. Il en résulte que, dans un grand nombre de cas, ni les plaisirs ne sont en connexion avec les actions qui doivent être faites, ni les peines avec celles qui doivent être évitées ; c'est le contraire qui se produit.

Plusieurs influences ont contribué à dissimuler aux hommes les bons effets de cette relation entre les sentiments et les fonctions, pour leur faire remarquer plutôt tous les inconvénients que l'on peut y trouver. Aussi exagère-t-on les maux qui peuvent être causés par certains plaisirs, tandis qu'on oublie les avantages attachés d'ordinaire à la jouissance des plaisirs ; en même temps, on exalte les avantages obtenus au prix de certaines souffrances, et on atténue les immenses dommages que les souffrances apportent avec elles.

Les théories morales caractérisées par ces erreurs de jugement sont produites par des formes de vie sociale correspondant à une constitution humaine imparfaitement adaptée, et sont appropriées à ces formes. Mais avec le progrès de l'adaptation, qui établit l'harmonie entre les facultés et les besoins, tous ces désordres, et les fautes de théorie qui en sont la conséquence, doivent diminuer, jusqu'à ce que, grâce à un complet ajustement de l'humanité à l'état social, on reconnaisse que les actions, pour être complètement bonnes, ne doivent pas seulement conduire à un bonheur futur, spécial et général, mais en outre être immédiatement agréables, et que la souffrance, non seulement éloignée mais prochaine, caractérise des actions mauvaises.

Ainsi, au point de vue biologique, la science morale devient une détermination de la conduite d'hommes associés constitués chacun en particulier de telle sorte que les diverses activités requises pour l'éducation des enfants et celles qu'exige le bien-être social s'exercent par la mise en jeu spontanée de facultés convenablement proportionnées et produisant chacune, en agissant, sa part de plaisir : par une conséquence naturelle, l'excès ou le défaut dans l'une quelconque de ces activités apporte sa part de souffrance immédiate.

Note au n° 33. — Dans sa *Morale physique*, M. Alfred Barratt a exprimé une opinion que nous devons signaler ici. Supposant l'évolution et ses lois générales, il cite quelques passages des *Principes de psychologie* (1re édit., IIIe part., ch. viii, pp. 395, sqq.; Cf. IVe part., ch. iv), dans lesquels j'ai traité de la relation entre l'irritation et la contraction qui « marque le commencement de la vie sensitive ». J'ai dit que « le tissu primordial doit être différemment affecté par un contact avec des matières nutritives ou avec des matières non nutritives, » ces deux genres de matières étant représentés pour les êtres aquatiques par les substances solubles et les substances insolubles, et j'ai soutenu que la contraction par laquelle la partie touchée d'un rhizopode absorbe un fragment de matière assimilable « est causée par un commencement d'absorption de cette matière assimilable ». M. Barratt, affirmant que la conscience « doit être considérée comme une propriété invariable de la vie animale, et en définitive, dans ses éléments, de l'univers matériel » (p. 43), regarde ces réactions du tissu animal sous l'influence des stimulants comme impliquant une certaine sensation. L'action de certaines forces, dit-il, est suivie de mouvements de retraite, ou encore de mouvements propres à assurer la continuation de l'impression. Ces deux genres de contraction sont respectivement les phénomènes et les marques extérieures de la peine et du plaisir. Le tissu agit donc de manière à assurer le plaisir et à éviter la peine par une loi aussi véritablement physique et naturelle que celle par laquelle une aiguille aimantée se dirige vers le pôle, un arbre vers la lumière » (p. 52). Eh bien, sans mettre en doute que l'élément primitif de la conscience ne soit présent même dans le protoplasma indifférencié, et n'existe partout en puissance dans ce pouvoir inconnaissable qui, sous d'autres conditions, se manifeste dans l'action physique (*Principes de psychologie*, § 272-3), j'hésite à conclure qu'il existe d'abord sous la forme de plaisir et de peine. Ceux-ci naissent, je crois, comme le font les sentiments plus spéciaux, par suite d'une combinaison des éléments ultimes de la conscience (*Princ. de psy.*, §§ 60, 61); car ils sont, en réalité, des aspects généraux de ces sentiments plus spéciaux élevés à un certain degré d'intensité. Considérant que, dans les créatures mêmes qui ont des systèmes nerveux développés, une grande partie des processus vitaux résultent d'actions réflexes inconscientes, je ne trouve pas convenable de supposer l'existence de ce que nous appelons conscience chez des créatures dépourvues non seulement de systèmes nerveux, mais même de toute structure.

Note au n° 36. — Plusieurs fois, dans *Les émotions et la volonté*, M. Alex. Bain insiste sur la connexion entre le plaisir et l'exaltation de la vitalité, entre la peine et la dépression de la vitalité. Comme on l'a vu plus haut, je m'accorde avec lui sur ce point; il est en effet au-dessus de toute discussion, grâce à l'expérience générale de tout le monde et à l'expérience plus spéciale des médecins.

Toutefois lorsque, des effets respectivement fortifiants ou débilitants du plaisir et de la peine, M. A. Bain fait dériver les tendances originales à persister dans les actes qui donnent du plaisir et à cesser ceux qui procurent de la peine, je ne puis le suivre. Il dit : « Nous supposons des mouvements commencés spontanément et qui causent accidentellement du plaisir; nous admettons alors qu'il se produira avec le plaisir un accroissement de l'énergie vitale; les mouvements agréables prendront leur part de cet accroissement, et le plaisir sera augmenté par là. Ou bien, d'un autre côté, nous supposons que la peine résulte de mouvements spontanés; il faut alors qu'il y ait avec la peine une diminution d'énergie, qui s'étend aux mouvements d'où vient le mal, et qui apporte par cela même un remède. » (3ᵉ édit., p. 315.) Cette interprétation, d'après laquelle les « mouvements agréables » *participent* seulement de l'augmentation de l'énergie vitale causée par le plaisir, ne me semble pas s'accorder avec l'observation. La vérité paraît plutôt ceci : bien qu'il se produise en même temps un accroissement général de la vigueur musculaire, les muscles spécialement excités sont ceux qui, par l'accroissement de leur contraction, conduisent à un accroissement de plaisir. Réciproquement, admettre que la cessation des mouvements spontanés causant la douleur est due à un relâchement musculaire général, auquel participent les muscles qui produisent ces mouvements particuliers, c'est, il me semble, oublier que la rétraction prend communément la forme non d'une chute passive, mais d'un retrait actif. On peut remarquer aussi que, la peine déprimant, comme elle finit par le faire, le système en général, nous ne pouvons pas dire qu'elle déprime en même temps les énergies musculaires.

Ce n'est pas seulement, comme l'admet M. A. Bain, une vive douleur qui produit des mouvements spasmodiques ; les peines de tout genre, qu'elles soient sensationnelles ou émotionnelles, stimulent aussi les muscles (*Essais*, 1re série, p. 360, I, ou 2e édit., vol. I, p. 211, 12). Cependant la douleur (et aussi le plaisir lorsqu'il est très intense) a pour effet d'arrêter toutes les actions réflexes ; et comme les fonctions vitales en général s'exercent par des actions réflexes, cette suspension, croissant avec l'intensité de la douleur, déprime en proportion les fonctions vitales. L'arrêt de l'action du cœur et l'évanouissement sont un résultat extrême de cet empêchement, et les viscères, dans leur ensemble, sentent son effet à des degrés proportionnés aux degrés de la douleur.

Ainsi la douleur, tout en causant directement, comme le fait le plaisir une décharge de l'énergie musculaire, finit par diminuer le pouvoir musculaire en affaiblissant les processus vitaux d'où dépend la production de l'énergie. Par suite, nous ne pouvons pas, je crois, attribuer la prompte cessation des mouvements musculaires causant de la douleur au décroissement du flot de l'énergie, car ce décroissement ne se fait sentir qu'après un intervalle. Réciproquement, nous ne pouvons pas attribuer la persistance dans l'action musculaire qui donne du plaisir à l'exaltation d'énergie qui en résulte ; mais nous devons, comme je l'ai indiqué au n° 33, l'attribuer à l'établissement de lignes de décharge, entre le point où se fait sentir l'excitation agréable et ces structures contractiles qui conservent et accroissent l'acte causant l'excitation, connexions voisines de l'action réflexe, en laquelle elles se transforment par d'insensibles gradations.

CHAPITRE VII

LE POINT DE VUE PSYCHOLOGIQUE

40. Dans le chapitre précédent, nous avons déjà traité des sentiments dans leurs rapports avec la conduite, mais en ne considérant que leur aspect physiologique. Dans ce chapitre, au contraire, nous n'avons pas à nous occuper des connexions constitutionnelles entre les sentiments, — considérés comme nous portant à agir ou comme nous en détournant, — et les avantages physiques à atteindre ou les dommages à éviter ; nous ne parlerons pas non plus de la réaction des sentiments sur l'organisme, comme nous mettant, ou non, en état d'agir à l'avenir. Nous avons à étudier les plaisirs et les peines, sensationnels ou émotionnels, considérés comme motifs réfléchis, comme engendrant une adaptation consciente de certains actes à certaines fins.

41. L'acte psychique rudimentaire, non encore distinct de l'acte physique, implique une excitation et un mouvement. Dans un être d'un type inférieur, le contact de la nourriture excite la préhension. Chez un être d'un ordre un peu plus élevé, l'odeur d'une substance nutritive détermine un mouvement du corps vers cette substance. Là où existe une vision rudimentaire, une diminution soudaine de lumière, impliquant le passage d'un grand objet, cause des mouvements musculaires convulsifs qui éloignent ordinairement le corps de la source du danger. Dans chacun de ces cas, nous pouvons distinguer quatre facteurs. Il y a (*a*) la propriété de l'objet extérieur qui affecte primitivement l'organisme, la saveur, l'odeur ou l'opacité. Lié avec cette propriété, il y a dans l'objet extérieur le caractère (*b*) qui rend avantageuse ou la prise de cet objet ou la fuite pour s'en éloigner. Dans l'organisme, il y a (*c*) l'impression ou la sensation que la propriété (*a*) produit, en agissant comme stimulus. Enfin, il y a, lié avec ce stimulus, le changement moteur (*d*) par lequel est effectuée ou la prise ou la fuite.

La psychologie doit surtout s'occuper de la connexion qui s'établit entre le rapport *ab* et le rapport *cd*, sous toutes les formes que prennent ces rapports dans le cours de l'évolution. Chacun des facteurs, et chacun des rapports, se développe davantage à mesure que l'organisation fait des progrès. Au lieu d'être simple, ce qui représente l'attribut *a* devient souvent, dans le milieu d'un animal supérieur, un groupe d'attributs, tels que la grandeur, la forme, les couleurs, les mouvements d'un être éloigné qui est dangereux. Le facteur *b*, avec lequel est associée cette combinaison d'attributs, devient l'ensemble de caractères, de pouvoirs, d'habitudes, qui en font un ennemi. Le facteur *c* devient une collection de sensations visuelles coordonnées les unes avec les autres et avec les idées et les sentiments qu'a fait naître l'expérience d'ennemis de ce genre, et constituant un motif de fuite ; tandis que *d* devient la série compliquée, et souvent prolongée, de courses, de sauts, de détours, de plongeons, etc., nécessaires pour échapper à un ennemi.

Dans la vie humaine, nous trouvons les mêmes quatre facteurs extérieurs et intérieurs, plus multiformes encore et complexes dans leur composition et leurs connexions. L'assemblage entier des attributs physiques *a*, présentés par un domaine mis en vente, défie toute énumération, et l'assemblage des avantages divers *b*, qui résultent de ces attributs, ne peut pas non plus être brièvement spécifié. Les perceptions et les idées, suivant que cette propriété plaît ou ne plaît pas, *c*, qui sont causées par son aspect, et qui, en se combinant et se recombinant, finissent par former une raison pour l'acheter, font un tout trop considérable et trop complexe pour qu'on puisse le décrire ; enfin les formalités légales, pécuniaires ou autres qu'il faut remplir pour acquérir ce domaine et en prendre possession, sont à peine moins nombreuses et moins compliquées.

Nous ne devons pas non plus oublier que non seulement les facteurs, mais encore les rapports entre ces facteurs, deviennent plus complexes en proportion des progrès de l'évolution. Primitivement, *a* est directement et simplement en rapport avec *b*, tandis que *c* est directement et simplement en rapport avec *a*. Mais à la fin, les connexions entre *a* et *b*, et entre *c* et *d*, deviennent très indirectes et très compliquées. D'un côté, — notre premier exemple le prouve, — la saveur et la propriété nutritive sont étroitement liées ensemble, comme le sont aussi la stimulation causée par l'une et la contraction qui utilise l'autre. Mais, on peut s'en rendre compte dans le dernier exemple, la connexion entre les traits visibles d'une propriété et les caractères qui en constituent la valeur est à la fois éloignée et compliquée, tandis que le passage du motif très complexe de l'acquéreur aux nombreuses actions des organes sensitifs et moteurs, actions complexes elles-mêmes, par lesquelles s'effectue l'acquisition, se fait au moyen d'un plexus compliqué de pensées et de sentiments qui constitue sa décision.

Cette explication permettra de saisir une vérité présentée autrement dans les *Principes de psychologie*. L'esprit se compose de sentiments et de relations entre les sentiments. Par une combinaison des relations, et des idées de relations, naît l'intelligence. Par une combinaison des sentiments, et des idées de sentiments, naît l'émotion. Toutes choses égales d'ailleurs, la grandeur de l'évolution de l'intelligence ou de l'émotion est proportionnelle à la grandeur de la combinaison. Une des propositions nécessaires qui en résultent, c'est que la connaissance est d'autant plus élevée qu'elle est plus éloignée de l'action réflexe, et l'émotion d'autant plus élevée qu'elle est plus éloignée de la sensation.

Maintenant, parmi les divers corollaires de cette large vue de l'évolution psychologique, cherchons ceux qui concernent les motifs et les actes classés comme moraux ou immoraux.

42. Le processus mental par lequel, dans un cas quelconque, l'adaptation des actes aux fins s'effectue, et qui, sous ses formes les plus élevées, devient le sujet des jugements moraux, ce processus peut se diviser en deux : d'abord l'apparition du sentiment ou des sentiments qui constituent le motif, ensuite celle de la pensée ou des pensées par lesquelles le motif prend un corps et aboutit à l'action. Le premier de ces éléments, une excitation à l'origine, devient une sensation simple; ensuite une sensation composée; ensuite un groupe de sensations partiellement présentatives et partiellement représentatives, formant une émotion naissante; ensuite un groupe de sensations exclusivement idéales ou représentatives, formant une émotion proprement dite ; ensuite un groupe de groupes pareils, formant une émotion composée; puis il devient enfin une émotion encore plus développée, composée des formes idéales de ces émotions composées. L'autre élément, commençant au passage immédiat d'un simple stimulus à un simple mouvement appelé action réflexe, arrive bientôt à comprendre un ensemble de décharges associées de stimulations produisant des mouvements associés,

constituant un instinct. Par degrés naissent des combinaisons plus complexes de stimulus, variables dans une certaine mesure en leurs modes d'union, conduisant à des mouvements complexes pareillement variables dans leurs adaptations ; de là de temps en temps, des hésitations dans les processus sensori-moteurs. Bientôt vient une phase dans laquelle les groupes combinés d'impressions, non présents tous ensemble, aboutissent à des actions qui ne sont pas toutes simultanées ; elles impliquent une représentation des résultats, ou la pensée. Ensuite arrivent d'autres phases où des pensées diverses ont le temps de passer avant que les motifs composites produisent les actions appropriées. A la fin apparaissent ces longues délibérations pendant lesquelles on pèse les probabilités de diverses conséquences, et l'on balance les incitations des sentiments corrélatifs ; ces opérations constituent un jugement calme. Il sera facile de voir que, sous l'un ou l'autre de leurs aspects, les dernières formes du processus mental sont les plus hautes, au point de vue moral et à tous les points de vue.

Depuis le début en effet, une complication de la sensibilité a accompagné de meilleurs et de plus nombreux ajustements d'actes à leurs fins, comme l'a fait aussi une complication du mouvement, et une complication du processus coordinateur ou intellectuel qui unit les deux. D'où il suit que les actes caractérisés par les motifs les plus complexes et les pensées les plus développées, sont ceux qui ont toujours eu le plus d'autorité pour la direction de la conduite. Quelques exemples éclairciront cela.

Voici un animal aquatique guidé par l'odeur d'une matière organique vers des choses qui servent à sa nourriture ; mais le même animal, dépourvu de tout autre guide, est à la merci d'animaux plus gros qui rôdent aux environs. En voici un autre, guidé aussi par l'odeur vers sa nourriture, mais qui possède une vision rudimentaire et qui est ainsi rendu capable de s'éloigner vivement d'un corps mobile répandant cette odeur, dans les cas où ce corps est assez gros pour produire un obscurcissement soudain de la lumière : car c'est ordinairement alors un ennemi. Evidemment il sauvera souvent sa vie en obéissant au dernier stimulus, qui est aussi le plus élevé, au lieu de suivre le premier et le moins élevé.

Observons à un étage plus élevé un conflit parallèle. Voici un animal qui en poursuit d'autres pour en faire sa proie, et qui, faute d'expérience, ou parce qu'il est poussé par l'excès de la faim, s'attaque à un ennemi plus fort que lui et se fait tuer. En voici un autre, au contraire, qui est poussé par une faim aussi violente, mais, soit par son expérience individuelle, soit par les effets d'une expérience héréditaire, ayant conscience du danger à la vue d'un animal plus fort que lui, il est détourné par là de l'attaquer et sauve sa vie en subordonnant le premier motif, consistant en sensations nées du besoin, au second motif, consistant en sentiments idéaux, distincts ou vagues.

En nous élevant immédiatement de ces exemples de conduite chez les animaux à des exemples de conduite humaine, nous verrons que les contrastes entre l'inférieur et le supérieur ont habituellement les mêmes traits. Le sauvage du type le plus bas dévore toute la nourriture que lui procure la chasse de chaque jour : affamé le lendemain, il devra peut-être supporter pendant plusieurs jours les tortures de la faim. Le sauvage supérieur, concevant avec plus de vivacité les souffrances qui l'attendent s'il ne trouve pas de gibier, est détourné par ce sentiment complexe de donner une entière satisfaction à son sentiment simple. L'inertie résultant du défaut de prévoyance et l'activité produite par une légitime prévoyance s'opposent de la même manière. L'homme primitif, mal équilibré et gouverné par les sensations du moment, ne fera rien tant qu'il ne lui faudra pas échapper à des souffrances actuelles; mais l'homme un peu avancé, capable d'imaginer plus distinctement les plaisirs et les souffrances à venir, est poussé par la pensée de ces biens et de ces maux à surmonter son amour du bien-être; la décroissance de la misère et de la mortalité résulte de cette prédominance des sentiments représentatifs sur les sentiments présentatifs.

Sans insister sur le fait que, parmi les hommes civilisés, le même contraste existe entre ceux qui mènent la vie des sens et ceux dont la vie est largement remplie de plaisirs qui ne sont pas du genre sensuel, je veux marquer seulement qu'il y a des contrastes analogues entre la direction donnée par les sentiments représentatifs les moins complexes ou les émotions de l'ordre le plus bas, et la direction donnée par les sentiments représentatifs les plus complexes ou les émotions de l'ordre le plus élevé. Lorsque, sous l'influence de l'amour de la propriété, — sentiment représentatif qui, agissant dans de justes bornes, conduit au bien-être, — le voleur prend le bien d'un autre homme, son action est déterminée par l'imagination de certains plaisirs immédiats de genres relativement simples, plutôt que par l'imagination moins nette de peines possibles qui sont plus éloignées et de genres relativement complexes. Mais, chez l'homme consciencieux, il y a un motif adéquat de retenue, encore plus re-

représentatif dans sa nature, renfermant non seulement les idées de châtiment, de déshonneur et de ruine, mais aussi l'idée des droits de la personne qui a la propriété, et des souffrances que lui causerait la perte de son bien : le tout est joint à une aversion générale pour les actes nuisibles aux autres, aversion qui naît des effets héréditaires de l'expérience. Nous voyons ici, à la fin, comme nous l'avons vu en commençant, que, tout compte fait, la direction donnée par le sentiment le plus complexe conduit mieux au bien-être que la direction donnée par le sentiment le plus simple.

Il en est de même des coordinations intellectuelles par lesquelles les stimulus aboutissent aux mouvements. Les actes du genre le plus bas, appelés réflexes, — dans lesquels une impression faite sur un nerf afférent produit à travers un nerf efférent une décharge qui engendre la contraction, — révèlent un ajustement très limité d'actes à leurs fins : l'impression étant simple, et simple aussi le mouvement qui en résulte, la coordination interne est simple elle-même.

Il est évident que si plusieurs sens peuvent être affectés en même temps par un objet extérieur, et si les mouvements provoqués par lui sont combinés d'une manière différente selon que cet objet appartient à un genre ou à un autre, les coordinations intermédiaires deviennent nécessairement plus compliquées. Il est évident aussi que tout progrès dans l'évolution de l'intelligence, servant toujours à mieux assurer la conservation de l'être, présente le même trait général. Les adaptations par lesquelles les actions plus compliquées s'approprient à des circonstances plus compliquées impliquent des coordinations plus complexes, par suite plus délibérées et plus conscientes. Lorsque nous arrivons aux hommes civilisés, qui, dans leurs affaires journalières, pèsent un grand nombre de données ou de conditions, et adaptent leurs procédés à des conséquences variées, nous voyons que les actions intellectuelles, devenues ce que nous appelons des jugements, sont à la fois très élaborées et très délibérées.

Voyons maintenant ce qui touche à l'autorité relative des motifs. En montant des créatures les plus basses jusqu'à l'homme, et des types les plus grossiers de l'humanité jusqu'aux plus élevés, la force de conservation s'est accrue par la subordination d'excitations simples à des excitations composées, par la subordination de sensations actuelles à des idées de sensations à venir, par le fait de soumettre les sentiments présentatifs aux sentiments représentatifs, et les sentiments représentatifs aux sentiments re-représentatifs. A mesure que la vie s'est développée, la sensibilité concomitante est devenue de plus en plus idéale ; parmi les sentiments produits par la combinaison des idées, les plus élevés, ceux qui se sont développés les derniers, sont les sentiments recomposés ou doublement idéaux. Considérés comme guides, les sentiments ont donc une autorité d'autant plus grande que, par leur complexité et leur idéalité, ils s'éloignent davantage de simples sensations et de simples appétits.

On découvre une autre conséquence en étudiant le côté intellectuel des processus psychiques par lesquels des actes sont adaptés à des fins. Quand ils sont peu élevés et simples, ils ne comprennent que la direction d'actes immédiats par des stimulus immédiats ; le tout dans les cas de ce genre ne dure qu'un moment, et ne se rapporte qu'à un résultat prochain. Mais, avec le développement de l'intelligence et l'accroissement de l'idéalité des motifs, les fins auxquelles les actes sont adaptés cessent d'être exclusivement immédiates. Les motifs, plus idéaux, se rapportent à des fins plus éloignées ; à mesure qu'on s'approche des types les plus élevés, les fins actuelles se subordonnent d'une manière croissante à ces fins futures que les motifs idéaux ont pour objet. Il en résulte une certaine présomption en faveur d'un motif qui se rapporte à un bien éloigné, en comparaison d'un motif qui se rapporte à un bien prochain.

43. Outre les diverses influences favorisant la croyance ascétique qu'il est nuisible de faire des choses agréables, et avantageux de supporter des choses désagréables, j'ai donné à entendre dans le chapitre précédent, qu'il restait à déterminer une influence dont la source est plus profonde. Cette influence a été indiquée dans les paragraphes précédents.

En effet, la vérité générale que la direction donnée par des plaisirs simples et des peines simples, comme il s'en produit suivant qu'on satisfait ou non aux besoins du corps, ne vaut pas, à certains points de vue, la direction donnée par les peines et les plaisirs nés des sentiments complexes idéaux, cette vérité a conduit à penser qu'il fallait mépriser les inclinations provenant des besoins du corps. En outre, la vérité générale que la poursuite de satisfactions prochaines est, sous un rapport, inférieure à la poursuite de satisfactions éloignées, a conduit à croire que les satisfactions prochaines doivent être regardées comme de peu de prix.

Dans les premières phases de chaque science, les généralisations auxquelles on arrive ne sont pas assez déterminées. Les formules distinctes pour exprimer les vérités reconnues ne s'établissent qu'ensuite par la limitation des formules indistinctes. La vision physique apprécie seulement d'abord les traits les plus marqués des objets et conduit ainsi à de grossières classifications que la vision perfectionnée, impressionnable par de plus petites différences, doit ensuite corriger ; il en est de même pour la vision mentale en ce qui concerne les vérités générales : des inductions, formulées d'abord avec beaucoup trop de généralité, ont à compter plus tard avec le scepticisme et l'observation critique qui les restreignent, en s'appuyant sur des différences non encore remarquées. Par suite, nous pouvons nous attendre à trouver que les conclusions courantes en morale vont trop loin. Ces croyances dominantes en morale, admises également par les moralistes de profession et par tout le monde en général, sont devenues erronées, par trois procédés différents, faute de détermination suffisante.

D'abord, il n'est pas exact que l'autorité des sentiments les plus bas comme guides soit toujours inférieure à l'autorité des sentiments les plus élevés ; elle est au contraire souvent supérieure. Il se présente tous les jours des occasions où il faut obéir aux sensations plutôt qu'aux sentiments. Que quelqu'un s'avise de rester une nuit entière exposé tout nu à une tempête de neige, ou de passer une semaine sans manger, ou de tenir la tête dix minutes sous l'eau, et il verra que les plaisirs et les souffrances ayant un rapport direct avec la conservation de la vie ne peuvent se subordonner entièrement aux plaisirs et aux souffrances qui ont avec la conservation de la vie un rapport indirect. Bien que dans plusieurs cas la direction donnée par les sentiments simples soit plus nuisible que la direction donnée par les sentiments complexes, dans d'autres cas la direction des sentiments complexes est plus fatale que celle des sentiments simples ; et dans un grand nombre de cas leur autorité relative sur la conduite est indéterminée. Admettons que, chez un homme poursuivi, les sentiments de protestation qui accompagnent un effort intense et prolongé doivent, pour la conservation de la vie, être subordonnés à la crainte inspirée par ceux qui le poursuivent ; cependant, s'il persiste jusqu'à ce qu'il tombe, l'épuisement qui en résulte causera peut-être la mort, tandis qu'autrement, si la poursuite avait cessé, la mort ne serait peut-être pas survenue. Supposons qu'une veuve laissée dans la pauvreté doive se refuser à elle-même ce qu'il lui faut donner à ses enfants pour sauver leur vie ; cependant, si ce dévouement va trop loin, il peut en résulter que les enfants seront entièrement privés non seulement de toute nourriture, mais encore de toute protection. Supposons que, en exerçant son cerveau du matin au soir, un homme qui a des embarras d'argent doive mépriser la révolte de ses sensations corporelles pour obéir au désir que sa conscience lui impose de payer toutes ses dettes ; cependant il peut pousser la sujétion des sentiments simples vis-à-vis des sentiments complexes au point d'altérer sa santé et de faillir ainsi malgré lui à cette tâche qu'il aurait remplie en diminuant un peu cette sujétion. Il est donc clair que la subordination des sentiments les plus bas doit être une subordination conditionnelle. La suprématie des sentiments les plus élevés doit être une suprématie limitée.

La généralisation ordinaire pèche par excès à un autre point de vue. La vie, on l'a vu, est d'autant plus élevée que les sentiments simples présentatifs sont plus sous le contrôle des sentiments composés représentatifs ; à cette vérité, on joint, comme des corollaires légitimes, des propositions qui n'en découlent point. La conception courante c'est, non pas seulement que l'inférieur doit être subordonné au supérieur quand ils sont en conflit, mais que l'inférieur doit être méprisé même lorsqu'il n'y a pas conflit. La tendance produite par le progrès des idées morales, à condamner l'obéissance aux sentiments inférieurs quand les sentiments supérieurs protestent, a fait naître une tendance à condamner les sentiments inférieurs pris en eux-mêmes. « Je crois réellement qu'elle fait ce qu'elle fait parce qu'elle aime à le faire, » me disait un jour une dame en parlant d'une autre, et la forme de l'expression, comme le ton, dénotait la croyance non seulement qu'une telle manière d'agir est mauvaise, mais encore qu'elle devait paraître mauvaise à tout le monde.

Il y a là une idée très répandue, bien qu'en pratique elle reste ordinairement sans effet, et produise seulement différentes formes accidentelles d'ascétisme : tel est par exemple le cas de ceux qui regardent comme tout à fait courageux et salutaire de se passer de pardessus pendant l'hiver ou de continuer à se baigner en plein air. En général, les sentiments agréables qui accompagnent la satisfaction légitime des besoins du corps sont acceptés : il est assez nécessaire, il est vrai, de les accepter.

Mais, oubliant ces contradictions dans la pratique, les hommes laissent paraître une vague idée qu'il y aurait quelque chose de dégradant, ou de nuisible, ou tous les deux à la fois, à faire ce qui est agréable, à éviter ce qui est désagréable. « Agréable, mais mauvais, » c'est une expression fréquemment employée pour faire entendre que ces deux termes ont une connexion naturelle. Comme nous l'avons indiqué plus haut, de pareilles croyances supposent une intelligence confuse de la vérité générale que les sentiments composés et représentatifs ont, tout compte fait, une autorité plus haute que les sentiments simples et présentatifs. Comprise avec discernement, cette vérité implique, que l'autorité des sentiments simples, ordinairement moindre que celle des sentiments composés, mais quelquefois plus grande, doit être habituellement acceptée quand les sentiments composés ne s'y opposent pas.

Ce principe de subordination est mal compris encore d'une troisième manière. Un des contrastes entre les sentiments développés les premiers et les sentiments développés en dernier lieu, consiste en ce qu'ils se rapportent respectivement aux effets les plus immédiats des actions ou à leurs effets les plus éloignés; en principe général, la direction donnée par ce qui est proche est inférieure à la direction donnée par ce qui est éloigné. Il en est résulté la croyance que les plaisirs du présent doivent être sacrifiés à ceux de l'avenir, indépendamment du genre de ces plaisirs. Nous en voyons une preuve dans la maxime souvent répétée aux enfants, quand ils prennent leurs repas, à savoir qu'ils devraient en garder le meilleur morceau pour la fin ; on gronde l'imprévoyant qui cède à la première impulsion, et l'on donne à entendre par là, sans l'enseigner expressément, que le même plaisir a plus de prix quand on le réserve. On peut suivre cette manière de penser à travers les actes de chaque jour, non pas assurément chez tous les hommes, mais chez ceux que l'on distingue comme prudents et bien réglés dans leur conduite. L'homme d'affaires, qui dévore son déjeuner pour ne pas manquer le train, qui avale une sandwich vers le milieu de la journée et prend un dernier repas quand il est trop fatigué pour jouir du repos du soir, mène une vie où non seulement les besoins du corps, mais aussi les besoins nés de goûts et de sentiments plus élevés sont méprisés autant qu'ils peuvent l'être, et tout cela pour atteindre des fins éloignées! encore trouverez-vous, si vous demandez quelles sont ces fins éloignées, dans le cas où il n'y a pas d'enfants à établir, qu'elles consistent simplement dans la conception d'une vie plus confortable pour un temps à venir. L'idée qu'il est mal de chercher des jouissances immédiates, et qu'il est bien d'en chercher quelques-unes seulement si elles sont éloignées, cette idée est tellement enracinée qu'un homme d'affaires après avoir pris part à une partie de plaisir, essaye parfois de défendre sa conduite. Il veut prévenir les jugements défavorables de ses amis en expliquant que l'état de sa santé l'a forcé à se donner un jour de congé. Néanmoins, si vous l'interrogez sur son avenir, vous trouvez que son ambition est de se retirer le plus tôt possible et de se donner tout entier aux plaisirs qu'il a maintenant presque honte de se permettre.

La vérité générale découverte par l'étude de l'evolution de la conduite, au-dessous de l'homme et dans l'homme, à savoir que, pour la conservation de la vie, les sentiments primitifs, simples, présentatifs doivent être contrôlés par les sentiments développés les derniers, composés et représentatifs, cette vérité a donc été reconnue par les hommes, dans le cours de la civilisation ; mais nécessairement elle l'a été d'abord d'une manière trop confuse. La conception commune, qui se trompe en supposant illimitée l'autorité du sentiment supérieur sur l'inférieur, pèche aussi en admettant que l'on doit résister à la loi de l'inférieur même quand elle n'est pas en opposition avec la loi du supérieur, et elle pèche encore par la supposition qu'un plaisir donnant lieu à une tendance convenable, quand il est éloigné, ne donne pas lieu à une tendance semblable s'il est prochain.

44. Sans le dire explicitement, nous avons ainsi suivi la genèse de la conscience morale. Car le trait incontestablement essentiel de la conscience morale c'est le contrôle de certain sentiment ou de certains sentiments par un autre sentiment ou par plusieurs.

Chez les animaux supérieurs, nous pouvons voir assez distinctement le conflit des sentiments et la sujétion des plus simples aux plus composés : ainsi lorsqu'un chien résiste à la tentation de dévorer quelque aliment par la crainte des châtiments qui pourraient suivre s'il cédait à son appétit, ou lorsqu'il ne continue pas à creuser un trou de peur de perdre son maître qui s'éloigne. Ici, cependant, bien qu'il y ait subordination, il n'y a pas subordination consciente ; il n'y a pas la réflexion qui révèle qu'un sentiment a cédé à un autre. Il en est ainsi, même chez les hommes dont l'intelligence est peu développée. L'homme pré-social, errant par familles et gouverné par des sensations et des émotions comme celles que causent les circonstances du moment, bien que sujet de temps en temps à des conflits de motifs, rencontre relativement peu de cas où l'avantage de subordonner un plaisir immédiat à un plaisir éloigné s'impose à son attention ; il n'a pas non plus l'intelligence requise pour analyser et généraliser ces cas lorsqu'ils se présentent. C'est seulement lorsque l'évolution sociale rend la vie plus complexe, les causes de retenue nombreuses et fortes, les maux d'une conduite spontanée manifestes, et les avantages à retirer de la prévoyance suffisamment certains, qu'il peut y avoir des expériences assez fréquentes pour rendre familiers les bons effets de la subordination des sentiments simples à d'autres plus complexes. C'est aussi seulement alors qu'apparaît une puissance intellectuelle suffisante pour fonder une induction sur ces expériences ; ensuite les inductions individuelles sont en assez grand nombre pour former une induction publique et traditionnelle qui s'imprime en chaque génération à mesure qu'elle s'accroît.

Nous sommes amenés ici à certains faits d'une profonde signification. Cet abandon réfléchi d'un bien immédiat et spécial pour obtenir un bien éloigné et général, en même temps qu'il est le trait cardinal de la retenue appelée morale, est aussi un trait cardinal d'autres actes de retenue que celui que nous appelons moral. — de ceux qui ont leur origine dans la crainte du législateur visible, ou du législateur invisible, ou de la société en général. Toutes les fois que l'individu s'abstient de faire ce à quoi le porte un désir passager, de peur de s'exposer ensuite à une punition légale, ou à la vengeance divine, ou à la réprobation publique, ou à tous ces dangers à la fois, il renonce au plaisir prochain et défini plutôt que de s'attirer des peines éloignées et plus graves, quoique moins définies, en goûtant ce plaisir ; et, réciproquement, lorsqu'il se soumet à quelques maux présents, c'est qu'il peut en recueillir quelque plaisir probable futur, politique, religieux ou social. Mais, bien que ces quatre sortes de contrôle intérieur aient le caractère commun que les sentiments les plus simples et les moins idéaux sont soumis dans la conscience à des sentiments plus complexes et plus idéaux, et bien que, d'abord, elles soient en pratique coextensives et indiscernables, cependant elles diffèrent dans le cours de l'évolution sociale, et il arrive que le contrôle moral, avec les conceptions et les sentiments qui l'accompagnent, devient indépendant. Jetons un coup d'œil sur les aspects essentiels du processus.

Lorsque, comme dans les sociétés les plus grossières, il n'existe encore ni règle politique ni règle religieuse, la principale cause qui empêche de satisfaire chaque désir à mesure qu'il se manifeste est la conscience des maux qui résulteront de la colère des autres sauvages, si la satisfaction du désir est obtenue à leurs dépens. A ce premier degré, les peines imaginées qui constituent le motif directeur sont celles qui pourraient être infligées par des êtres de même nature, qui ne se distinguent pas, au point de vue du pouvoir, les uns des autres : les causes de retenue politique, religieuse et sociale sont donc jusqu'alors représentées uniquement par cette crainte mutuelle de la vengeance.

Lorsqu'une vigueur, une habileté ou un courage remarquables font d'un homme un chef de guerre, il inspire nécessairement plus de crainte qu'aucun autre, et par suite tous s'abstiennent surtout de satisfaire les inclinations qui pourraient lui nuire ou l'offenser. Peu à peu, comme par l'habitude de la guerre l'exercice du commandement s'établit d'une manière durable, on en vient à distinguer à la fois les maux qui résulteraient probablement de la colère du chef, non seulement dans le cas où on l'attaquerait mais aussi dans celui où on lui désobéirait, des maux plus petits causés par l'antagonisme d'autres personnes et des maux plus vagues qui naissent de la réprobation sociale. En d'autres termes, le contrôle politique commence à se différencier du contrôle plus indéfini d'une crainte mutuelle.

En même temps s'est développée la théorie des esprits. Partout, excepté dans les groupes les plus grossiers, l'ombre d'un mort, que l'on cherche à apaiser au moment de la mort et dans la suite, est regardée comme capable de nuire à ceux qui survivent. Par suite, à mesure que s'établit et se précise la théorie des esprits, il se forme un autre genre d'obstacle à la satisfaction immédiate des désirs, obstacle qui consiste dans l'idée des maux que les esprits peuvent infliger quand on les a offensés : lorsque le pouvoir politique est devenu stable, et que les esprits des chefs défunts, considérés comme plus puissants et plus impitoyables que les autres esprits, sont l'objet d'une crainte spéciale, alors commence à se dessiner la forme de retenue que l'on nomme religieuse.

Pendant longtemps, ces trois sortes de freins, avec leurs sanctions corrélatives, bien qu'elles soient séparées dans la conscience, restent coextensives, et il en est ainsi parce qu'elles se rapportent le plus souvent à une seule fin, le succès à la guerre. Le devoir de venger le sang par le sang est proclamé alors même qu'il n'existe rien encore de ce qu'on pourrait appeler une organisation sociale. A mesure que s'accroît le pouvoir du chef, le meurtre des ennemis devient un devoir politique, et il devient un devoir religieux lorsque l'on craint la colère du chef défunt. La fidélité au chef pendant sa vie et après sa mort se manifeste plus hautement par le fait de mettre sa propre vie à sa disposition pour des entreprises guerrières. Les premiers châtiments régulièrement établis le sont pour des actes d'insubordination ou pour des manquements à des pratiques par lesquelles s'affirme la subordination ; ils sont tous militaires à l'origine. Les injonctions divines, de leur côté, qui sont primitivement des traditions de la volonté du roi défunt, ont le plus souvent pour objet la destruction des peuples avec lesquels il était en guerre ; la colère et l'approbation divines sont conçues comme déterminées par les degrés de la soumission que l'on témoigne à cette volonté, directement par le culte et indirectement par l'obéissance à ses injonctions. Le Fidjien, qui dit-on, se recommande lui-même à son entrée dans l'autre monde par le récit de ses exploits à la guerre, et qui, durant sa vie, se désole quelquefois an songeant qu'il n'a pas massacré assez d'ennemis pour plaire à ses dieux, nous permet de voir quels sont les idées et les sentiments qui résultent de cette théorie et nous rappelle les idées et les sentiments analogues manifestés par les races anciennes.

Ajoutez à cela que le contrôle de l'opinion publique, outre qu'il s'exerce directement, comme au premier degré du développement, par l'estime pour le brave et le blâme pour le lâche, en vient à s'exercer indirectement avec un effet général analogue par l'approbation donnée à la fidélité envers le chef et à la piété envers le Dieu. De telle sorte que les trois formes différenciées de contrôle qui se développent parallèlement avec l'organisation et l'action militaires, tout en fortifiant des causes de retenue et des encouragements analogues, se fortifient aussi mutuellement, et ces disciplines séparées et unies ont pour caractère commun d'imposer le sacrifice d'avantages spéciaux et immédiats pour faire obtenir des avantages plus généraux et plus éloignés.

En même temps se sont développés sous les trois mêmes sanctions d'autres motifs de retenue ou d'excitation d'un autre ordre, également caractérisés par la subordination d'un bien prochain à un bien éloigné. Les agressions dirigées contre des hommes étrangers à la société ne peuvent réussir si les agressions entre les membres de la même société sont fréquentes. La guerre implique une coopération, et toute coopération est rendue impossible par des antagonismes entre ceux qui ont à coopérer. Nous avons vu que, dans le groupe primitif encore dépourvu de gouvernement, la principale raison qui empêche chaque individu de satisfaire immédiatement ses désirs est la crainte de la vengeance des autres hommes dans le cas où cette satisfaction leur causerait un dommage, et, pendant les premières phases du développement social, cette crainte des représailles continue à être le principal motif du renoncement tel qu'il existe. Mais, bien que longtemps après qu'une autorité politique s'est établie on continue à se satisfaire au détriment d'autrui, l'accroissement de l'autorité politique réprime peu à peu cette manière d'agir. Le fait que le succès des guerres est compromis si ses soldats se battent entre eux, s'impose à l'attention du chef. Il a un puissant motif pour empêcher les querelles et par suite pour prévenir les agressions qui causent les querelles ; à mesure que son pouvoir grandit, il défend les agressions et inflige des punitions à ceux qui désobéissent. Bientôt, les freins politiques de ce genre, comme ceux du genre précédent, sont renforcés par des freins religieux. Le chef habile, qui réussit à la guerre en partie parce qu'il maintient ainsi le bon ordre parmi ceux qui le suivent, laisse derrière lui la tradition des commandements qu'il donnait ordinairement. La crainte de son fantôme tend à faire naître le respect pour ces commandements, et ils finissent par acquérir un caractère sacré. Avec un nouveau progrès de l'évolution morale, de la même manière se produisent de nouvelles interdictions relatives à des agressions de nature moins grave, jusqu'à ce que par degrés se forme un corps de lois civiles. Et alors, de la manière que nous avons vue, se développe la croyance à une désapprobation divine de ces délits civils sans importance aussi bien que des plus graves; elle aboutit, à l'occasion, à une série d'injonctions religieuses qui s'harmonisent avec les injonctions politiques et les fortifient. En même temps se développe, comme auparavant, une sanction sociale pour ces règles de gouvernement intérieur, donnant de la force à la sanction politique et à la sanction religieuse.

Mais il faut observer maintenant que si ces trois contrôles, politique, religieux et social, conduisent séparément les hommes à subordonner les satisfactions prochaines aux satisfactions éloignées, et s'ils sont à ce point de vue semblables au contrôle moral qui exige habituellement que l'on fasse passer les sentiments simples, présentatifs, après les sentiments complexes, représentatifs, et que l'on subordonne le présent à l'avenir, ils ne constituent cependant pas le contrôle moral, mais y préparent seulement; ce sont des contrôles à l'abri desquels se développe le contrôle moral. On obéit d'abord au commandement du législateur politique, non pas parce que l'on en perçoit la rectitude, mais simplement parce que c'est son commandement, et que l'on sera puni si l'on y désobéit. Ce qui retient, ce n'est pas une représentation mentale des conséquences mauvaises que l'acte défendu doit, dans la nature des choses, entraîner; mais c'est une représentation mentale de conséquences mauvaises tout artificielles. De nos jours encore on retrouve dans certaines formules légales la doctrine primitive d'après laquelle l'agression dirigée par un citoyen contre un autre est coupable et doit être punie, non pas tant à cause du dommage qui est causé, qu'à cause du mépris ainsi témoigné pour la volonté du roi. De même, le crime de violer un commandement de Dieu consistait, à ce que l'on croyait autrefois et comme beaucoup le croient encore aujourd'hui, dans le fait de désobéir à Dieu plutôt que dans celui de causer volontairement un dommage ; maintenant encore, c'est une croyance commune que les actes sont bons seulement lorsqu'on les accomplit pour se conformer consciencieusement à la volonté divine : bien plus, ils sont même mauvais dès qu'on les accomplit autrement. C'est encore la même chose pour le contrôle qu'exerce en outre l'opinion publique. Si l'on écoute les remarques faites relativement à l'observation des règles sociales, on verra que la violation de ces règles est condamnée non pas tant à cause d'un vice essentiel que parce qu'elle témoigne d'un certain mépris pour l'autorité du monde. Le contrôle vraiment moral est encore aujourd'hui bien imparfaitement différencié de ces contrôles à l'abri desquels il s'est développé ; nous le voyons dans le fait que les systèmes de morale dont nous avons fait plus haut la critique confondent tous le contrôle moral avec l'un ou l'autre de ceux-là. Pour les moralistes d'une certaine classe, les règles morales dérivent des ordres d'un pouvoir politique suprême. Ceux d'une autre classe ne leur attribuent pas d'autre origine que la volonté divine révélée. Et, bien que les hommes qui prennent pour guide l'opinion publique ne formulent pas leur doctrine, cependant la croyance, souvent manifestée, qu'une conduite autorisée par la société n'est pas blâmable, indique que pour certains hommes le bien et le mal ne dépendent que de l'opinion publique.

Avant d'aller plus loin, nous devons résumer les résultats de cette analyse. Les vérités essentielles à retenir relatives à ces trois formes de contrôle extérieur auxquelles est soumise l'unité sociale, sont celles-ci : D'abord, elles ont fait leur évolution en même temps que la société a fait la sienne, comme moyens de préservation sociale rendus nécessaires par les circonstances mêmes ; il en résulte qu'en général elles s'accordent l'une avec l'autre. En second lieu, les freins corrélatifs internes engendrés dans l'unité sociale sont les représentations de résultats éloignés qui sont plutôt accidentels que nécessaires, — pénalité légale, punition surnaturelle, réprobation sociale. En troisième lieu, ces résultats, plus simples et plus directement produits par des activités personnelles, peuvent être plus vivement conçus que ne le peuvent être les résultats que font naturellement naître les actions dans le cours des choses, et par suite ces conceptions ont plus de puissance sur des esprits peu développés. Quatrièmement, comme aux freins ainsi engendrés est toujours jointe l'idée d'une coercition externe, la notion d'obligation apparaît ; elle est ainsi habituellement associée à celle du sacrifice d'avantages immédiats et spéciaux à des avantages éloignés et généraux. Enfin, cinquièmement, le contrôle moral s'accorde dans une large mesure, au point de vue de ses prescriptions, avec les trois contrôles ainsi formés, et s'accorde aussi avec eux par la nature générale des processus de l'esprit qui produisent la conformité à ces injonctions ; mais il en diffère par la nature spéciale de ces processus.

45. Nous voilà préparés à voir que les freins considérés proprement comme moraux sont différents des freins dont l'évolution les fait sortir et avec lesquels ils sont longtemps confondus, en ce qu'ils ne se rapportent pas aux effets extrinsèques des actions, mais à leurs effets intrinsèques. Le motif véritablement moral qui détourne du meurtre, ne consiste pas dans une représentation de la pendaison qu'il aura pour conséquence, ou dans une représentation des tortures qui en résulteront dans un autre monde, ou dans une représentation de l'horreur et de la haine qu'il excitera chez nos concitoyens, mais bien dans une représentation des résultats nécessaires et naturels : la mort cruelle infligée à la victime, la destruction de toutes ses chances de bonheur, les souffrances causées à tous les siens. Ni la pensée de l'emprisonnement, ni celle d'une punition divine, ni celle de la défaveur publique, ne constituent la véritable raison morale pour ne pas voler, mais bien la pensée du dommage fait à la personne dépouillée, avec une vague conscience des maux généraux produits par le mépris du droit de propriété. Ceux qui condamnent l'adultère par des considérations morales, ne songent ni à une action en dommages et intérêts, ni à une punition future qui doit suivre la violation d'un commandement, ni à la perte de la réputation ; ils pensent au malheur causé ou à la femme ou au mari dont les droits sont méconnus, à l'atteinte portée aux enfants et aux funestes conséquences générales qui accompagnent le mépris du lien du mariage. Réciproquement, celui qui est poussé par un sentiment moral à assister un de ses semblables dans l'embarras, ne se représente pas une récompense actuelle ou future ; il se représente seulement la condition meilleure qu'il s'efforce de procurer à celui qu'il oblige. Un homme qui est moralement disposé à lutter contre un mal social, ne songe ni à quelque avantage matériel ni aux applaudissements populaires, mais seulement aux misères qu'il cherche à faire disparaître, à l'accroissement de bien-être qui en résultera. Ainsi le motif moral diffère partout des motifs auxquels

il est associé, en ce que, au lieu d'être constitué par des représentations de conséquences accidentelles, collatérales et non nécessaires de nos actes, il est constitué par des représentations de conséquences que ces actes produisent naturellement. Ces représentations ne sont pas toutes distinctes, bien que quelques-unes d'entre elles soient habituellement présentes ; mais elles forment un assemblage de représentations indistinctes accumulées par l'expérience des résultats d'actes semblables dans la vie de l'individu, superposé à une conscience encore plus indistincte mais considérable, due aux effets transmis par l'hérédité de semblables expériences faites par les devanciers : le tout forme un sentiment à la fois solide et vague.

Nous voyons maintenant pourquoi les sentiments moraux et les freins corrélatifs ont apparu plus tard que les sentiments et les freins dont l'origine se trouve dans l'autorité politique, religieuse et sociale, et comment ils s'en sont dégagés lentement et encore si incomplètement aujourd'hui. C'est seulement en effet par ces sentiments et ces freins d'un ordre inférieur que pouvaient être maintenues les conditions dans lesquelles les sentiments et les freins plus élevés se développent. Cela est vrai aussi bien pour les sentiments qui regardent l'individu que pour les sentiments dont les autres sont l'objet. Les peines qui résulteront de l'imprévoyance et les plaisirs que l'on s'assure en épargnant ce dont on aura besoin dans l'avenir, et en travaillant pour se le procurer, peuvent être habituellement opposés dans la pensée, mais seulement autant que des arrangements sociaux bien établis rendent l'accumulation possible, et, pour que de pareils arrangements puissent s'établir, il faut que la crainte du législateur visible, ou du législateur invisible, ou de l'opinion publique entre en jeu. C'est seulement après que des freins politiques, religieux et sociaux ont produit une communauté stable, qu'il peut y avoir une expérience assez grande des peines, positives et négatives, sensationnelles et émotionnelles, que causent les agressions criminelles, pour engendrer contre elles l'aversion morale constituée par la conscience de leurs mauvais résultats intrinsèques. Il est encore plus manifeste qu'un sentiment moral comme celui de l'équité abstraite, que ne blessent pas seulement les injustices commises contre des hommes, mais encore les institutions politiques qui leur causent quelque désavantage, peut se développer seulement lorsque le développement social auquel on est parvenu donne une expérience familière à la fois des maux qui résultent directement des injustices, et aussi de ceux qui découlent indirectement des privilèges de certaines classes par lesquels l'injustice est rendue facile.

Que les sentiments appelés moraux aient la nature et l'origine que nous indiquons, on le voit encore par le fait que nous leur donnons ce nom en proportion du degré où ils ont pour caractères, d'abord d'être re-représentatifs, ensuite de se rapporter à des effets indirects plutôt qu'à des effets directs, et généralement à des effets éloignés plutôt qu'à des effets prochains, et enfin de tendre à des effets qui sont ordinairement généraux plutôt que spéciaux. Ainsi, bien que nous condamnions un homme pour ses folies et que nous approuvions l'économie dont un autre fait preuve, nous ne classons pas leurs actes respectivement comme vicieux et vertueux : ces mots sont trop forts; les résultats présents et futurs diffèrent trop peu ici, au point de vue de leur valeur concrète et de leur idéalité, pour rendre ces mots pleinement applicables. Supposons cependant que les folies dont nous parlons entraînent nécessairement la misère pour la femme et les enfants de celui qui les commet, entraînent des suites fâcheuses atteignant aussi bien l'existence des autres que celle de leur auteur, la culpabilité de ces folies devient alors évidente. Supposons encore que, poussé par le désir de retirer sa famille de la misère à laquelle il l'a réduite, le dissipateur fasse un faux ou commette quelque autre fraude. Bien qu'en le considérant à part, nous caractérisions comme moral le sentiment auquel il obéit, et que nous soyons par suite disposés à l'indulgence, cependant nous condamnons comme immorale son action prise comme un tout; nous regardons comme ayant une autorité supérieure les sentiments qui répondent aux droits de propriété, sentiments qui sont re-représentatifs à un plus haut degré, et se rapportent à des conséquences générales plus éloignées. La différence, habituellement reconnue, entre la valeur relative de la justice et de la générosité, sert à bien faire comprendre cette vérité. Le motif qui préside à une action généreuse se rapporte à des effets d'un genre plus concret, plus spécial et plus prochain, que le motif qui préside à la justice; celui-ci, par delà les effets prochains, moins concrets ordinairement eux-mêmes, que ceux que considère la générosité, implique une conscience des effets éloignés, complexes et généraux, du fait de maintenir d'équitables relations. Aussi affirmons-nous que la justice l'emporte sur la générosité.

Je rendrai plus facile l'intelligence de cette longue argumentation en citant ici encore un passage de la lettre à M. Mill dont j'ai déjà parlé, à la suite du passage reproduit plus haut.

« Pour faire comprendre entièrement ce que je veux dire, il me semble nécessaire d'ajouter que, en correspondance avec les propositions fondamentales d'une science morale développée, certaines intuitions morales fondamentales ont été et sont encore développées dans la race, et que, bien que ces intuitions morales soient le résultat d'expériences accumulées d'utilité, devenues graduellement organiques et héréditaires, elles sont devenues complètement indépendantes de l'expérience consciente. Absolument comme je crois que l'intuition de l'espace, qui existe chez tout individu vivant, dérive des expériences organisées et consolidées de tous les individus, ses ancêtres, qui lui ont transmis leur organisation nerveuse lentement développée ; comme je crois que cette intuition, qui n'a besoin pour être rendue définitive et complète que d'expériences personnelles, est devenue pratiquement une forme de pensée entièrement indépendante en apparence de l'expérience ; je crois aussi que les expériences d'utilité organisées et consolidées à travers toutes les générations passées de la race humaine, ont produit des modifications nerveuses correspondantes, qui, par une transmission et une accumulation continues, sont devenues en nous certaines facultés d'intuition morale, certaines émotions correspondant à la conduite bonne ou mauvaise, qui n'ont aucune base apparente dans les expériences individuelles d'utilité. Je soutiens aussi que de même que l'intuition de l'espace répond aux démonstrations exactes de la géométrie, qui en vérifie et en interprète les grossières conclusions, de même les intuitions morales répondront aux démonstrations de la science morale, qui en interpréteront et vérifieront les grossières conclusions. »

A cela, en passant, j'ajouterai seulement que l'hypothèse de l'évolution nous rend ainsi capables de concilier les théories morales opposées, comme elle nous permet de concilier les théories opposées de la connaissance. En effet, de même que la doctrine des formes innées de l'intuition intellectuelle s'accorde avec la doctrine expérimentale, du moment où nous reconnaissons la production de facultés intellectuelles par l'hérédité des effets de l'expérience, la doctrine des facultés innées de perception morale s'accorde avec celle de l'utilitarisme dès que l'on voit que les préférences et les aversions sont rendues organiques par l'hérédité des effets des expériences agréables ou pénibles faites par nos ancêtres.

46. Il nous faut répondre encore à une autre question. Comment se produit le sentiment d'obligation morale en général ? D'où vient le sentiment du devoir considéré comme distinct des sentiments particuliers qui nous portent à la tempérance, à la prudence, à la bienfaisance, à la justice, à la bonne foi, etc. ? La réponse est que c'est un sentiment abstrait engendré d'une manière analogue à celle dont se forment les idées abstraites.

L'idée de la couleur a primitivement un caractère entièrement concret qui lui est donné par un objet qui a une couleur, comme nous le montrent certains noms qui n'ont subi aucune modification, tels que orange et violet (violette). La dissociation de chaque couleur de l'objet dont l'idée était spécialement associée avec elle au début s'est faite à mesure que la couleur a été associée par la pensée à des objets différents du premier et différents entre eux. L'idée d'orange a été conçue d'une manière de plus en plus abstraite à mesure qu'en se rappelant différents objets qui présentaient cette couleur orange on a négligé leurs attributs divers pour ne penser qu'à leur attribut commun.

Il en est de même si nous montons d'un degré et observons comment se forme l'idée abstraite de couleur séparée de celle des couleurs particulières. Si tous les corps étaient rouges, la conception abstraite de couleur n'existerait pas. Supposez que tous les corps soient rouges ou gris; il est évident que l'on prendrait l'habitude mentale de penser à l'une ou à l'autre de ces couleurs en connexion avec n'importe quel objet dont on saurait le nom. Mais multipliez les couleurs de telle sorte que la pensée erre incertaine à travers les idées de toutes ces couleurs à mesure que l'on nomme un objet, et il en résulte la notion de couleur indéterminée, de la propriété commune que les objets possèdent de nous affecter par la lumière réfléchie à leur surface, aussi bien que par leurs formes. En effet, la notion de cette propriété commune est celle qui reste constante, tandis que l'imagination se représente toute la variété possible des couleurs. Elle est dans toutes les choses colorées le trait uniforme, c'est-à-dire la couleur abstraite.

Les termes qui se rapportent à la quantité fournissent des exemples d'une dissociation plus marquée de l'abstrait et du concret. En groupant différentes choses comme petites en comparaison de celles du genre auquel elles appartiennent ou de celles d'autres genres, et de même en groupant quelques objets comme relativement grands, nous obtenons les notions abstraites de petitesse et de grandeur. Appliquées comme elles le sont à d'innombrables choses très diverses, non seulement à des objets, mais à des forces, à des durées, à des nombres, à des valeurs, ces notions sont maintenant si peu liées au concret, que leurs significations abstraites sont extrêmement vagues.

Nous devons noter en outre qu'une idée abstraite ainsi formée acquiert souvent une indépendance illusoire ; nous le voyons dans le cas du mouvement qui, dissocié par la pensée de tout corps particulier, de toute vitesse et de toute direction, est quelquefois mentionné comme s'il pouvait être conçu indépendamment de tout mobile.

Tout cela est vrai du subjectif aussi bien que de l'objectif, et, parmi les autres états de conscience, c'est vrai des émotions telles que la réflexion nous les fait connaître. En groupant les sentiments re-représentatifs décrits plus haut, qui, différents entre eux à d'autres égards, ont un élément commun, et en effaçant par suite leurs éléments dissemblables, on rend cet élément commun relativement appréciable et l'on en fait un sentiment abstrait. Ainsi se produit le sentiment de l'obligation morale ou du devoir. Etudions-en la genèse.

Nous avons vu que, pendant le progrès de l'existence animée, les sentiments les derniers développés, plus composés et plus représentatifs, servant à ajuster la conduite à des besoins plus éloignés et plus généraux, ont toujours l'autorité de guides supérieurs relativement aux sentiments primitifs et plus simples, sauf les cas où ces derniers sont intenses. Cette autorité supérieure, échappant aux types d'êtres inférieurs qui ne peuvent généraliser, et peu appréciée des hommes primitifs qui n'ont que de faibles pouvoirs de généralisation, a été distinctement reconnue à mesure que la civilisation et le développement mental qui la suit ont augmenté. Des expériences accumulées ont produit la conscience que la direction donnée par des sentiments qui se rapportent à des résultats éloignés et généraux fait mieux parvenir ordinairement au bien-être que la direction donnée par des sentiments dont la satisfaction est immédiate. Quel est en effet le caractère commun des sentiments qui nous portent à l'honnêteté, à la bonne foi, à l'activité, à la prudence, etc., sentiments que les hommes regardent habituellement comme de meilleurs guides que les appétits ou de simples impulsions? Ce sont tous des sentiments complexes, re-représentatifs, qui se rapportent plutôt à l'avenir qu'au présent. L'idée d'une valeur pour la direction de la conduite s'est donc associée à celle des sentiments qui ont ces caractères; il en résulte que les sentiments inférieurs et plus simples sont sans autorité. Cette idée de valeur pour la direction de la conduite est un élément de la conscience abstraite du devoir.

Mais il y a un autre élément, l'élément de coercivité. Celle-ci tire son origine de l'expérience des formes particulières de freins qui, ainsi que nous l'avons montré plus haut, se sont établies dans le cours de la civilisation — frein politique, religieux et social. Le Dr Bain attribue le sentiment de l'obligation morale aux effets des châtiments infligés par la loi et l'opinion publique aux actes d'un certain genre. Je suis d'accord avec lui pour croire que ces châtiments ont produit le sentiment d'incitation à agir qu'enferme la conscience du devoir, et qu'exprime le mot d'obligation. L'existence d'un élément plus ancien et plus profond, produit comme nous l'avons montré plus haut, est cependant impliquée, je crois, par le fait que quelques-uns des sentiments les plus élevés concernant l'individu lui-même, ceux qui nous portent à la prudence et à l'économie, ont une autorité morale par opposition aux sentiments plus simples qui concernent aussi l'individu : cela prouve que, en dehors de toute pensée de peines factices infligées à l'imprévoyance, le sentiment constitué par une représentation des peines naturelles a acquis une supériorité reconnue. Mais, en acceptant en général cette théorie que la crainte des châtiments politiques et sociaux (auxquels il faut, je pense, ajouter les châtiments religieux) ait enfanté ce sentiment de coercivité qui se développe avec la pensée de faire passer le présent après l'avenir et nos désirs personnels après les droits des autres, il nous importe beaucoup de remarquer ici que ce sentiment de coercivité s'est indirectement associé avec les sentiments regardés comme moraux. En effet, puisque les motifs politique, religieux et social de retenue, sont principalement formés de la représentation des résultats futurs, et puisque le motif moral de retenue est principalement formé de la représentation des résultats futurs, il arrive que les représentations, ayant beaucoup de points communs et ayant été souvent excitées ensemble, la crainte jointe à trois d'entre elles se joint, par association, à la quatrième. La pensée des effets extrinsèques d'un acte défendu excite une crainte qui persiste lorsque l'on pense aux effets intrinsèques de cet acte, et la crainte ainsi liée à ces effets intrinsèques produit un vague sentiment d'incitation morale. Le motif moral, émergeant comme il le fait, mais lentement, du milieu des motifs politique, religieux et social, a pendant longtemps sa part de la conscience qui est inhérente à ces motifs, d'une subordination à quelque activité extérieure, et c'est seulement lorsqu'il devient distinct et prédominant qu'il perd cette conscience associée : le sentiment de l'obligation s'affaiblit seulement alors.

Cette remarque implique la conclusion tacite, qui ne manquera pas de surprendre, que le sentiment du devoir ou de l'obligation morale est transitoire et doit diminuer à mesure que la moralisation s'accroît. Quelque surprenante qu'elle soit, cette conclusion peut être défendue d'une manière satisfaisante. Dès maintenant, l'on peut suivre le progrès vers ce dernier état que nous supposons. Il n'est pas rare d'observer que la persistance à accomplir un devoir finit par en faire un plaisir, et l'on est amené par là à admettre que, tandis que le motif contient d'abord un élément de coercition, cet élément disparaît à la fin, et l'acte s'accomplit sans que l'on ait aucune conscience d'être obligé à l'accomplir. Le contraste entre le jeune homme auquel on commande d'être actif, et l'homme d'affaires si absorbé par ses occupations qu'on ne peut le décider à prendre du repos, nous fait voir comment le travail, qui est à l'origine conçu comme *devant* être accompli, peut finir par cesser d'être accompagné de cette idée. Il arrive quelquefois, il est vrai, que cette relation est renversée : l'homme d'affaires persiste à travailler par le seul amour du travail, alors qu'il ne devrait pas le faire. Il n'en est pas ainsi uniquement des sentiments qui concernent l'individu lui-même. Que le soin et la protection de la femme par le mari résultent souvent uniquement de sentiments qui trouvent leur récompense directe dans les actes qu'ils inspirent, sans qu'il soit question de *devoir;* que l'éducation des enfants devienne souvent une occupation absorbante sans qu'il s'y joigne aucun sentiment coercitif d'obligation, ce sont là des vérités évidentes qui nous prouvent que, dès maintenant, pour quelques-uns de nos devoirs essentiels envers les autres, le sentiment de l'obligation s'est comme retiré tout au fond de l'esprit. Il en est de même jusqu'à un certain point pour les devoirs envers les autres d'un genre plus élevé. La conscience, chez beaucoup d'hommes, a franchi ce degré où le sentiment d'un pouvoir qui commande se joint au jugement de la rectitude d'un acte. Le véritable honnête homme, que l'on rencontre quelquefois, non seulement ne songe pas à une contrainte légale, religieuse ou politique, lorsqu'il s'acquitte d'une dette; il ne pense même pas à une obligation qu'il s'imposerait à lui-même. Il fait le bien avec un simple sentiment de plaisir à le faire, et en vérité il souffrirait avec peine que quoi que ce fût l'empêchât de le faire.

Il est donc évident qu'avec une adaptation complète à l'état social, cet élément de la conscience sociale exprimé par le mot d'obligation disparaîtra. Les actions d'ordre élevé nécessaires pour le développement harmonieux de la vie seront aussi ordinaires et faciles que les actes inférieurs auxquels nous portent de simples désirs. Dans le temps, la place et la proportion qui leur sont propres, les sentiments moraux guideront les hommes d'une manière tout aussi spontanée et exacte que le font maintenant les sensations. Bien qu'il doive encore exister des idées latentes des maux qui résulteraient de la non-conformité au bien, jointes à l'influence régulatrice de ces sentiments alors qu'elle s'exercera, ces idées n'occuperont pas plus l'esprit que ne le font les idées des maux de la faim au moment même où un homme en bonne santé satisfait son appétit.

47. Cette exposition laborieuse que l'extrême complexité du sujet a rendue nécessaire, contient des idées essentielles que nous allons mettre en relief.

En symbolisant par a et par b les phénomènes extérieurs associés, qui ont un rapport quelconque avec le bien-être de l'organisme, et en symbolisant par c et par d les impressions simples ou composées que l'organisme reçoit du premier, et les mouvements simples et combinés par lesquels ses actes sont adaptés pour s'approprier le second, nous avons vu que la psychologie en général a à s'occuper de la connexion entre la relation ab et la relation cd. En outre, nous avons vu que par voie de conséquence l'aspect psychologique de la morale est l'aspect sous lequel l'ajustement de cd à ab apparaît non pas simplement comme une coordination intellectuelle, mais comme une coordination dans laquelle les plaisirs et les peines sont également des facteurs et des résultats.

On a montré que dans le cours de l'évolution le motif et l'acte deviennent plus complexes, à mesure que l'adaptation des actions intérieures associées, aux actions extérieures associées, s'accroît en étendue et en variété. D'où a découlé le corollaire que les sentiments les derniers développés, plus représentatifs et re-représentatifs dans leur constitution, et se rapportant à des besoins plus éloignés et plus grands, ont en partage comme guides une autorité plus marquée que les sentiments antérieurement développés et plus simples.

Après avoir ainsi observé qu'un être même inférieur est gouverné par une hiérarchie de sentiments constitués de telle sorte que le bien-être général dépend d'une certaine subordination de l'inférieur au supérieur, nous avons vu que dans l'homme, à mesure qu'il arrive à l'état social, naît le besoin de diverses subordinations additionnelles de l'inférieur au supérieur, la coopération n'étant rendue possible que par elles. Aux freins constitués par les représentations mentales des effets intrinsèques des actions, qui, sous leur forme la plus simple, se sont développées depuis le commencement, s'ajoutent les freins résultant des représentations mentales d'effets extrinsèques, sous la forme de pénalités politiques, religieuses et sociales.

Avec l'évolution de la société, rendue possible par des institutions qui maintiennent l'ordre et qui associent dans l'esprit des hommes le sentiment de l'obligation avec l'idée des actes prescrits et avec celle de la cessation des actes défendus, sont nées des occasions de voir les conséquences mauvaises qui découlent naturellement d'une conduite interdite et les bonnes conséquences qui suivent une conduite commandée. De là ont fini par se développer les aversions et les approbations morales, l'expérience des effets intrinsèques venant nécessairement ici plus tard que l'expérience des effets extrinsèques, et par suite produisant plus tard ses résultats.

Les pensées et les sentiments qui constituent ces aversions et ces approbations morales sont toujours dans une étroite connexion avec les pensées et les sentiments qui constituent la crainte des pénalités politiques, religieuses et morales, et par suite ont été accompagnés aussi du sentiment d'obligation. L'élément coercitif dans la conscience des devoirs en général, développé par un commerce avec les influences externes qui renforcent le devoir, s'est lui-même répandu par association à travers cette conscience du devoir, proprement appelée morale, qui considère les résultats intrinsèques au lieu des résultats extrinsèques.

Mais cette contrainte de soi-même qui, dans une phase relativement élevée, se substitue de plus en plus à la contrainte venue du dehors, doit elle-même, dans une phase encore plus élevée, disparaître dans la pratique. Si quelque action pour laquelle le motif spécial est insuffisant est accomplie par obéissance au sentiment de l'obligation morale, le fait prouve que la faculté spéciale dont il s'agit n'est pas encore égale à sa fonction, n'a pas acquis assez de force pour que l'activité requise soit devenue son activité normale, lui fournissant la somme de plaisir qu'elle doit fournir. Ainsi, avec une évolution complète, le sentiment de l'obligation, n'étant pas ordinairement présent, ne s'éveillera que dans ces occasions extraordinaires qui portent à violer les lois auxquelles autrement on se conforme d'une manière toute spontanée.

Nous sommes ainsi amenés à l'aspect psychologique de la conclusion que nous avons donnée dans le dernier chapitre sous son aspect biologique. Les plaisirs et les peines qui ont leur origine dans le sentiment moral, deviendront, comme les plaisirs et les peines physiques, des causes d'agir ou de ne pas agir si bien adaptées, dans leurs forces, aux besoins, que la conduite morale sera la conduite naturelle.

CHAPITRE VIII

LE POINT DE VUE SOCIOLOGIQUE

48. Ce n'est pas pour la race humaine seulement, mais pour toutes les races, qu'il y a des lois du bien vivre. Etant donnés son milieu et sa structure, il y a pour chaque genre de créatures une série d'actions destinées par leurs genres, leurs degrés et leurs combinaisons, à assurer la plus haute conservation que permette la nature de l'être. L'animal, comme l'homme, a besoin de nourriture, de chaleur, d'activité, de repos, etc. ; ces besoins doivent être satisfaits a certains degrés relatifs pour rendre sa vie complète. La conservation de sa race implique la satisfaction d'appétits spéciaux, sexuels et philoprogénitifs, dans des proportions légitimes. Par suite, on peut supposer pour les activités de chaque espèce, une formule qui (on pourrait développer cette idée) constituerait pour cette espèce un système de moralité. Mais un tel système de moralité aurait peu ou point de rapports avec le bien-être d'autres êtres que l'individu lui-même ou sa race. Un être inférieur étant, comme il l'est, indifférent aux individus de sa propre espèce, et ordinairement hostile aux individus des autres espèces, la formule de sa vie ne tiendrait aucun compte de l'existence de ceux avec lesquels il se rencontre, ou plutôt une telle formule impliquerait que la conservation de sa vie est en opposition avec la conservation de celle des autres.

Mais en s'élevant des espèces inférieures à l'être de l'espèce la plus élevée, l'homme, ou, plus strictement, en s'élevant de l'homme de la phase pré-sociale à l'homme de la phase sociale, la formule doit contenir un facteur additionnel. Bien qu'il ne soit pas particulier à la vie humaine sous sa forme développée, la présence de ce facteur est cependant, au plus haut degré, caractéristique de cette vie. Bien qu'il y ait des espèces inférieures qui montrent de la sociabilité dans une très large mesure, et bien que, dans la formule de leurs existences complètes, on ait à tenir compte des relations qui naissent de l'union, cependant notre propre espèce doit, à tout prendre, être distinguée comme ayant pour la vie complète une formule qui reconnaît spécialement les relations de chaque individu avec les autres en présence desquels et en coopération avec lesquels il lui faut vivre.

Ce facteur additionnel, dans le problème de la vie complète, est, en vérité, si important que les modifications de conduite qu'il a rendues nécessaires en sont venues à former une partie capitale du code de la conduite. Comme les inclinations héréditaires, qui se rapportent directement à la conservation de la vie individuelle, sont très exactement ajustées aux besoins, il n'a pas été nécessaire d'insister sur le fait qu'il est bon pour la conservation de soi-même de se conformer à ces inclinations. Réciproquement, comme ces inclinations développent des activités qui sont souvent en conflit avec les activités des autres, et comme les sentiments qui correspondent aux droits d'autrui sont relativement faibles, les codes de morale insistent avec force sur les empêchements d'agir qui résultent de la présence de nos semblables.

Ainsi, au point de vue sociologique, la morale n'est rien autre qu'une explication définie des formes de conduite qui conviennent à l'état de société, de telle sorte que la vie de chacun et de tous puisse être la plus complète possible, à la fois en longueur et en largeur.

49. Mais ici, nous rencontrons un fait qui nous empêche de placer ainsi en première ligne le bien-être des citoyens considérés individuellement, et nous oblige de mettre en première ligne le bien-être de la société considérée comme un tout. La vie de l'organisme social doit, en tant que fin, prendre rang au-dessus des existences de ses unités. Ces deux fins ne sont pas en harmonie à l'origine, et, malgré la tendance à les mettre en harmonie, elles sont encore partiellement en conflit.

A mesure que l'état social se consolide, la conservation de la société devient un moyen de conserver ses unités. La vie en commun s'est établie parce que, en somme, on a reconnu qu'elle était plus avantageuse pour tous que la vie dans l'isolement, et cela implique que maintenir cette combinaison c'est maintenir les conditions d'une existence plus satisfaisante que celle que les personnes unies dans cette combinaison auraient de toute autre manière. Par suite, la conservation de la société par elle-même devient un but prochain qui prend le pas sur le but dernier, la conservation de l'individu.

Cette subordination du bien-être personnel à celui de la société est cependant contingente : elle dépend de la présence de sociétés antagonistes. Tant que l'existence d'une société est mise en péril par les actes de communautés voisines, il reste vrai que les intérêts des individus doivent être sacrifiés à ceux de la communauté, autant que cela est nécessaire au salut de la communauté. Si cette vérité est manifeste, il est manifeste aussi, par voie de conséquence, que, lorsque cesse l'antagonisme social, cette nécessité de sacrifier les droits privés aux droits publics cesse aussi; ou plutôt les droits publics cessent d'être en opposition avec les droits privés. Le but dernier a toujours été de favoriser les existences individuelles, et, si ce but dernier a été subordonné à la fin prochaine de sauver l'existence de la communauté, la seule raison en a été que cette fin prochaine était une condition pour atteindre la fin dernière. Lorsque l'agrégat n'est plus en danger, l'objet final poursuivi, le bien-être des unités, n'ayant plus besoin d'être subordonné, devient l'objet immédiat de la poursuite.

Ainsi, nous avons à donner des conclusions différentes touchant la conduite humaine, suivant que nous avons affaire à un état de guerre habituel ou éventuel, ou à un état de paix permanent et général. Examinons ces deux états et ces deux sortes de conséquences.

50. Actuellement, l'homme individuel doit tenir compte, comme il convient, dans la conduite de sa vie, des existences d'autres êtres qui appartiennent à la même société, et en même temps il est quelquefois appelé à mépriser l'existence de ceux qui appartiennent à d'autres sociétés. La même constitution mentale ayant à satisfaire à ces deux nécessités est fatalement en désaccord avec elle-même, et la conduite corrélative, ajustée d'abord à un besoin, ensuite à l'autre, ne peut pas être soumise à un système moral qui soit bien conséquent.

Tantôt nous devons haïr et détruire nos semblables, tantôt les aimer et les assister. Employez tous les moyens pour tromper, nous dit l'un des deux codes de conduite, et l'autre nous dit en même temps d'être de bonne foi dans nos paroles et dans nos actes. Saisissez-vous de tout ce qui appartient aux autres, et brûlez ce que vous ne pouvez emporter est une des injonctions de la religion de la guerre, tandis que la religion de l'amitié condamne comme des crimes le vol et l'incendie. Tant que la conduite se compose ainsi de deux parts opposées l'une à l'autre, la théorie de la conduite reste confuse.

Il coexiste une incompatibilité analogue entre les sentiments qui correspondent respectivement aux formes de coopérations requises pour la vie militaire et pour la vie industrielle. Tant que les antagonismes sociaux sont habituels, et tant que, pour rendre efficace l'action contre d'autres sociétés, une grande soumission à ceux qui commandent est nécessaire, il faut pratiquer surtout la vertu de la fidélité et le devoir d'une obéissance implicite : le mépris de la volonté du chef est puni de mort. Mais lorsque la guerre cesse d'être chronique, et lorsque les progrès de l'industrie habituent les hommes à défendre leurs propres droits tout en respectant les droits d'autrui, la fidélité devient moins profonde, l'autorité du chef est mise en question ou même niée par rapport à diverses actions, à diverses croyances privées. Les lois de l'Etat sont bravées avec succès dans plusieurs directions, et l'indépendance politique des citoyens est bientôt regardée comme un droit qu'il est vertueux de défendre et honteux d'abandonner. Il arrive nécessairement que, dans la transition, ces sentiments opposés se mêlent d'une manière peu harmonieuse.

Il en est encore de même pour les institutions domestiques sous les deux régimes. Tant que le premier domine, il est honorable de posséder un esclave, et chez un esclave la soumission est digne d'éloges ; mais, à mesure que le second se développe, c'est un crime d'avoir des esclaves, et l'obéissance servile excite le mépris. Il n'en est pas autrement dans la famille. La sujétion des femmes par rapport aux hommes, complète tant que la guerre est habituelle, mais adoucie à mesure que les occupations pacifiques en prennent la place, en vient peu à peu à être regardée comme injuste, et l'on proclame enfin l'égalité des sexes devant la loi. En même temps se modifie l'opinion touchant le pouvoir paternel. Le droit autrefois incontesté du père sur la vie de ses enfants est nié, et le devoir d'une soumission absolue à la volonté paternelle, longtemps affirmé sans réserve, se change en celui d'une obéissance renfermée dans des limites raisonnables.

Si la relation entre la vie d'antagonisme avec des sociétés étrangères et la vie de coopération pacifique au dedans de chaque société était une relation constante, on pourrait trouver quelque compromis permanent entre les règles opposées de la conduite appropriée aux deux manières de vivre. Mais, comme cette relation est variable, le compromis ne peut jamais être que temporaire. On tend toujours à une harmonie entre les croyances et les besoins. Ou bien les arrangements sociaux sont graduellement changés, jusqu'à ce qu'ils arrivent à être en harmonie avec les idées et les sentiments dominants ; ou bien, si les conditions du milieu s'opposent à un changement des arrangements sociaux, les habitudes de vie qu'elles rendent nécessaires modifient les idées dominantes et les sentiments dans la mesure qu'il faut. De là, pour chaque genre et chaque degré d'évolution sociale déterminé par un conflit au dehors et l'union au dedans, il y a un compromis approprié entre le code moral de l'hostilité et le code moral de l'amitié : non pas, à la vérité, un compromis définitif, durable, mais un compromis de bonne foi.

Ce compromis, bien qu'il puisse être vague, ambigu, illogique, fait cependant autorité pour un temps. Car si, comme on l'a montré plus haut, le bien-être de la société doit prendre le pas sur le bien-être des individus qui la composent, pendant ces phases où les individus pour se sauver eux-mêmes doivent sauver leur société, un tel compromis temporaire entre les deux codes de conduite, par cela même qu'il pourvoit comme il convient à la défense extérieure en même temps qu'il favorise le plus qu'il est possible en pratique la coopération interne, contribue à la conservation de la vie au plus haut degré et obtient ainsi la sanction dernière. Par suite, les morales perplexes et inconséquentes dont chaque société et chaque époque nous montrent des exemples plus ou moins dissemblables, sont justifiées chacune en particulier comme étant approximativement les meilleures possibles dans les circonstances données.

Mais, par leurs définitions mêmes, de telles moralités appartiennent à une conduite incomplète, et non à la conduite entièrement développée. Nous avons vu que les ajustements d'actes à leurs fins qui, tout en constituant les manifestations extérieures de la vie, favorisent la continuation de la vie, tendent vers une certaine forme idéale dont s'approche maintenant l'homme civilisé. Mais cette forme n'est pas atteinte tant que continuent les agressions d'une société contre une autre. Il importe peu que l'obstacle au développement complet de la vie provienne de crimes de compatriotes ou de crimes d'étrangers ; si ces crimes se produisent, l'état que nous avons défini n'existe pas encore. On arrive à la limite de l'évolution de la conduite pour les membres de chaque société, seulement lorsque, cette limite ayant été atteinte aussi par les membres d'autres sociétés, les causes d'antagonisme international prennent fin en même temps que les causes d'antagonisme entre individus.

Ayant reconnu ainsi, du point de vue sociologique, le besoin et l'autorité de ces systèmes de morale qui changent en même temps que les rapports entre les activités guerrières et les activités pacifiques, nous avons à considérer, du même point de vue, le système de morale propre à l'état où les activités pacifiques ne sont plus troublées.

51. Si, excluant toute idée de dangers ou d'obstacles provenant de causes extérieures à une société, nous nous appliquons à spécifier les conditions dans lesquelles la vie de chaque personne, et par suite de l'agrégat, peut être la plus grande possible, nous arrivons à certaines propositions simples qui, telles qu'elles sont ici posées, prennent la forme de truismes.

En effet, comme nous l'avons vu, la définition de cette vie, la plus haute qui accompagne la conduite complètement développée, exclut elle-même tout acte d'agression, non seulement le meurtre, l'attaque à main armée, le vol et généralement les offenses les plus graves, mais les moindres offenses, telles que la diffamation, tout dommage causé à la propriété et ainsi de suite. En portant directement atteinte à l'existence individuelle, ces actes causent indirectement une perturbation de la vie sociale. Les crimes contre les autres provoquent un antagonisme en retour, et, s'ils sont nombreux, l'association perd toute cohésion. Par suite, que l'on considère l'intégrité du groupe lui-même comme fin, ou que la fin considérée soit l'avantage définitivement assuré aux unités du groupe par la conservation de son intégrité, ou encore que l'avantage immédiat de ses unités prises séparément soit la fin considérée, la conséquence est la même : de pareils actes sont en opposition avec l'achèvement de la fin. Que ces inférences soient évidentes d'elles-mêmes et familières à tous (comme le sont à la vérité les premières inférences tirées des données de toute science qui arrive à la période déductive), ce n'est pas une raison pour nous de passer légèrement sur ce fait extrêmement important que, du point de vue sociologique, l'on voit les lois morales essentielles découler comme corollaires de la définition d'une vie complète se développant dans des conditions sociales.

Ce n'est cependant pas assez de respecter ces lois fondamentales de la morale. Des hommes associés qui vivraient séparément sans se faire tort les uns aux autres, mais sans s'assister non plus, ne recueilleraient de leur association aucun autre avantage que de vivre en société. Si, alors qu'il n'y a pas coopération pour des projets défensifs (ce qui est ici exclu par hypothèse), il n'y a pas non plus coopération pour la satisfaction des besoins, l'état social perd presque, sinon entièrement, sa raison d'être. Il y a des peuples, il est vrai, qui vivent dans une condition peu éloignée de celle-là, tels que les Esquimaux. Mais bien que ces hommes, n'ayant pas besoin de s'unir pour la guerre qui leur est inconnue, vivent de telle sorte que chaque famille soit essentiellement indépendante des autres, il se présente cependant des occasions d'agir en commun. En réalité, il est à peine possible de concevoir que des familles puissent vivre les unes à côté des autres sans jamais se donner un mutuel secours.

Néanmoins, que cet état existe réellement ou qu'on s'en rapproche seulement dans certains pays, nous devons ici reconnaître comme hypothétiquement possible un état dans lequel ces seules lois morales fondamentales soient suivies, pour observer, sous leurs formes simples, quelles sont les conditions négatives d'une vie sociale harmonique. Que les membres d'un groupe social coopèrent ou non, certaines limitations à leurs activités individuelles sont rendues nécessaires par leur association, et, après les avoir reconnues comme se produisant en l'absence de toute coopération, nous serons mieux préparés à comprendre comment on s'y conforme lorsque la coopération commence.

52. En effet, que les hommes vivent ensemble d'une manière tout à fait indépendante, en évitant seulement avec soin de s'attaquer, ou que, passant de l'association passive à l'association active, ils réunissent leurs efforts, leur conduite doit être telle que l'achèvement des fins par chacun ne soit au moins pas empêché. Il devient évident que, lorsqu'ils agissent en commun, non seulement il ne doit pas en résulter plus de difficulté, mais au contraire plus de facilité, puisque, en l'absence de ce résultat, à savoir de rendre une fin plus facile à atteindre, il ne peut y avoir aucune raison d'agir en commun. Quelle forme doivent donc prendre les empêchements mutuels quand la coopération commence ? ou plutôt quels sont, outre les empêchements mutuels primitifs et déjà spécifiés, ces empêchements mutuels secondaires nécessaires pour rendre la coopération possible ?

Un homme qui, vivant dans l'isolement, emploie ses efforts à la poursuite d'une fin, est dédommagé de cet effort en atteignant cette fin, et arrive ainsi à avoir satisfaction. S'il dépense ses efforts sans arriver à la fin voulue, il en résulte qu'il n'est pas satisfait. Etre satisfait, ne pas l'être sont la mesure du succès et de l'insuccès dans les actes par lesquels on soutient sa vie, puisque ce que l'on atteint au prix d'un effort est quelque chose qui directement ou indirectement favorise le développement de la vie, et par là compense l'effort ; tandis que si l'effort n'aboutit pas, rien ne paye la dépense que l'on a faite, et la vie doit en souffrir en proportion. Que doit-il en résulter lorsque les hommes unissent leurs efforts ? La réponse sera plus claire si nous prenons les formes successives de coopération dans l'ordre de leur complexité croissante. Nous pouvons distinguer comme coopération homogène : 1° celle dans laquelle des efforts égaux sont unis pour obtenir des fins semblables dont on jouira simultanément. Comme coopération non complètement homogène, nous pouvons distinguer : 2° celle dans laquelle des efforts égaux sont unis pour obtenir des fins semblables dont on ne jouira pas simultanément. Une coopération dont l'hétérogénéité est plus marquée est : 3° celle dans laquelle des efforts inégaux sont unis pour obtenir des fins semblables. Enfin arrive la coopération qui est décidément hétérogène : 4° celle dans laquelle des efforts différents sont unis pour obtenir des fins différentes.

La plus simple et la première de ces formes, dans laquelle des facultés humaines, de même nature et de même degré, sont unies pour la poursuite d'un bien auquel, lorsqu'il est obtenu, tous participent, est représentée par un exemple très familier dans la poursuite d'une proie par les hommes primitifs ; cette forme la plus simple et la plus ancienne d'une coopération industrielle est aussi celle qui diffère le moins de la coopération guerrière ; car les coopérateurs sont les mêmes, et les procédés, également destructifs de la vie, sont analogues de part et d'autre. La condition pour qu'une telle coopération puisse être continuée avec succès est que les coopérateurs partagent également les produits. Chacun pouvant ainsi se payer lui-même en nourriture pour l'effort dépensé, et en outre atteindre certaines fins désirées, comme d'entretenir sa famille, se trouve satisfait ; il n'y a pas là d'agression de l'un contre l'autre, et la coopération est harmonique. Naturellement, le produit partagé ne peut être grossièrement proportionné aux efforts particuliers unis pour l'obtenir ; mais les sauvages, comme cela doit être pour que la coopération soit harmonique, reconnaissent en principe que les efforts combinés doivent séparément rapporter des avantages équivalents, comme ils l'auraient fait s'ils avaient été séparés. Bien plus, au delà du fait de recevoir des parts égales en retour de travaux qui sont approximativement égaux, on s'efforce ordinairement de proportionner l'avantage au mérite, en assignant quelque-chose de plus, sous la forme de la meilleure part ou du trophée, à celui qui a tué le gibier. Evidemment, si l'on s'éloigne trop de ce système de partager les avantages quand il y a eu partage d'efforts, la coopération cesse. Chaque chasseur préférera faire le mieux qu'il pourra pour son propre compte.

Passant de ce cas le plus simple de coopération à **un cas qui n'est pas tout à fait aussi simple**, — cas dans lequel l'homogénéité est incomplète — demandons-nous comment un membre d'un groupe peut être conduit, sans cesser d'être satisfait, à prendre de la peine pour atteindre un avantage dont, lorsqu'il sera atteint, un autre profitera seul ? Il est clair qu'il peut le faire, à la condition que l'autre prendra dans la suite tout autant de peine pour qu'il puisse de même à son tour profiter de l'avantage qui en résultera. Cet échange d'efforts équivalents est la forme que prend la coopération sociale quand il n'y a encore que peu ou point de division du travail, excepté entre les deux sexes. Par exemple, les Bodos et les Dhimals « s'assistent mutuellement l'un l'autre, à l'occasion, soit pour construire leurs maisons, soit pour cultiver leurs champs. » Ce principe : Je vous aiderai si vous m'aidez, ordinaire dans les peuplades simples où les occupations sont de genre semblable et dont on se sert aussi à l'occasion dans des peuples plus avancés, est un principe par lequel le rapport entre l'effort et l'avantage n'est pas maintenu directement, mais bien indirectement. Car, tandis que les activités humaines, lorsqu'elles s'exercent séparément, ou s'unissent comme dans l'exemple donné plus haut, sont immédiatement payées de leur effort par un avantage, dans cette dernière forme de coopération, l'avantage obtenu par un effort s'échange contre un avantage semblable que l'on recevra plus tard, lorsqu'on le demandera. Dans ce cas comme dans le précédent, la coopération ne peut être maintenue que si les conventions que l'on a tacitement faites sont observées. Car si elles n'étaient pas habituellement observées, on refuserait ordinairement de rendre le service demandé, et chacun s'arrangerait de manière à agir pour son compte le mieux possible. Tous les avantages que peut donner l'union des efforts pour faire ce qui dépasse le pouvoir d'individus isolés, ne pourraient être obtenus. Ainsi, à l'origine, l'observation des contrats qui sont implicitement sinon expressément conclus devient une condition de la coopération sociale, et par suite du développement social.

De ces formes simples de coopération dans lesquelles les travaux que les hommes entreprennent sont du même genre, passons aux formes plus complexes dans lesquelles ces travaux sont de genres différents. Lorsque des hommes s'entr'aident pour bâtir des huttes ou pour abattre des arbres, le nombre des jours de travail donnés maintenant par l'un à l'autre est facilement balancé par un égal nombre de jours de travail donnés par l'autre au premier. Mais lorsque la division du travail commence, lorsqu'il vient à se faire des transactions entre l'un qui fabrique des armes et l'autre qui prépare des peaux pour servir de vêtements, ou entre celui qui cultive et celui qui pêche du poisson, il n'est facile de mesurer leurs travaux ni au point de vue de leurs quantités ni au point de vue de leurs qualités relatives ; avec la multiplication des occupations qui implique les variétés nombreuses d'habileté et de puissance, il cesse d'y avoir quoi que ce soit qui ressemble à une équivalence manifeste entre des efforts intellectuels et des efforts physiques comparés les uns aux autres, ou entre leurs produits. Il en résulte que la convention ne peut pas être considérée comme toute faite, comme lorsqu'il s'agit d'échanger des choses de même genre : il faut l'établir expressément. Si A consent à ce que B s'approprie un produit de son habileté spéciale, à la condition qu'il lui soit permis de s'approprier un produit différent de l'habileté spéciale de B, il en résulte que, comme l'équivalence des deux produits ne peut pas être déterminée par une comparaison directe de leurs quantités et de leurs qualités, on doit bien s'entendre sur la quantité de l'un de ces produits, qui peut être prise en échange d'une certaine quantité de l'autre.

C'est donc par suite d'une convention volontaire, non plus tacite et vague, mais déclarée et définie, que la coopération peut se continuer harmonieusement, lorsque la division du travail s'est établie. Comme dans la coopération la plus simple, où des efforts semblables étaient unis pour assurer un bien commun, le mécontentement causé chez ceux qui, après avoir dépensé leurs peines, n'obtiennent pas leur part du bien, les porte à cesser toute coopération ; comme dans une coopération plus avancée, qui consiste dans l'échange de travaux égaux de même genre fournis en différents temps, on se dégoûte de coopérer si l'on n'obtient pas l'équivalent de travail que l'on était en droit d'attendre ; de même, dans cette coopération développée, si l'un manque de fournir à l'autre ce qui avait été ouvertement reconnu comme étant d'une valeur égale au travail ou au produit fourni, il en résulte que la coopération est entravée par le mécontentement. Evidemment, lorsque les antagonismes ainsi causés empêchent le développement des unités, la vie de l'agrégat est mise en danger par l'amoindrissement de la cohésion.

53. Outre ces dommages relativement directs, spéciaux et généraux, il faut noter des dommages indirects. Comme cela résulte déjà du raisonnement du précédent paragraphe, non seulement l'intégration sociale, mais encore la différenciation sociale est empêchée par la rupture du contrat.

Dans la deuxième partie des *Principes de sociologie*, on a montré que les principes fondamentaux de l'organisation sont les mêmes pour un organisme individuel et pour un organisme social, parce qu'ils sont composés l'un et l'autre de parties mutuellement dépendantes. Dans un cas comme dans l'autre, l'hypothèse d'activités différentes exercées par les membres composants est possible, à la condition seulement qu'ils profitent séparément à des degrés convenables des activités les uns des autres. Pour mieux voir ce qui en résulte par rapport aux structures sociales, notons d'abord ce qui en résulte par rapport aux structures individuelles.

Le bien-être d'un corps vivant implique un équilibre approximatif entre la perte et la réparation. Si les activités entraînent une dépense qui n'est pas compensée par la nutrition, le dépérissement s'ensuit. Si les tissus peuvent emprunter au sang enrichi par la nourriture des substances suffisantes pour remplacer celles que le travail a usées, la vigueur peut se maintenir, et, si le gain excède la perte, il en résulte un accroissement.

Ce qui est vrai du tout dans ses relations avec le monde extérieur n'est pas moins vrai des parties dans leurs relations entre elles. Chaque organe, comme l'organisme entier, se détériore par l'accomplissement de sa fonction, et doit se restaurer avec les matériaux qui lui sont apportés. Si la quantité des matériaux qui lui sont fournis par le concours des autres organes est insuffisante, cet organe particulier dépérit. S'ils sont en assez grande quantité, il peut conserver son intégrité. S'ils sont en excès, il peut s'accroître. Dire que cet arrangement constitue le contrat physiologique, c'est user d'une métaphore qui ne semble pas juste et qui est essentiellement exacte. Car les relations de structure sont réellement telles que, grâce à un système régulateur central, chaque organe est approvisionné de sang en proportion du travail qu'il fait. Comme on l'a marqué (*Principes de sociologie*, § 254), les animaux bien développés sont constitués de telle sorte que chaque muscle ou chaque viscère, quand il est appelé à agir, envoie aux centres vaso-moteurs, à travers certaines fibres nerveuses, une impulsion causée par son action ; et alors, par d'autres fibres nerveuses, se produit une impulsion qui cause une dilatation de ses vaisseaux sanguins. C'est dire que toutes les autres parties de l'organisme, lorsqu'elles exigent conjointement un travail d'un organe, commencent aussitôt par le payer en sang. Dans l'état ordinaire d'équilibre physiologique, la perte et le gain se balancent, et l'organe ne change pas sensiblement. Si la somme de sa fonction est accrue dans des limites assez modérées pour que les vaisseaux sanguins de cette région puissent apporter une quantité de sang accrue dans la même proportion, l'organe se développe; outre qu'il répare sa perte par son gain, il fait un profit par le surplus de son activité; il est ainsi en état, grâce au développement de sa structure, de faire face à des demandes supplémentaires. Mais, si les demandes qui lui sont faites deviennent si grandes que les matériaux fournis ne puissent suffire à la dépense, soit parce que les vaisseaux sanguins de la région ne sont pas assez larges, soit pour une autre cause, l'organe commence à décroître par suite de l'excès de la perte par rapport à la réparation : il se produit alors ce que l'on appelle une atrophie. Or, puisque chacun des organes doit ainsi être payé en nourriture pour ses services par les autres, il s'ensuit que le balancement d'un équilibre convenable entre leurs demandes et leurs recettes respectives est requis, directement pour le bien-être de chaque organe et indirectement pour le bien-être de l'organisme. Car, dans un tout formé de parties mutuellement dépendantes, ce qui empêche l'accomplissement légitime du devoir d'une partie réagit d'une manière funeste sur toutes les parties.

Avec un changement convenable des termes, ces propositions et ces inférences sont vraies pour une société. La division sociale du travail, qui est parallèle à tant d'autres égards à la division physiologique du travail, lui est parallèle aussi à cet égard. Comme on l'a montré tout au long dans les *Principes de sociologie* (deuxième partie) chaque ordre de fonctionnaires et chaque ordre de producteurs, accomplissant séparément quelque action ou fabriquant quelque article non pour satisfaire directement à leurs besoins, mais pour satisfaire à ceux de leurs concitoyens en général qui sont occupés autrement, ne peuvent continuer à le faire qu'autant que les efforts dépensés et le profit qu'ils en retirent sont approximativement équivalents. Les organes sociaux, comme les organes individuels, restent stationnaires s'ils jouissent en des proportions normales des avantages produits par la société considérée comme un tout. Si les demandes faites à une industrie ou à une profession s'accroissent d'une manière inusitée, et si ceux qui y sont engagés font des profits excessifs, un plus grand nombre de citoyens s'adonnent à cette industrie ou à cette profession, et la structure sociale que leurs membres constituent se développe; au contraire, la diminution des demandes, et par suite des profits, ou conduit leurs membres à chercher d'autres carrières, ou arrête les accessions nécessaires pour remplacer ceux qui meurent, et la structure dépérit. Ainsi se maintient entre les forces des parties composantes la proportion qui peut le mieux produire le bien-être du tout.

Remarquez maintenant que la condition première pour arriver à ce résultat est d'observer le contrat. Si les membres d'une partie manquent souvent de payer ou ne payent pas la somme convenue, alors, comme les uns sont ruinés et que les autres renoncent à leur occupation, la partie diminue, et, si auparavant elle était simplement capable de remplir son devoir, elle en est incapable maintenant, et la société souffre. Ou bien si les besoins sociaux donnent un grand accroissement à une fonction, et que les membres qui la remplissent soient mis en état d'obtenir pour leurs services des prix extraordinairement élevés, la fidélité aux engagements pris de leur payer ces prix élevés est le seul moyen d'attirer à cette partie un nombre de membres supplémentaires assez considérable pour la rendre capable de suffire à l'augmentation des demandes. Car les citoyens ne viendront pas à cette partie s'ils s'aperçoivent que les hauts prix dont on est convenu ne sont pas payés.

Ainsi, en un mot, la base de toute coopération est la proportion établie entre les bénéfices reçus et les services rendus. Sans cela, il ne peut y avoir de division physiologique du travail; sans cela, il ne peut y avoir de division sociologique du travail. Et puisque la divison du travail, physiologique ou sociologique, profite au tout et à chaque partie, il en résulte que le bien-être à la fois spécial et général dépend du maintien des arrangements qui lui sont nécessaires. Dans une société, de pareils arrangements sont maintenus seulement si les marchés, exprès ou tacites, sont observés. De telle sorte qu'outre cette première condition pour la coexistence harmonique des membres d'une société, à savoir que les unités qui la composent ne doivent pas s'attaquer directement les unes les autres, il y a cette seconde condition qu'elles ne doivent pas s'attaquer indirectement en violant les conventions.

54. Mais nous avons maintenant à reconnaître que l'observation complète de ces conditions, primitives et dérivées, ne suffit pas. La coopération sociale peut être telle que personne ne soit empêché d'obtenir la récompense normale de ses efforts, que chacun, au contraire, soit aidé par un échange équitable de services, et cependant il peut encore rester beaucoup à faire. Il y a une forme théoriquement possible de société, purement industrielle dans ses activités, qui, tout en s'approchant de l'idéal moral dans son code de conduite plus qu'aucune autre société non purement industrielle, n'atteint pas pleinement cet idéal.

Car si l'industrialisme veut que la vie de chaque citoyen soit telle qu'elle puisse se passer sans agressions directes ou indirectes contre les autres citoyens, il n'exige pas que la vie de chacun soit telle qu'elle favorise directement le développement de celle des autres. Ce n'est pas une conséquence nécessaire de l'industrialisme, en tant qu'il est ainsi défini, que chacun, outre les avantages procurés et reçus par l'échange des services, procure ou reçoive d'autres avantages. On peut concevoir une société formée d'hommes dont la vie soit parfaitement inoffensive, qui observent scrupuleusement leurs contrats, qui élèvent avec soin leurs enfants, et qui cependant, en ne se procurant aucun avantage au delà de ceux dont ils sont convenus, n'atteignent pas à ce degré le plus élevé de la vie qui n'est possible qu'autant que l'on rend des services gratuits. Des expériences journalières prouvent que chacun de nous s'exposerait à des maux nombreux et perdrait beaucoup de biens, si personne ne nous donnait une assistance sans retour. La vie de chacun de nous serait plus ou moins compromise s'il nous fallait sans secours et par nous seuls affronter tous les hasards. En outre, si personne ne faisait rien de plus pour ses concitoyens que ce qui est exigé pour la stricte observation d'un contrat, les intérêts privés souffriraient de cette absence de tout souci pour les intérêts publics. La limite de l'évolution de la conduite n'est donc pas atteinte, jusqu'à ce que, non content d'éviter toute injustice directe ou indirecte à l'égard des autres, on soit capable d'efforts spontanés pour contribuer au bien-être des autres.

On peut montrer que la forme de nature qui ajoute ainsi la bienfaisance à la justice est une forme que produit l'adaptation à l'état social. L'homme social n'a pas encore mis sa constitution en harmonie avec les conditions qui forment la limite de l'évolution, tant qu'il reste de la place pour l'accroissement de facultés qui, par leur exercice, causent aux autres un avantage positif et à l'individu lui-même une satisfaction. Si la présence d'autres hommes, en mettant certaines limites à la sphère d'activité de chacun, ouvre certaines autres sphères d'activité dans lesquelles les sentiments, tout en arrivant à leur propre fin, n'ôtent rien, mais ajoutent aux fins des autres, de semblables sphères seront fatalement occupées. La reconnaissance de cette vérité cependant ne nous oblige pas à modifier beaucoup la conception de l'état industriel exposée plus haut, puisque la sympathie est la racine à la fois de la justice et de la bienfaisance.

55. Ainsi le point de vue sociologique de la morale complète les points de vue physique, biologique et psychologique, en permettant de découvrir les seules conditions dans lesquelles des activités associées peuvent s'exercer de telle sorte que la vie complète de chacun s'accorde avec la vie complète de tous et la favorise.

A l'origine, le bien-être de groupes sociaux, ordinairement en antagonisme avec d'autres groupes semblables, prend le pas sur le bien-être individuel, et les règles de conduite, auxquelles on doit alors se conformer, empêchent le complet développement de la vie individuelle, pour que la vie générale puisse être conservée. En même temps, les règles doivent satisfaire autant que possible aux droits de la vie individuelle, puisque le bien-être de l'agrégat dépend, dans une large proportion, du bien-être des unités.

A mesure que les sociétés deviennent moins dangereuses les unes pour les autres, le besoin de subordonner les existences individuelles à la vie générale décroît, et, quand on approche d'un état pacifique, la vie générale, dont le but éloigné a été dès le commencement de favoriser les existences individuelles, fait de ce but son but prochain.

Pendant la transition, des compromis successifs sont rendus nécessaires entre le code moral qui affirme les droits de la société contre ceux des individus et le code moral qui affirme les droits de l'individu contre ceux de la société. Evidemment, aucun de ces compromis, bien qu'ils aient de l'autorité pour un temps, n'a d'expression durable ou définitive.

Par degrés, à mesure que la guerre diminue ; par degrés, à mesure que la coopération imposée par la force, indispensable pour lutter avec les ennemis du dehors, perd de sa nécessité et fait place à la coopération volontaire qui contribue efficacement à assurer la conservation intérieure, le code de conduite qui implique une coopération volontaire devient de plus en plus clair. Et ce code final, permanent, peut seul être formulé en termes définitifs; il constitue ainsi la science de la morale, par opposition à la morale empirique.

Les traits essentiels d'un code sous lequel le développement complet de la vie est assuré par une coopération volontaire, peuvent être indiqués simplement. Ce qui est essentiellement exigé, c'est que les actes utiles à la vie que chacun peut accomplir lui rapportent séparément les sommes et les sortes d'avantages auxquels ils tendent naturellement ; cela suppose d'abord qu'il ne souffrira dans sa personne ou sa propriété aucune agression directe, et, en second lieu, qu'il ne souffrira aucune agression indirecte par violation de contrat. L'observation de ces conditions négatives de toute coopération volontaire ayant facilité la vie au plus haut degré par l'échange de services dont on est convenu, la vie doit être en outre favorisée par l'échange de services qui n'ont été l'objet d'aucune convention, le plus haut développement de la vie étant atteint seulement lorsque, non contents de s'aider mutuellement à rendre leur vie complète par une assistance réciproque spécifiée, les hommes s'aident encore autrement à rendre mutuellement leur vie complète.

CHAPITRE IX

CRITIQUES ET OBSERVATIONS

56. La comparaison des chapitres précédents les uns avec les autres suggère diverses questions auxquelles il faut répondre en partie, sinon complètement, avant d'entreprendre de ramener les principes moraux de leurs formes abstraites à des formes concrètes.

Nous avons vu qu'admettre que la vie consciente est désirable, c'est admettre que la conduite doit être telle qu'elle produise une conscience qui soit désirable, une conscience aussi agréable, aussi peu pénible que possible. Nous avons vu également que cette supposition nécessaire correspond à cette inférence *à priori*, que l'évolution de la vie a été rendue possible seulement par l'établissement de connexions entre les plaisirs et les actions avantageuses, entre les peines et les actions nuisibles. Mais la conclusion générale atteinte par ces deux voies, bien qu'elle couvre le terrain de nos conclusions spéciales, ne nous aide pas à atteindre ces conclusions spéciales.

Si les plaisirs étaient tous d'un seul genre et différaient seulement en degré ; si les peines étaient toutes du même genre et ne différaient que par leur degré ; si la comparaison des plaisirs aux peines pouvait donner des résultats précis, les problèmes de la conduite seraient grandement simplifiés. Si les plaisirs et les peines, qui nous portent à certaines actions ou nous en détournent, étaient simultanément présents à la conscience avec la même vivacité, ou s'ils étaient tous également imminents ou également éloignés dans le temps, les problèmes seraient encore simplifiés par là. Ils le seraient plus encore, si les plaisirs et les peines étaient exclusivement ceux de l'agent. Mais les sentiments désirables et ceux qui ne le sont pas sont de différents genres ; la comparaison quantitative est par là rendue difficile ; quelques-uns sont présents et d'autres futurs ; la difficulté de la comparaison quantitative s'accroît d'autant ; elle s'augmente encore de ce que les uns concernent l'individu lui-même et les autres d'autres personnes. Il en résulte que la direction donnée par le principe auquel nous arrivons d'abord est peu utile, à moins qu'on ne la complète par la direction de principes secondaires.

Déjà, en reconnaissant la subordination nécessaire des sentiments présentatifs aux sentiments représentatifs, et la nécessité qui en résulte de sacrifier dans un grand nombre de cas le présent à l'avenir, nous nous sommes approchés d'un principe secondaire propre à diriger la conduite. Déjà aussi, en reconnaissant les limitations que l'état d'association impose aux actions humaines, avec le besoin qui en résulte de restreindre des sentiments de certains genres par des sentiments d'autres genres, nous avons aperçu un autre principe secondaire. Il reste encore beaucoup à décider touchant les droits relatifs de ces principes de conduite, généraux et spéciaux.

On obtiendra quelque éclaircissement des questions soulevées, en discutant ici certaines vues et certains arguments proposés par les moralistes passés et contemporains.

57. En se servant du nom d'hédonisme pour désigner la théorie morale qui fait du bonheur la fin de toute action, et en distinguant deux formes d'hédonisme, égoïste et général suivant que le bonheur cherché est celui de l'auteur lui-même ou celui de tous, M. Sidgwick fait observer que pour les partisans de cette théorie les plaisirs et les peines sont commensurables. Dans sa critique de l'hédonisme égoïste empirique, il dit :

« L'hypothèse fondamentale de l'hédonisme, clairement établie, est que tous les sentiments, considérés purement comme sentiments, peuvent être disposés de manière à former une certaine échelle de sentiments désirables, de telle sorte que la mesure dans laquelle chacun est désirable ou agréable soit dans un rapport défini avec celle où tous les autres le sont. » (*Méthodes de morale,* 2e édit., p. 115.)

En affirmant que c'est là l'hypothèse de l'hédonisme, il entreprend de montrer toutes les difficultés auxquelles ce calcul donne lieu, apparemment pour en conclure que ces difficultés sont autant d'arguments contre la théorie hédonistique.

Mais, bien qu'on puisse montrer qu'en désignant l'intensité, la durée la certitude et la proximité d'un plaisir ou d'une peine comme autant de traits dont on doit tenir compte pour en apprécier la valeur relative, Bentham a lui-même fait l'hypothèse dont il s'agit, et bien qu'on puisse peut-être avec assez de raison prendre pour accordé que l'hédonisme tel qu'il le représente est identique à l'hédonisme en général, il ne me semble pas cependant que l'hédoniste, empirique ou autre, doive nécessairement admettre cette hypothèse. Que le plus grand excès possible des plaisirs sur les peines doive être la fin de l'action, c'est une croyance qu'il peut encore soutenir sans contradiction après avoir reconnu que les évaluations des plaisirs et des peines sont communément vagues et souvent erronées. Il peut dire que, bien que des choses indéfinies ne soient pas susceptibles de mesures définies, on peut cependant apprécier avec assez de vérité leurs valeurs relatives, lorsqu'elles diffèrent considérablement; il peut dire en outre que, même si leurs valeurs relatives sont impossibles à déterminer, il est encore vrai que celle dont la valeur est plus grande doit être choisie. Ecoutons-le.

« Un débiteur qui ne peut me payer m'offre de racheter sa dette en mettant à ma disposition l'un des différents objets qu'il possède, une parure de diamants, un vase d'argent, un tableau, une voiture. Toute autre question écartée, j'affirme que c'est mon intérêt pécuniaire de choisir parmi ces objets celui qui a le plus de valeur, mais je ne puis dire quel est celui qui a la valeur la plus grande. Cette proposition, que c'est mon intérêt pécuniaire de choisir l'objet le plus précieux, devient-elle douteuse par là? Ne dois-je pas faire mon choix le mieux possible, et, si je choisis mal, dois-je renoncer pour cela à mon principe? Dois-je inférer qu'en affaires je ne puis agir selon cette règle que, toutes choses égales, la transaction la plus profitable est celle qu'il faut préférer, parce que dans plusieurs cas je ne puis dire quelle est la plus profitable et que j'ai souvent choisi celle qui l'est le moins? Parce que je crois que de plusieurs manières d'agir différentes je dois prendre la moins dangereuse, est-ce que je fais « l'hypothèse fondamentale » que les manières d'agir peuvent être classées au point de vue du danger qu'elles offrent, et dois-je abandonner ma croyance si je ne puis les classer ainsi? Si je puis sans contradiction ne pas faire cette classification, je puis également sans contradiction ne pas rejeter le principe que le plus grand excès possible des plaisirs sur les peines doit être la fin de la conduite, sous prétexte que l'on ne peut affirmer que « les plaisirs et les peines soient commensurables ».

A la fin de ses chapitres sur l'hédonisme empirique, M. Sidgwick lui-même dit qu'il « ne pense pas que l'expérience commune du genre humain, examinée impartialement, prouve réeltement que la théorie de l'hédonisme égoïste se détruise nécessairement elle-même; » il ajoute cependant que « l'incertitude du calcul hédonistique, on ne peut le nier, a un grand poids. » Mais, ici encore, l'hypothèse fondamentale de l'hédonisme, à savoir que le bonheur est la fin de l'action, est supposée envelopper l'hypothèse que « les sentiments peuvent être disposés de manière à former une échelle en proportion de leur valeur désirable ». Nous avons vu qu'il n'en est rien : l'hypothèse fondamentale de cette doctrine n'est en aucune façon invalidée par ce fait que les sentiments ne peuvent être ainsi classés

Il y a encore contre l'argument de M. Sidgwick, une objection non moins sérieuse, à savoir que tout ce qu'il dit contre l'hédonisme égoïste vaut, et à plus forte raison, contre l'hédonisme général, ou l'utilitarisme. Il admet que la valeur de cet argument est la même dans les deux cas; « tout le poids, dit-il, que l'on donnera à l'objection faite contre cette hypothèse (que les plaisirs et les peines sont commensurables), retombera nécessairement sur la présente méthode. » Non seulement il en sera ainsi, mais l'objection aura une double valeur. Je n'entends pas seulement par là que, comme il le fait remarquer, l'hypothèse devient singulièrement compliquée si nous tenons compte de tous les êtres sensibles, et si nous considérons la postérité en même temps que la génération actuelle. J'entends que, si l'on prend pour fin à atteindre le plus grand bonheur des individus formant actuellement une seule nation, la série des difficultés que l'on rencontre sur la route de l'hédonisme égoïste se complique d'une autre série de difficultés non moindres, quand nous passons à l'hédonisme général. Car, s'il faut remplir les prescriptions de l'hédonisme général, ce sera sous la direction des jugements individuels, ou des jugements portés par des groupes, ou des uns et des autres à la fois. Or, l'un quelconque de ces jugements, issus d'un seul esprit ou d'un agrégat d'esprits, contient nécessairement des conclusions relatives au bonheur d'autres personnes : de celles-ci, peu sont connues, et l'on n'en a jamais vu le plus grand nombre. Toutes ces personnes ont des natures qui diffèrent de mille manières et à mille degrés des natures de celles qui forment les jugements, et le bonheur dont elles sont capables individuellement diffère de l'une à l'autre, et diffère du bonheur de celles qui forment les jugements. Par conséquent, si à la méthode de l'hédonisme égoïste on peut objecter que les plaisirs et les peines d'un homme en particulier, dissemblables au point de vue du genre, de l'intensité, des circonstances, sont incommensurables, on peut faire valoir contre la méthode de l'hédonisme général qu'à l'impossibilité de mesurer ensemble les plaisirs et les peines de chaque juge en particulier (plaisirs et peines dont il doit se servir comme d'étalons), il faut ajouter maintenant l'impossibilité bien plus manifeste encore de mesurer ensemble les plaisirs et les peines qu'il conçoit comme éprouvés par la foule immense des autres hommes, tous constitués autrement que lui et différemment les uns des autres.

Bien plus, il y a une triple série de difficultés dans la méthode de l'hédonisme général. A la double impossibilité de déterminer la fin s'ajoute celle de déterminer les moyens. Si l'hédonisme, égoïste ou général, doit passer de la théorie morte à la pratique vivante, des actes d'un genre ou d'un autre doivent être résolus pour atteindre les objets qu'on se propose; pour apprécier les deux méthodes, nous avons à considérer jusqu'à quel point peut être jugée l'efficacité des actes respectivement requis. Si, en poursuivant ses propres fins, l'individu est exposé à être conduit par des opinions erronées à mal ajuster ses actes, il est bien plus exposé encore à être conduit par des opinions erronées à mal ajuster des actes plus complexes aux fins plus complexes, qui consistent dans le bien-être d'autres hommes. Il en est ainsi s'il agit isolément pour le bien d'un petit nombre d'autres personnes; et c'est bien pire s'il coopère avec plusieurs pour le bien de tous. Faire du bonheur général l'objet immédiat de ses efforts, implique des instrumentalités gouvernées par des milliers de personnes invisibles et dissemblables, agissant sur des millions d'autres personnes que l'on ne voit pas non plus et qui diffèrent entre elles. Même les facteurs peu nombreux qui sont connus dans cet immense agrégat d'applications et de processus, le sont très imparfaitement; mais la grande majorité est inconnue. De telle sorte que même en supposant l'évaluation des plaisirs et des peines pour la communauté en général plus praticable, ou même aussi praticable que l'évaluation de ses plaisirs ou de ses peines par l'individu, cependant le gouvernement de la conduite, en se proposant la première de ces fins, est bien plus difficile que le gouvernement de la conduite en se proposant l'autre. Par suite, si la méthode de l'hédonisme égoïste n'est pas satisfaisante, bien moins satisfaisante encore pour les mêmes raisons et pour des raisons analogues est la méthode de l'hédonisme général, ou de l'utilitarisme.

Nous découvrons ici la conclusion à laquelle nous nous proposions d'aboutir dans la critique précédente. L'objection faite à la méthode hédonistique contient une vérité; mais elle contient aussi une erreur. Car, tandis que cette proposition, à savoir que le bonheur, individuel ou général, est la fin de l'action, n'est pas affaiblie si l'on démontre que l'on ne peut sous aucune de ces deux formes l'apprécier en mesurant les éléments qui le composent, cependant on peut admettre que la direction dans la poursuite du bonheur donnée par une pure balance des plaisirs et des peines est, si elle est partiellement praticable dans certains cas, futile dans un nombre de cas beaucoup plus considérable. On ne se contredit en aucune manière en affirmant que le bonheur est la fin dernière des actes et en niant, en même temps, qu'on puisse y arriver en faisant du bonheur son but immédiat. Je m'accorde avec M. Sidgwick dans cette conclusion que « nous devons admettre qu'il est désirable de confirmer ou de corriger les résultats de telles comparaisons (des plaisirs et des peines) par une autre méthode à laquelle nous puissions trouver une raison de nous fier; » et je vais plus loin : je dis que dans un grand nombre de cas la direction de la conduite par de semblables comparaisons doit être entièrement mise de côté et remplacée par une autre direction.

58. L'opposition sur laquelle nous insistons ici entre la fin hédonistique considérée d'une manière abstraite, et la méthode que l'hédonisme courant, égoïste ou général, associe à cette fin; l'acceptation de l'une, le rejet de l'autre, nous amènent à une franche discussion de ces deux éléments cardinaux d'une théorie morale. Je puis fort bien commencer cette discussion en critiquant une autre des critiques de M. Sidgwick sur la méthode de l'hédonisme.

Bien que nous ne puissions donner aucune explication des plaisirs simples que les sens nous procurent, parce qu'ils sont indécomposables, nous connaissons distinctement leurs caractères comme états de conscience. D'autre part, les plaisirs complexes, formés par la composition et la recomposition des idées de plaisirs simples, bien qu'on puisse théoriquement les résoudre en leurs éléments, ne sont pas. faciles à résoudre, et la difficulté de s'en former des conceptions intelligibles s'accroît en proportion de l'hétérogénéité de leur composition. Tel est spécialement le cas pour les plaisirs qui accompagnent nos jeux. En traitant de ces plaisirs, en même temps que de ceux de la poursuite en général, pour montrer que « pour se les procurer il ne faut pas y penser », M. Sidgwick s'exprime ainsi :

« Un homme qui met toujours en pratique la doctrine épicurienne, ne s'appliquant qu'à rechercher son propre plaisir, n'est pas dans les véritables dispositions d'esprit que demande cette sorte de chasse; son ardeur n'atteint jamais précisément cette âpreté, ce tranchant qui donne au plaisir tout son goût, toute sa saveur. Ici apparaît ce que nous pouvons appeler le paradoxe fondamental de l'hédonisme, à savoir que l'inclination au plaisir, quand elle est trop prédominante, détruit elle-même son objet. Cet effet n'est pas visible, ou il l'est à peine, dans le cas des plaisirs sensuels passifs. Mais dès qu'il s'agit de nos jouissances actives en général, que les activités auxquelles elles se rapportent soient classées comme « corporelles » ou comme « intellectuelles » (et il en est de même d'un grand nombre de plaisirs émotionnels), il est certain que nous ne pouvons nous les procurer, du moins sous leur forme la meilleure, tant que nous concentrons sur elles tous nos efforts. » (*Méthodes de morale*, 2ᵉ édition, p. 41.)

Eh bien, je ne crois pas que nous devions regarder cette vérité comme paradoxale après avoir analysé comme il faut le plaisir de la poursuite. Les principaux éléments de ce plaisir sont : premièrement, une conscience renouvelée du pouvoir personnel (rendue vive par un succès actuel et partiellement excitée par un succès imminent), laquelle conscience du pouvoir personnel, liée dans l'expérience avec des résultats obtenus de chaque genre, éveille une vague, mais solide conscience d'avantages à obtenir ; et, secondement, une représentation des applaudissements que la reconnaissance de ce pouvoir par les autres nous a valus auparavant, et nous vaudra encore. Les jeux d'adresse nous le prouvent clairement. Considéré comme une fin en lui-même, le beau carambolage que fait un joueur de billard ne procure aucun plaisir. D'où vient donc le plaisir que l'on a à le faire ? En partie de la preuve d'habileté que le joueur se donne à lui-même, en partie de l'admiration supposée chez ceux qui sont témoins de cette démonstration d'habileté ; et cette dernière cause est la principale, car on se fatigue bientôt de faire des carambolages s'il n'y a personne pour les regarder. Si des jeux qui, tout en procurant les plaisirs du succès, ne procurent aucun plaisir qui dérive de la fin considérée en elle-même, nous passons aux exercices dans lesquels la fin, comme source de plaisir, a une valeur intrinsèque, nous voyons en substance la même chose. Bien que l'oiseau qu'un chasseur rapporte soit bon à manger, cependant sa satisfaction vient principalement de ce qu'il a bien tiré et de ce qu'il a ajouté aux témoignages qu'il pourra donner de son adresse. Il éprouve immédiatement le plaisir de l'amour-propre, et il éprouve aussi le plaisir des éloges, sinon immédiatement et pleinement, du moins par représentation ; car le plaisir idéal n'est pas autre chose qu'un renouvellement affaibli du plaisir réel. Ces deux sortes de stimulants agréables présents à l'esprit du chasseur pendant la chasse, constituent la masse des désirs qui l'excitent à la continuer ;

car tous les désirs sont des formes naissantes de sentiments a acquérir par les efforts qu'ils provoquent. Et, bien que pendant la recherche d'un plus grand nombre d'oiseaux ces sentiments représentatifs ne soient pas aussi vivement excités que par le succès récemment obtenu, ils le sont encore par l'imagination de nouveaux succès, et ils font ainsi une jouissance des activités qui constituent la poursuite. Ainsi, en reconnaissant comme vrai que les plaisirs de la poursuite sont beaucoup plus des plaisirs dérivés de l'emploi efficace des moyens que des plaisirs dérivés de la fin elle-même, nous voyons disparaître « le paradoxe fondamental de l'hédonisme ».

Ces remarques concernant la fin et les moyens, et les plaisirs qui accompagnent l'usage des moyens comme ajoutés aux plaisirs dérivés de la fin, je les ai faites pour attirer l'attention sur un fait d'une profonde importance. Pendant l'évolution, il y a eu une superposition de séries nouvelles et plus complexes de moyens sur des séries de moyens plus anciennes et plus simples, et une superposition des plaisirs qui accompagnent l'emploi de ces séries successives de moyens, avec le résultat que chacun de ces plaisirs a fini par devenir lui-même une fin. Nous avons affaire au commencement à un simple animal qui avale tout simplement pour se nourrir ce que le hasard met sur sa route ; et ainsi, comme nous pouvons le supposer, il apaise un certain genre de faim. Nous avons ici la fin primitive de la nutrition avec la satisfaction qui l'accompagne, sous leur forme la plus simple. Nous passons à des types plus élevés qui ont des mâchoires pour saisir et déchirer une proie ; des mâchoires qui, par leur action, facilitent l'achèvement de la fin primitive. En observant les animaux pourvus de ces organes, nous arrivons à nous convaincre que l'usage que ces animaux en font devient agréable par lui-même indépendamment de la fin ; par exemple, un écureuil, toute préoccupation de nourriture mise à part, prend plaisir à ronger tout ce qu'il peut attraper. Passant des mâchoires aux membres, nous voyons que ceux-ci, servant à quelques êtres pour la poursuite, à d'autres pour la fuite, sont également une cause de plaisir par le seul exercice ; c'est ainsi que bondissent les agneaux et que les chevaux se cabrent. Comment l'usage combiné des membres et des mâchoires, primitivement destiné à la satisfaction de l'appétit, devient graduellement agréable par lui-même, nous le découvrons tous les jours si nous remarquons les jeux des chiens. En effet, dans leurs simulacres de combats, ils s'amusent à jeter par terre et à déchirer leur proie, quand ils l'ont saisie, avant de la dévorer. Si nous en venons à des moyens encore plus éloignés de la fin, en particulier à ceux par lesquels on capture les animaux auxquels on fait la chasse, nous reconnaissons encore par l'observation des chiens que, même lorsqu'il n'y a aucun animal à prendre, c'est encore un plaisir que de prendre n'importe quoi. L'ardeur avec laquelle un chien se précipite sur les pierres qu'on jette devant lui, ou avec laquelle il saute et aboie avant de se jeter à l'eau pour y saisir le bâton que l'on tient encore à la main, fait bien voir que, abstraction faite de la satisfaction de saisir une proie, il trouve un plaisir à poursuivre avec succès un objet qui se meut. Nous voyons donc, par tous ces exemples, que le plaisir relatif à l'emploi des moyens pour arriver à une fin devient lui-même une fin.

Si maintenant nous considérons ces moyens comme des phénomènes de conduite en général, nous pouvons discuter quelques faits dignes de remarque, faits qui, si nous en apprécions l'importance, nous aideront à développer nos conceptions morales.

L'un d'eux est que, parmi les séries successives de moyens, les dernières sont les plus éloignées de la fin primitive, sont, comme coordonnant des moyens antérieurs et plus simples, les plus complexes, et sont accompagnées de sentiments qui sont plus représentatifs.

Un autre fait est que chaque série de moyens, avec les satisfactions qui l'accompagnent, finit par devenir à son tour dépendante d'une série qui se produit plus tard. Avant que le gosier avale une proie, il faut que les mâchoires la saisissent ; avant que les mâchoires déchirent et mettent à la portée du gosier un morceau propre à être avalé, il faut la coopération des membres et des sens nécessaire pour tuer la proie ; avant que cette coopération ait à s'exercer, il faut la coopération bien plus longue qui constitue la chasse, et même avant celle-ci, il faut des activités persistantes des membres, des yeux et du nez pour chercher la proie. Le plaisir qui se rapporte à chaque série d'actes, en rendant possible le plaisir qui se rattache à la série d'actes qui suit, est joint à une représentation de cette série subséquente d'actes et du plaisir qu'elle procure, et des autres aussi dans l'ordre de leur succession ; de telle sorte que, parallèlement aux sentiments qui accompagnent la recherche de la proie, se développent partiellement les sentiments qui accompagnent la chasse réelle, la destruction réelle, l'acte de dévorer et enfin la satisfaction de l'appétit.

Un troisième fait est que l'usage de chaque série de moyens dans un ordre convenable constitue une obligation. La conservation de sa vie étant regardée comme la fin de sa conduite, l'être vivant est obligé d'employer successivement les moyens de trouver une proie, les moyens de prendre une proie, les moyens de tuer une proie, les moyens de dévorer une proie.

En dernier lieu, il suit que bien que l'apaisement de la faim, directement associé au soutien de la vie, reste au bout du compte la dernière fin, cependant l'emploi heureux de chaque série de moyens est à son tour la fin prochaine, la fin qui prend temporairement le plus d'autorité.

59. Les rapports entre moyens et fins ainsi suivis à travers les premières phases de l'évolution de la conduite peuvent être suivis à travers les dernières, et ils restent vrais de la conduite humaine, même jusque dans ses formes les plus élevées. A mesure que, pour mieux assurer la conservation de la vie, les séries les plus simples de moyens, et les plaisirs qui en accompagnent l'usage, viennent à être complétées par les séries plus complexes de moyens et leurs plaisirs, celles-ci commencent à avoir le premier rang dans le temps et au point de vue de l'autorité. Employer efficacement chaque série plus complexe de moyens devient la fin prochaine, et le sentiment qui s'ensuit devient l'avantage immédiatement cherché, bien qu'il puisse y avoir et qu'il y ait habituellement une conscience associée des fins éloignées et des avantages éloignés à obtenir. Un exemple rendra ce parallélisme évident.

Absorbé par ses affaires, le négociant à qui l'on demande quel est son but principal dira : C'est de gagner de l'argent. Il convient volontiers qu'il désire l'achèvement de cette fin pour rendre plus facile l'accomplissement de fins ultérieures. Il sait qu'en cherchant directement à gagner de l'argent, il cherche indirectement à se procurer des aliments, des habits, un logement et tous les avantages de la vie pour lui et pour sa famille. Mais, en admettant que l'argent n'est qu'un moyen pour arriver à ces fins, il soutient que les actions qui rapportent de l'argent précèdent dans l'ordre du temps et de l'obligation les actions diverses et les plaisirs concomitants auxquels les premières peuvent servir, et il atteste ce fait que gagner de l'argent est devenu une fin en soi, et que le succès de cette opération est une source de plaisir, indépendamment de ces fins plus éloignées.

D'un autre côté, en observant avec plus d'attention les procédés du négociant, nous trouvons que, bien qu'il cherche à gagner de l'argent pour arriver à vivre confortablement, bien que, pour gagner de l'argent, il achète et vend avec des bénéfices qui deviennent ainsi un moyen plus immédiatement poursuivi, cependant il est principalement occupé de moyens encore plus éloignés des fins ultimes, et par rapport auxquels même la vente à profit devient une fin. Car, laissant à des subordonnés le soin de vendre et de recevoir les produits, il est occupé lui-même de ses affaires générales, de recherches concernant les marchés, d'appréciations sur les prix futurs, de calculs, de négociations, de correspondances : il n'a d'autre souci à chaque instant que de bien faire chacune de ces choses, qui servent indirectement à assurer des profits. Ces fins précèdent au point de vue du temps et de l'obligation l'exécution de ventes profitables, tout comme l'exécution de ventes profitables précède le but qui est de gagner de l'argent, tout comme ce gain précède la fin qui est de vivre agréablement.

Sa comptabilité est encore le meilleur exemple du principe en général. Les inscriptions au compte débiteur et au compte créditeur sont faites jour par jour ; les articles sont classés et disposés de telle sorte que l'état de chaque compte puisse être relevé et vérifié en un moment ; ensuite, de temps en temps, la balance des livres est faite, et il faut que le résultat soit juste à un penny près : on est content si l'exactitude est prouvée, et une erreur est une cause d'ennuis. Si vous demandez pourquoi ces procédés si minutieux, si éloignés du fait de gagner réellement de l'argent, et encore plus éloignés des jouissances de la vie, on vous répondra que cette manière de tenir correctement les comptes est une condition à remplir pour arriver à gagner de l'argent, et devient en elle-même une fin prochaine, un devoir à accomplir pour que l'on puisse accomplir le devoir de gagner des revenus, pour que l'on puisse accomplir le devoir de pourvoir à son entretien, à celui de sa femme et de ses enfants.

En nous approchant, comme nous le faisons ici, de l'obligation morale, n'avons-nous pas montré ses rapports avec la conduite en général ? N'est-il pas clair que l'observation des principes moraux est l'accomplissement de certaines conditions générales pour que des activités spéciales puissent s'exercer avec succès ? Pour que le négociant puisse prospérer, il doit non seulement tenir ses livres avec exactitude, mais encore payer ceux qu'il emploie selon les conventions faites, et tenir ses engagements avec ses créanciers. Ne pouvons-nous pas dire, par conséquent, que la conformité à la seconde et à la troisième de ces obligations est, comme la conformité à la première, un moyen indirect d'employer le moyen plus direct d'arriver au bien-être ? Ne pouvons-nous pas dire, aussi, que comme l'emploi de chaque moyen plus indirect dans un ordre convenable devient lui-même une fin et une source d'avantages, il finit par en être de même de l'emploi de ce moyen le plus indirect ? Et ne pouvons-nous pas inférer que, bien que la conformité aux obligations morales l'emporte en autorité sur la conformité aux autres obligations, cependant cette autorité naît du fait que l'accomplissement des autres obligations, par soi-même, par les autres, ou par soi-même et les autres à la fois, est ainsi favorisé ?

60. Cette question nous ramène à un autre aspect de la question déjà soulevée. En disant que l'utilitarisme empirique n'est qu'une introduction à l'utilitarisme rationnel, je voulais faire entendre que le dernier ne prend pas le bien-être pour l'objet immédiat à poursuivre, mais considère comme son objet immédiat la conformité à certains principes qui, dans la nature des choses, déterminent d'une manière causale le bien-être. Nous voyons maintenant que cela revient à reconnaître cette loi que l'on peut suivre à travers l'évolution de la conduite en général, à savoir que tout ordre plus nouveau et plus élevé de moyens prend le pas dans le temps et au point de vue de l'autorité sur tout autre ordre de moyens plus ancien et plus simple. Le contraste entre les méthodes morales, ainsi distingué et rendu suffisamment clair par les développements qui précèdent, sera rendu plus clair encore si l'on considère comment ces deux méthodes ont été mises en opposition par le principal représentant de l'utilitarisme empirique. Traitant du but de la législation, Bentham écrit :

« Mais que devons-nous entendre par le mot justice? et pourquoi pas bonheur au lieu de justice? Ce que c'est que le bonheur, tout le monde le sait, parce que tout le monde sait ce que c'est que le plaisir et ce que c'est que la douleur. Mais ce que c'est que la justice, c'est à chaque instant un sujet de discussion. Que l'on entende ce que l'on voudra par ce mot, à quelle considération a-t-il droit autrement que comme moyen d'arriver au bonheur [1]. »

Considérons d'abord l'affirmation de Bentham sur l'intelligibilité relative de ces deux fins ; nous examinerons ensuite ce qui résulte de la préférence donnée au bonheur sur la justice.

L'affirmation positive de Bentham que « tout le monde sait ce que c'est que le bonheur, parce que tout le monde sait ce que c'est que le plaisir, » est contredite par des affirmations également positives. « Qui peut dire, demande Platon, ce que c'est réellement que le plaisir, ou le connaître dans son essence, excepté le philosophe, qui seul est en relation avec les

---

1. *Code constitutionnel*, chap. XVI, Législation suprême; section VI, *Omnicompétence.*

réalités[1]? » Aristote, aussi, après avoir commenté les différentes opinions soutenues par le vulgaire, par le politique, par le contemplatif, dit du bonheur que « aux uns il paraît être la vertu, à d'autres la prudence, et à d'autres encore un certain genre de sagesse ; ceux-ci joignent à ces conditions ou à quelqu'une d'elles la volupté, ou du moins exigent qu'elle ne soit pas exclue; ceux-là y comprennent aussi l'abondance des biens extérieurs[2]. » Aristote, comme Platon, arrive à cette remarquable conclusion que les plaisirs de l'intelligence, auxquels on parvient par la vie contemplative, constituent le plus haut degré du bonheur[3] !

Combien les désaccords sur la nature du bonheur et les valeurs relatives des plaisirs, ainsi manifestés dans l'antiquité, se perpétuent dans les temps modernes, on le voit par la discussion de M. Sidgwick sur l'hédonisme égoïste, dont nous avons cité plus haut un passage. En outre, comme nous l'avons déjà fait remarquer, le défaut de précision dans l'appréciation des plaisirs et des peines, déjà marqué dans la méthode de l'hédonisme égoïste, tel qu'il est conçu d'ordinaire, est immensément accru quand on passe à l'hédonisme universel comme on le conçoit ordinairement ; cette dernière théorie implique en effet que les plaisirs et les peines que l'imagination fait attribuer aux autres doivent être appréciés à l'aide de ces mêmes plaisirs et de ces mêmes peines comme on les éprouve soi-même, et qui sont déjà si difficiles à apprécier. Il est surprenant qu'après avoir observé les différentes entreprises où certains hommes s'engagent avec passion et que d'autres évitent, après avoir considéré les différentes opinions touchant la valeur de telle ou telle occupation, de tel ou tel amusement, exprimées à toutes les tables, on affirme que l'on peut s'accorder entièrement sur la nature du bonheur, au point d'en faire utilement la fin directe d'une action législative.

La seconde affirmation de Bentham, que la justice est inintelligible comme fin, n'est pas moins surprenante. Bien que les hommes primitifs n'aient pas de mots pour le bonheur ou la justice, cependant on peut découvrir même chez eux un commencement de conception de la justice. La loi du talion, d'après laquelle le meurtre commis par le membre d'une tribu sur un membre d'une autre tribu doit être compensé par la mort du meurtrier ou celle d'un membre quelconque de sa tribu, nous fait voir sous une forme vague cette notion de l'égalité de traitement qui forme un élément essentiel de l'idée de justice.

1. *Républ.*, liv. IX.
2. *Mor. à Nicomaque*, liv. I, chap. VIII.
3. Liv. X, chap. 7.

Quand nous arrivons à ces races encore primitives qui ont donné à leurs pensées et à leurs sentiments une forme littéraire, nous trouvons que cette conception de la justice, en tant qu'elle implique l'égalité d'action, devient distincte. Chez les Juifs, David exprimait cette association d'idées, lorsque, priant Dieu « d'entendre le droit », il disait : « Que ma sentence sorte de ta présence, que tes yeux s'abaissent sur les choses qui sont égales; » et aussi, parmi les premiers chrétiens, Paul écrivait dans le même sens aux Colossiens : « Maîtres, donnez à vos serviteurs ce qui est juste et égal. » Expliquant les différents sens du mot justice, Aristote conclut en disant : « Le juste sera donc ce qui est légitime et égal; l'injuste, ce qui est illégitime et inégal. Mais puisqu'un homme injuste est aussi un homme qui prend plus que sa part, etc. » Les Romains ont prouvé qu'ils concevaient la justice de la même manière en donnant au mot juste le sens d'exact, de proportionné, d'impartial, chacun de ces mots impliquant l'exactitude d'un partage, et encore mieux en identifiant le terme de justice avec celui d'équité, qui dérive d'*æquus*, le mot *æquus* ayant lui-même, entre autres significations, celle de juste ou d'impartial.

Cette coïncidence de vues chez les peuples anciens sur la nature de la justice s'est étendue aux peuples modernes; ceux-ci, par un accord général sur certains principes fondamentaux auxquels leurs systèmes de lois donnent un corps, en défendant les agressions directes, lesquelles sont des formes d'actions inégales, et en défendant les agressions indirectes par violation de contrats, autres formes d'actions inégales, nous font voir que la justice est identifiée à l'égalité. Bentham a donc tort de dire : « Mais qu'est-ce que la justice? C'est un sujet de dispute en toute occasion. » Il a même plus tort qu'il ne le semble jusqu'ici. Car, en premier lieu, il a grand tort de ne pas reconnaître que, dans quatre-vingt-dix-neuf transactions sur cent qui se font chaque jour entre les hommes, il ne s'élève aucune dispute sur la justice; l'affaire faite est reconnue de part et d'autre comme faite conformément à la justice. En second lieu, si par rapport à la centième transaction il y a une dispute, ce n'est pas sur la question de savoir « ce que c'est que la justice », car on admet que c'est l'équité ou l'égalité; mais l'objet de la discussion est toujours de savoir ce qui, dans telles circonstances particulières, constitue l'égalité — question tout à fait différente.

Il n'est donc pas évident de soi-même, comme le prétend Bentham, que le bonheur est une fin intelligible, tandis qu'il n'en est pas ainsi de la justice; au contraire, l'examen que nous venons de faire montre évidemment que la justice est bien plus intelligible comme fin. L'analyse fait voir pourquoi elle est plus intelligible. Car la justice, ou l'équité, ou l'égalité, se rapporte exclusivement à la *quantité* dans des *conditions déterminées ;* tandis que le bonheur se rapporte à la fois à la *quantité* et à la *qualité* dans des *conditions non déterminées*. Lorsque, comme dans le cas d'un vol, un bien est pris, sans qu'aucun bien équivalent soit prouvé; lorsque, comme dans le cas où l'on achète des marchandises falsifiées, où l'on est payé en fausse monnaie, ce qu'il était convenu de donner en échange comme ayant une valeur égale n'est pas donné, mais bien quelque chose de moindre valeur; lorsque, comme dans le cas de la violation d'un contrat, l'obligation a été remplie d'un côté, tandis qu'elle ne l'a pas été de l'autre, ou du moins l'a été d'une manière incomplète ; nous voyons que, *les circonstances étant spécifiées*, l'injustice dont on se plaint se rapporte à des sommes relatives d'actions, ou de produits, ou d'avantages, dont les natures ne sont reconnues qu'autant qu'il est nécessaire pour dire s'il a été donné, ou fait, ou attribué *autant*, par chacun de ceux que cela regarde, qu'il était tacitement ou ouvertement entendu pour que ce fût un *équivalent*. Mais quand la fin proposée est le bonheur, *les circonstances restant non spécifiées*, le problème est d'estimer à la fois des quantités et des qualités, sans avoir le secours de mesures définies comme en supposent les actes d'échange, ou les contrats, ou la différence des actions d'un homme qui attaque et d'un homme qui se défend. Le simple fait que Bentham comprend comme éléments d'appréciation de chaque plaisir ou chaque peine, son intensité, sa durée, sa certitude et sa proximité, suffit pour montrer combien le problème est difficile. Si l'on se rappelle que tous les plaisirs et toutes les peines, non pas sentis en des cas particuliers seulement, mais dans l'ensemble des cas, et considérés séparément sous ces quatre aspects, doivent encore être comparés l'un avec l'autre, de telle sorte que l'on puisse déterminer leurs valeurs relatives simplement par introspection, il sera manifeste à la fois que le problème se complique par l'addition de jugements indéfinis de qualités à des mesures indéfinies de quantités, et se complique en outre par la multitude de ces estimations vagues qu'il faut faire et additionner entre elles.

Mais, en laissant maintenant de côté cette assertion de Bentham que le bonheur est une fin plus intelligible que la justice, ce qui est, comme nous l'avons montré, le contraire de la vérité, voyons les conséquences particulières de la doctrine d'après laquelle le corps législatif suprême doit se proposer immédiatement comme but le plus grand bonheur du plus grand nombre.

Elle implique, en premier lieu, que le bonheur peut être atteint par des méthodes faites tout exprès pour arriver à ce but, sans aucune recherche préalable relativement aux conditions à remplir, et cela présuppose une croyance qu'il n'y a pas de conditions. Car, s'il y a des conditions sans l'observation desquelles on ne peut parvenir au bonheur, la première démarche doit être de s'assurer de ces conditions pour se mettre en mesure de les remplir ; admettre cela, c'est admettre que le bonheur ne doit pas être lui-même la fin immédiate, et que l'on doit avant tout remplir les conditions nécessaires pour l'atteindre. Le dilemme est simple : ou bien l'achèvement du bonheur n'est pas conditionnel, et dans ce cas un mode d'action est aussi bon qu'un autre ; ou bien il est conditionnel, et dans ce cas l'on doit rechercher directement le mode d'action requis pour y atteindre, et non le bonheur auquel il conduit.

Supposant accordé, comme cela doit être, qu'il y a des conditions à remplir avant de pouvoir arriver au bonheur, demandons maintenant ce qui est impliqué par le fait de proposer des modes de contrôler la conduite pour favoriser le bonheur, sans rechercher d'abord si ces modes sont déjà connus. Ce qui est impliqué, c'est que l'intelligence humaine, dans le passé, opérant sur des expériences, n'a pas réussi à découvrir ces modes, tandis que l'intelligence humaine peut s'attendre aujourd'hui à les découvrir. A moins d'affirmer cela, il faut admettre que certaines conditions pour arriver au bonheur ont déjà été partiellement, sinon entièrement, reconnues, et s'il en est ainsi, notre premier souci doit être de les chercher. Quand nous les aurons trouvées, la méthode rationnelle que nous avons à suivre est d'appliquer l'intelligence actuelle à ces produits de l'intelligence passée, dans l'attente qu'elle vérifiera ce qu'ils ont d'essentiel en en corrigeant peut-être la forme. Mais supposer que l'on n'a encore établi aucun principe régulateur pour la conduite des hommes associés, et qu'il faut les établir maintenant *de novo*, c'est supposer que l'homme tel qu'il est diffère à un degré incroyable de l'homme tel qu'il était.

Outre qu'il n'admet pas qu'il est probable, ou plutôt certain que l'expérience passée généralisée par l'intelligence passée doit avoir en ce temps-ci découvert partiellement, sinon entièrement, quelques-unes des conditions essentielles du bonheur, Bentham fait voir par sa proposition qu'il ne tient pas compte des formules qui les représentent aujourd'hui. D'où viennent en effet la conception de la justice et le sentiment qui lui correspond ? Il n'osera pas dire que cette conception et ce sentiment ne signifient rien, bien que ce soit le sens de sa proposition, et s'il admet qu'ils signifient quelque chose, il doit choisir entre deux alternatives, fatales l'une et l'autre à son hypothèse. Sont-ce des modes de penser et de sentir produits d'une manière surnaturelle et tendant à faire remplir par les hommes les conditions du bonheur? S'il en est ainsi, leur autorité est péremptoire. Sont-ce des modes de penser et de sentir naturellement produits en l'homme par l'expérience de ces conditions? S'il en est ainsi, leur autorité n'est pas moins péremptoire. Ainsi non seulement Bentham a le tort de ne pas inférer que certains principes de conduite doivent être déjà établis, mais il refuse de reconnaitre ces principes comme réellement obtenus et présents devant lui.

Cependant il admet tacitement ce qu'il nie ouvertement, en disant : « Que le mot justice signifie ce qu'il voudra, à quel titre mérite-t-il d'être considéré, si ce n'est comme moyen d'arriver au bonheur? » En effet, si la justice est un moyen dont le bonheur est la fin, la justice doit prendre le pas sur le bonheur comme tout autre moyen précède toute autre fin. Le système si élaboré de Bentham est un moyen qui a le bonheur pour fin, comme la justice, de son propre aveu, est un moyen de tendre au bonheur. Si donc nous pouvons véritablement négliger la justice et aller directement à la fin, au bonheur, nous pouvons aussi bien ne pas tenir compte du système de Bentham et aller directement à la fin, au bonheur. En un mot, nous sommes conduits à cette conclusion remarquable que dans tous les cas nous devons considérer exclusivement la fin et ne pas nous préoccuper des moyens.

61. Ce rapport entre les fins et les moyens, qui est à la base de toute spéculation morale, sera rendu plus clair encore si nous joignons à quelques-unes des conclusions exposées ci-dessus certaines conclusions obtenues dans le dernier chapitre. Nous verrons que, tandis que le plus grand bonheur peut varier beaucoup dans des sociétés qui, bien qu'idéalement constituées, sont soumises à des circonstances physiques différentes, certaines conditions fondamentales, pour atteindre ce plus grand bonheur, sont communes à toutes ces sociétés.

Étant donné un peuple habitant un pays qui rend nécessaires des habitudes nomades, le bonheur de chaque individu sera le plus grand lorsque sa nature sera si bien façonnée aux exigences de sa vie, que toutes ses facultés trouvent leur exercice convenable dans les occupations journalières que donnent la conduite et le soin des troupeaux, les migrations, et ainsi de suite. Les membres d'une semblable peuplade, mais sous d'autres rapports sédentaire, atteindront chacun leur plus grand bonheur, lorsque leur nature sera devenue telle qu'une résidence fixe et les occupations qu'elle rend nécessaires fournissent les sphères dans lesquelles chaque instinct, chaque émotion peut s'exercer et produire le plaisir qui accompagne cet exercice. Les citoyens d'une grande nation, dont l'organisation est industrielle, ont atteint l'idéal de bonheur possible, lorsque la production, la distribution et les autres activités sont telles, dans leurs genres et leurs quantités, que chaque citoyen y trouve une place pour ses forces et ses aptitudes, en même temps qu'il obtient les moyens de satisfaire tous ses désirs. Nous pouvons encore reconnaître non seulement comme possible, mais comme probable l'existence éventuelle d'une société, industrielle également, dont les membres, ayant des natures qui répondent de la même manière à ces exigences, sont aussi caractérisés par des facultés esthétiques dominantes et n'arrivent au bonheur complet que si une grande partie de leur vie est consacrée à des occupations artistiques. Évidemment ces différents types d'hommes, avec leurs différentes idées du bonheur, trouvant chacun le moyen d'arriver à ce bonheur dans leur propre société, ne le trouveraient plus s'ils étaient transportés dans une autre. Evidemment, bien qu'ils puissent avoir en commun les genres de bonheur qui accompagnent la satisfaction des besoins vitaux, ils n'auraient pas en commun d'autres genres particuliers de bonheur.

Mais remarquez maintenant que si, pour arriver au plus grand bonheur dans chacune de ces sociétés, les conditions spéciales à remplir diffèrent de celles qui doivent être remplies dans les autres sociétés, cependant certaines conditions générales doivent être remplies dans toutes les sociétés. Une coopération harmonieuse, par laquelle seule on peut arriver dans n'importe laquelle d'entre elles au plus grand bonheur, est, nous l'avons vu, rendue possible uniquement par le respect des droits des uns par les autres; il ne doit y avoir ni ces agressions directes que nous considérons comme des crimes contre les personnes et les propriétés, ni ces agressions indirectes qui consistent dans la violation des contrats. De telle sorte que le maintien de relations équitables entre les hommes est la condition pour parvenir au plus grand bonheur dans toutes les sociétés, bien que le plus grand bonheur réalisable dans chacune d'elles puisse être très différent de l'une à l'autre en nature ou en quantité, ou à ces deux points de vue à la fois.

On peut fort bien emprunter à la physique une comparaison pour donner la plus grande netteté à cette vérité cardinale. Une masse de matière de n'importe quelle espèce conserve son état d'équilibre interne aussi longtemps que les particules dont elle est composée se tiennent séparément vis-à-vis de leurs voisines dans des positions équidistantes. Si nous acceptons les conclusions des physiciens modernes d'après lesquels chaque molécule a un mouvement rythmique, un état d'équilibre implique que chacune d'elles exécute son mouvement dans un espace borné par les espaces semblables nécessaires aux mouvements de celles qui l'entourent. Si les molécules sont agrégées de telle sorte que les oscillations de quelques-unes soient plus restreintes que les oscillations des autres, il y a une instabilité proportionnée. Si le nombre de celles qui sont ainsi gênées est considérable, l'instabilité est telle que la cohésion d'une certaine partie est exposée à disparaître, et il en résulte une fêlure. Si les excès de ralentissement sont grands et nombreux, la moindre perturbation fait que la masse se brise en petits fragments. Ajoutez à cela que le moyen reconnu de remédier à cet état instable est de soumettre la masse à de telles conditions physiques (ordinairement une haute température) que les molécules puissent changer leurs positions relatives et rendre leurs mouvements égaux de tous côtés. Remarquez maintenant que cela est vrai quelle que soit la nature des molécules. Elles peuvent être simples, elles peuvent être composées, elles peuvent être composées de telle ou telle matière, de telle ou telle manière. En d'autres termes, les activités spéciales de chaque molécule, constituées par les mouvements relatifs de ses unités, peuvent être de genres et de degrés différents; et cependant, quelles qu'elles soient, reste vrai que, pour maintenir l'équilibre interne de la masse de molécules, les limitations mutuelles de leurs activités doivent être partout semblables.

C'est là aussi, comme nous l'avons montré, la condition nécessaire à l'équilibre social, quelles que soient les natures spéciales des personnes associées. En supposant qu'à l'intérieur de chaque société les personnes soient du même type et aient besoin pour remplir leur vie de déployer chacune en particulier des activités analogues, bien que ces activités puissent être d'une sorte dans une société et d'une autre sorte dans une autre, et cela avec une variété indéfinie, du moins cette condition de l'équilibre social n'admet pas de variation. Elle doit être remplie pour que la vie complète, c'est-à-dire le plus grand bonheur, puisse être atteinte dans toute société, quelle que puisse être la qualité de cette vie ou de ce bonheur [1].

---

[1]. C'est cette nécessité universelle que j'avais en vue, quand j'ai choisi pour mon premier ouvrage, publié en 1850, le titre de *Statique sociale*.

62. Après avoir ainsi observé comment les moyens et les fins dans la conduite sont en rapport les uns avec les autres, et comment il en sort certaines conclusions par rapport à leur valeur relative, nous pouvons découvrir un moyen de réconcilier certaines théories morales qui sont opposées entre elles. Elles expriment séparément des portions de la vérité, et il faut simplement les combiner dans un ordre convenable pour avoir la vérité tout entière.

La théorie théologique contient une part de la vérité. Si à la volonté divine que l'on suppose révélée d'une manière surnaturelle, nous substituons la fin révélée d'une manière naturelle vers laquelle tend la puissance qui se manifeste par l'évolution, alors, puisque l'évolution a tendu et tend encore vers la vie la plus élevée, il s'ensuit que se conformer aux principes par lesquels s'achève la vie la plus élevée, c'est favoriser l'accomplissement de cette fin. La doctrine d'après laquelle la perfection ou l'excellence de nature devrait être l'objet de notre poursuite est vraie en un sens, car elle reconnaît tacitement la forme idéale d'existence que la vie la plus haute implique et à laquelle tend l'évolution. Il y a une vérité aussi dans la doctrine que la vertu doit être le but de nos efforts, car cette doctrine est une autre forme de la doctrine d'après laquelle nous devons nous efforcer de remplir les conditions pour arriver à la vie la plus haute. Que les intuitions d'une faculté morale doivent guider notre conduite, c'est une proposition qui contient une vérité; car ces intuitions sont les résultats lentement organisés des expériences reçues par la race vivant en présence de ces conditions. Et il est incontestablement vrai que le bonheur est la fin suprême, il doit accompagner la vie la plus élevée que chaque théorie de direction morale a distinctement ou vaguement en vue.

Si l'on comprend ainsi leurs positions relatives, les systèmes de morale qui font de la vertu, du bien, du devoir le but principal de nos efforts sont, on le voit, complémentaires des systèmes de morale qui font du bien-être, du plaisir, du bonheur le but principal de nos efforts. Bien que les sentiments moraux produits chez les hommes civilisés par un contact journalier avec les conditions sociales et une adaptation graduelle à ces conditions, soient indispensables pour les porter à agir ou les en détourner, et bien que les intuitions correspondant à ces sentiments aient, en vertu de leur origine, une autorité générale qu'il faut reconnaître avec respect, cependant les sympathies et les antipathies qui en sont sorties, en même temps que leurs expressions intellectuelles, sont, sous leurs formes primitives, nécessairement vagues. Pour rendre la direction qu'elles donnent adéquate à tous les besoins, leurs prescriptions ont besoin d'être interprétées et mieux définies par la science ; pour arriver à ce résultat, il faut analyser les conditions de vie complète auxquelles elles répondent et dont l'influence persistante les a fait naître. Une telle analyse nécessite la reconnaissance du bonheur pour chacun et pour tous comme la fin à atteindre en remplissant ces conditions.

Par suite, en accordant aux diverses théories morales l'importance qu'elles méritent, la conduite sous sa forme la plus élevée prendra comme guides les perceptions innées du bien convenablement éclairées et rendues précises par une intelligence analytique ; cette intelligence aura conscience, en même temps, que ces guides sont approximativement suprêmes seulement parce qu'ils conduisent à la fin suprême par excellence. le bonheur spécial et général.

CHAPITRE X

LA RELATIVITÉ DES PEINES ET DES PLAISIRS

63. Nous devons maintenant exposer avec tous les développements qu'elle comporte une vérité d'importance capitale comme donnée de l'éthique, à laquelle nous avons fait allusion incidemment dans le paragraphe précédent. Je parle de cette vérité que non seulement les hommes de différentes races, mais encore les différents hommes de même race, et même les mêmes hommes aux différentes périodes de la vie, se font du bonheur des idées différentes. Bien qu'il y ait quelque reconnaissance de ce fait chez les moralistes, cependant cette reconnaissance est insuffisante, et c'est à peine s'ils ont soupçonné les conclusions à tirer de cette relativité du bonheur, lorsqu'on l'a pleinement reconnue.

C'est une croyance universelle dans l'enfance, une croyance qui ne se corrige que partiellement plus tard chez beaucoup de gens, et ne disparaît complètement que chez bien peu d'hommes, qu'il y a quelque chose d'intrinsèque dans le caractère agréable de certaines choses, tandis que certaines autres sont désagréables d'une manière intrinsèque. Cette erreur ressemble et tient de près à celle que cause un grossier réalisme. Pour un esprit qui n'est pas cultivé, il semble évident de soi que la douceur du sucre est inhérente au sucre, que le son tel que nous le percevons est le son tel qu'il existe dans le monde extérieur, et que la chaleur qui vient d'un feu est en elle-même ce qu'elle paraît; de même, il paraît évident de soi que la douceur du sucre est nécessairement agréable, qu'il y a dans la beauté des sons quelque chose qui doit être beau pour tous les êtres, et que la sensation agréable produite par la chaleur est une sensation que toute autre conscience doit trouver agréable.

Mais, comme la critique prouve la fausseté d'une série de ces conclusions, elle doit prouver aussi la fausseté des autres. Non seulement les qualités des choses extérieures telles que les perçoit l'intelligence sont relatives à notre propre organisme, mais les caractères agréables ou désagréables des sensations que nous associons avec ces qualités sont également relatifs à notre propre organisme. Ils le sont en un double sens : ils sont relatifs à ses tissus, et ils sont relatifs aux états de ses tissus.

Nous ne devons pas nous borner à accepter purement et simplement en paroles ces vérités générales; pour les apprécier de manière à en voir toute la portée en morale, nous allons voir comment elles s'appliquent aux êtres vivants en général. Quand nous aurons considéré en effet la grande différence de sensibilité qui accompagne la grande diversité d'organisations produites par l'évolution, nous serons plus capables de voir les divergences de sensibilité qu'il faut attendre des progrès de l'évolution dans l'humanité.

64. Comme nous pouvons être plus brefs sur les peines, commençons par elles; une autre raison pour nous en occuper d'abord est que nous pouvons ainsi reconnaître tout de suite, et ensuite laisser de côté, les états de sensibilité dont les qualités peuvent être regardées comme absolues plutôt que comme relatives.

Les sensations douloureuses produites par des forces qui tendent à détruire les tissus organiques, tout entières ou en partie, sont nécessairement communes à tous les êtres capables de sentir. Il est inévitable, comme nous l'avons vu, que, durant l'évolution, il y ait partout de telles connexions entre les actions externes et les modes de conscience qui en résultent, que les actions nuisibles soient accompagnées de sensations désagréables, et les actions avantageuses de sensations agréables. Par conséquent, les pressions, les violences qui meurtrissent ou déchirent, les chaleurs qui brûlent ou échaudent, étant dans tous les cas partiellement ou totalement destructives, sont dans tous les cas douloureuses.

Mais, même ici, nous pouvons en un sens affirmer la relativité des sensations. Car l'effet d'une force de quantité et d'intensité données varie en partie avec la grandeur et en partie avec la structure de l'être soumis à cette force. Le poids qui est à peine senti par un animal de grande taille écrase un petit animal; le coup qui cassera la patte d'une souris produit peu d'effet sur un cheval; l'arme qui blesse un cheval ne cause aucun dommage à un rhinocéros. Avec ces différences de nocuité se produisent évidemment des différences de sensibilité. Après ce simple coup d'œil jeté sur les exemples de cette vérité fournis par les êtres sentants en général, considérons les exemples fournis par l'humanité.

Comparons les hommes robustes qui se livrent aux travaux manuels, avec les femmes et les enfants ; nous verrons que des degrés d'efforts mécaniques que les premiers supportent impunément produisent chez les autres des dommages et les douleurs qui les accompagnent. On produira des ampoules sur une peau tendre par des frictions dont le même nombre ne ferait pas seulement rougir une peau grossière ; un coup qui brisera les vaisseaux sanguins superficiels, et amènera par suite une décoloration chez une personne aux tissus lâches, ne laissera même pas de traces sur des tissus fermes et bien portants : ce sont là des exemples suffisants de ce contraste.

Cependant les peines dues à l'action violente de forces extérieures ne sont pas seulement relatives aux caractères ou aux qualités constitutionnelles des parties directement affectées; elles sont relatives, d'une manière tout aussi marquée ou même plus marquée, aux caractères des structures nerveuses. On croit communément que des dommages corporels égaux produisent des douleurs égales. C'est une méprise. L'extraction d'une dent ou l'amputation d'un membre cause aux différentes personnes des souffrances d'intensité très différente ; ce n'est pas la force à supporter la douleur, mais encore la sensation à supporter, qui varie grandement, et cette variation dépend surtout du développement nerveux. On le voit clairement par la grande insensibilité des idiots, qui supportent avec indifférence les coups, les coupures et les plus hauts degrés du chaud ou du froid [1]. La relation, ainsi montrée de la manière la plus marquée lorsque le développement du système nerveux central est faible d'une manière anormale, se montre à un moindre degré lorsque le développement est normalement faible, par exemple chez les races humaines inférieures. Beaucoup de voyageurs ont parlé de l'étrange insensibilité qu'ils ont observée chez les sauvages mutilés à la guerre ou par accident, et les chirurgiens de l'Inde disent que les blessures et les opérations sont mieux supportées par les indigènes que par les Européens. Et il arrive réciproquement que, parmi les types humains plus élevés, où le cerveau est plus développé et la sensibilité à la douleur plus grande que dans les types inférieurs, les plus sensibles sont ceux dont le développement nerveux, comme on le voit par leurs fa-

---

[1]. *De l'idiotie et de l'imbécillité*, par William W. Ireland, M. D., p. 255-6.

cultés mentales, est le plus élevé : on en trouve une preuve dans l'impossibilité relative où sont la plupart des hommes de génie de supporter des sensations désagréables [1] et l'irritabilité générale qui les caractérise.

La douleur est relative non aux structures seulement, mais à leurs états; c'est également manifeste, plus manifeste encore en réalité. La sensibilité d'une partie externe dépend de sa température. Si elle se refroidit au-dessous d'un certain degré, elle s'engourdit, comme nous disons, et, si elle est rendue très froide par l'évaporation de l'éther, on peut la couper sans faire éprouver aucune sensation. Réciproquement, si l'on échauffe assez cette partie pour dilater les vaisseaux sanguins, la souffrance causée par un dommage ou une irritation est plus grande qu'à l'état ordinaire. Jusqu'à quel point la production de la douleur dépend de la condition de la partie affectée, nous le voyons dans l'extrême sensibilité d'une surface où s'est déclarée une inflammation, sensibilité telle qu'un léger attouchement cause une contraction, telle que le rayonnement du feu, qui serait ordinairement indifférent, devient intolérable.

Il en est de même pour les sens spéciaux. Une clarté que des yeux en bon état supportent sans aucune sensation de peine, ne peut être supportée par des yeux atteints d'inflammation. Outre l'état local, l'état du système dans son ensemble et l'état des centres nerveux sont deux facteurs à considérer. Les hommes affaiblis par une maladie, sont troublés par des bruits qu'ils supporteraient avec indifférence dans l'état de santé; ceux dont le cerveau est fatigué sont irrités d'une façon tout à fait inaccoutumée par les ennuis physiques et moraux.

En outre, la condition temporaire désignée par le nom d'épuisement contribue à cet état de choses. Les membres surmenés par un exercice prolongé ne peuvent sans souffrance accomplir des actes qui, en un autre temps, n'auraient causé aucune sensation appréciable. Après avoir lu plusieurs heures de suite, des yeux même puissants commencent à souffrir. Des bruits auxquels on ne ferait pas attention s'ils ne duraient qu'un moment, deviennent, s'ils ne cessent pas, une cause de fatigue douloureuse.

De telle sorte que bien que la relation entre les peines positives et les actes positivement nuisibles soit absolue, en ce sens qu'elle se rencontre partout où il y a sensibilité, cependant on peut affirmer qu'il y a même là une relativité partielle. Car il n'y a pas de rapport fixe entre la force agissante et la sensation

---

[1]. Pour des exemples, voir la *Fortnightly Review,* vol. 24 (nouvelle série), p. 712.

produite. Le degré de la sensation varie avec la grandeur de l'organisme, avec le caractère de ses tissus extérieurs, avec le caractère de son système nerveux, et aussi avec les états temporaires de la partie affectée, du corps en général et des centres nerveux.

65. La relativité des plaisirs est bien plus remarquable, et les exemples qu'on en trouve dans le monde des êtres sentants sont innombrables.

Il suffit de regarder autour de nous la variété des choses que les différents êtres sont portés par leurs appétits à manger, et mangent avec plaisir, — la chair pour les animaux de proie, l'herbe pour les herbivores, les vers pour la taupe, les mouches pour l'hirondelle, les grains pour le bouvreuil, le miel pour l'abeille, les corps en décomposition pour les vers, — pour s'apercevoir que les goûts en matière d'aliments sont relatifs à la structure des êtres. Cette vérité, rendue évidente par un coup d'œil sur les animaux en général, s'impose aussi à notre attention si nous jetons un coup d'œil sur les différentes races d'hommes. Ici la chair humaine est un objet d'horreur, et là elle est regardée comme le mets le plus délicat ; dans ce pays, l'on prétend qu'il faut laisser pourrir les racines avant de les manger, et là toute apparence de décomposition produit le dégoût ; la graisse de baleine, que certaine race dévore avec avidité, donnera à une autre des nausées par sa seule odeur. Certes, sans regarder bien loin, nous voyons, par le proverbe : « Ce qu'un homme mange est un poison pour un autre », qu'il est admis généralement que les hommes d'une même société diffèrent au point que ce qui plaît au goût de l'un déplaît à celui de l'autre. Il en est de même pour les autres sens. L'odeur de l'assa fœtida, qui est pour nous le type des odeurs dégoûtantes, est un parfum favori chez les Esthoniens ; ceux même qui nous entourent ont des préférences si dissemblables que les senteurs des fleurs qui plaisent à quelques-uns répugnent aux autres. Nous entendons tous les jours exprimer des dissentiments analogues sur les couleurs qui plaisent ou déplaisent. Il en est de même, à un degré plus ou moins élevé, pour toutes les sensations, même pour celles du toucher : la sensation produite sur le toucher par le velours, qui est agréable à la plupart des hommes, agace les dents de certaines personnes.

Il suffit de nommer l'appétit et la satiété pour suggérer l'idée de faits innombrables qui prouvent que les plaisirs sont relatifs non seulement aux structures organiques, mais encore à leurs états. La nourriture, qui procure une pleine satisfaction lorsque la faim est vive, cesse d'être agréable lorsque la faim est apaisée, et, si l'on est alors contraint de manger encore, on la rejette avec dégoût. De même, une sorte particulière de nourriture, qui semble, lorsqu'on en goûte pour la première fois, si délicieuse qu'on entrevoit dans une répétition journalière la source de jouissances infinies, devient en peu de jours non seulement dépourvue de charmes, mais encore répugnante. Des couleurs brillantes, qui ravissent lorsque les yeux n'y sont pas encore accoutumés, fatiguent la vue si elle s'y attache longtemps, et l'on éprouve un soulagement en faisant cesser les impressions qu'elles produisent. Des sons doux en eux-mêmes et doux dans leurs combinaisons, qui procurent un plaisir intense à des oreilles reposées, deviennent, à la fin d'un long concert, non seulement ennuyeux, mais même irritants, si l'on ne peut s'y soustraire. On peut dire la même chose de simples sensations comme celles du froid et du chaud. Le feu, si agréable un jour d'hiver, est accablant dans la saison chaude, et l'on prend alors plaisir à se plonger dans l'eau froide qui ferait frissonner en hiver. En vérité, de courtes expériences suffisent pour montrer combien sont relatives aux états des structures les sensations agréables de ces différents genres; car on peut observer que, si l'on met la main froide dans de l'eau tiède, la sensation agréable diminue graduellement, à mesure que la main s'échauffe.

Ce petit nombre d'exemples suffit pour établir formellement cette vérité, assez manifeste pour tous ceux qui observent, que, pour éprouver toute sensation agréable, il faut d'abord un organe qui entre en exercice, et en second lieu certaines conditions d'activité de cet organe.

66. La vérité que les plaisirs émotionnels sont rendus possibles en partie par l'existence de structures corrélatives et en partie par les états de ces structures est également indéniable.

Observez un animal dont l'existence exige des habitudes solitaires et qui a une organisation adaptée; il ne témoigne aucun besoin de la présence de son semblable. Observez au contraire les animaux qui vivent par troupes; si l'un d'eux est séparé des autres, vous verrez qu'il est malheureux tant que cette séparation continue, tandis qu'il donne des signes de joie dès qu'il a rejoint ses compagnons. Dans le premier cas, il n'y a pas de structure nerveuse qui trouve dans un état de société sa sphère d'action; dans le second cas, il y a une structure de ce genre. Comme cela résultait des exemples donnés dans le dernier chapitre sur un autre sujet, les animaux dont l'existence comporte certains genres d'activités sont constitués maintenant de telle sorte que le déploiement de ces activités, exerçant les structures corrélatives, leur procure les plaisirs associés à cet exercice. Les carnassiers, que l'on enferme dans des cages, nous font voir par leurs mouvements à droite et à gauche qu'ils s'efforcent d'obtenir, comme ils le peuvent, les plaisirs qu'ils éprouvent à rôder dans leurs habitats naturels; et le plaisir de dépenser ainsi leurs énergies locomotrices que les marsouins témoignent en jouant autour d'un navire, un marsouin capturé le témoigne aussi en allant sans fin d'un bout à l'autre du bassin où il est enfermé. Les sautillements perpétuels d'un canari d'un barreau à l'autre de sa cage, la gymnastique incessante d'un perroquet autour de son perchoir en se servant de ses griffes et de son bec, sont d'autres activités qui, rapportées séparément aux besoins de l'espèce, sont devenues séparément elles-mêmes les sources de sensations agréables. Nous voyons plus clairement encore, par les efforts qu'un castor mis dans une cage fait pour construire avec les baguettes et les morceaux de bois qui sont à sa portée, combien l'instinct de bâtir est devenu dominant dans sa nature, et combien, toute utilité mise à part, il prend plaisir à répéter le mieux qu'il peut les procédés de construction que son organisation le rend capable de mettre en œuvre. Le chat qui, n'ayant rien à déchirer avec ses griffes, les exerce sur une natte, la girafe enfermée qui, à défaut de branches à atteindre, use les angles supérieurs des portes de sa cabane à force de les saisir avec sa langue préhensive, le rhinocéros qui, n'ayant pas d'ennemi à combattre, laboure la terre avec sa corne, nous donnent tous des preuves analogues. Il est clair que ces diverses actions accomplies par des êtres différents ne sont pas agréables par elles-mêmes, car elles diffèrent plus ou moins pour chaque espèce, et sont souvent profondément dissemblables. Elles font plaisir simplement à cause de l'exercice de structures nervo-musculaires adaptées à l'accomplissement de ces actes.

Bien qu'il y ait entre les races humaines beaucoup moins d'opposition qu'entre les genres et les ordres d'animaux, cependant, comme nous l'avons vu dans le chapitre précédent, en même temps que les différences visibles, se produisent des différences invisibles accompagnées de goûts pour différents modes de vie. Chez quelques-uns, comme les Mantras, l'amour de la liberté et le mépris de toute association sont tels qu'à la moindre querelle ils se séparent et vivent désormais dispersés; tandis que chez d'autres, comme les Damaras, il y a fort peu de goût pour la lutte, mais, en revanche, une grande admiration pour quiconque entreprend de les soumettre à son pouvoir. Déjà, en montrant par des exemples combien le bonheur est indéfini considéré comme fin de l'action, j'ai fait voir combien diffèrent l'idéal de vie des peuples nomades et celui des peuples sédentaires, des peuples guerriers et des peuples pacifiques, diversité d'idéal qui implique une diversité de structures nerveuses produite par les effets héréditaires d'habitudes différentes accumulées pendant des générations. Ces contrastes, divers en genres et en degrés dans les différents types du genre humain, chacun peut les observer parmi ceux qui l'entourent. Les occupations dans lesquelles quelques-uns trouvent leur plaisir sont intolérables pour d'autres qui sont autrement constitués, et les manies des hommes, qui leur paraissent à eux-mêmes séparément fort naturelles, semblent souvent à leurs amis ridicules ou insensées : ces faits seuls nous permettent de voir que l'agrément des actions de tel ou tel genre est dû non pas à quelque caractère de la nature des actions, mais à l'existence de facultés dont elles sont l'exercice.

On doit ajouter que chaque émotion agréable, comme chaque sensation agréable, est relative non seulement à une certaine structure, mais aussi à l'état de cette structure. Les parties appelées à agir doivent avoir été reposées, doivent être dans une condition qui leur permette d'agir, et non dans la condition que produit une action prolongée. Quel que soit l'ordre d'émotion dont on parle, si elle se continue sans interruption, elle doit amener la satiété. La conscience du plaisir devient de moins en moins vive, et le besoin se fait sentir d'une cessation temporaire pendant laquelle les parties qui se sont exercées recouvrent leur capacité d'agir de nouveau, et pendant laquelle aussi les activités des autres parties et les émotions qui en sont la suite trouvent à se développer comme il convient.

67. J'ai insisté sur ces vérités générales avec plus de développements qu'il ne fallait peut-être, pour préparer le lecteur à adopter pleinement un corollaire que l'on méconnaît dans la pratique. Quelle que soit ici l'abondance, la clarté des preuves, et bien que chacun soit forcé chaque jour d'y faire attention, les conclusions que l'on devrait en déduire relativement à la conduite de la vie ne sont pas déduites, et ces conclusions sont tellement opposées aux croyances communes qu'il suffit de les énoncer pour provoquer un mouvement de surprise et d'incrédulité. Les penseurs passés, et même encore la plupart des penseurs contemporains, sont tellement pénétrés de l'opinion que la nature de chaque être a été spécialement créée pour lui, et que la nature humaine, spécialement créée elle aussi, est, comme les autres, immuable; ces penseurs sont aussi, même encore aujourd'hui, tellement persuadés que l'agrément de certaines actions dépend de leurs qualités essentielles, tandis que leurs

qualités essentielles rendent d'autres actions désagréables, qu'il est difficile même de se faire écouter quand on soutient que les genres d'actions qui sont maintenant agréables cesseront de l'être dans des conditions qui rendent ce changement nécessaire, tandis que d'autres genres d'actions deviendront agréables. Ceux même qui adoptent la doctrine de l'évolution n'admettent qu'avec scepticisme, ou tout au plus avec une foi nominale, les inférences qu'il faut en tirer concernant l'humanité de l'avenir.

Et cependant, comme le prouvent des myriades d'exemples indiqués par le petit nombre de ceux que nous avons donnés plus haut, les actions naturelles, qui ont produit des formes innombrables de structures adaptées à des formes innombrables d'activité, ont en même temps rendu ces formes d'activité agréables. L'inévitable conséquence à en tirer est que, dans les limites imposées par les lois physiques, il se développera, par adaptation à telles nouvelles séries de conditions qui peuvent s'établir, des structures appropriées dont les fonctions apporteront avec elles leurs plaisirs spéciaux.

Quand nous nous serons débarrassés de la tendance à croire que certains modes d'activité sont nécessairement agréables parce qu'ils nous procurent du plaisir, et que d'autres modes qui ne nous plaisent pas sont nécessairement déplaisants, nous verrons que la nature humaine, en se transformant pour s'accommoder à toutes les exigences de la vie sociale, doit fatalement rendre agréables toutes les actions nécessaires, et désagréables au contraire toutes les actions opposées à ces exigences. Quand nous en serons venus à comprendre pleinement cette vérité qu'il n'y a rien de plus satisfaisant, d'une manière intrinsèque, dans les efforts par lesquels on s'empare des animaux sauvages, que dans les efforts dépensés pour élever des plantes, et que les actions combinées des muscles et des sens nécessaires pour conduire un bateau à la rame ne sont pas par leurs natures essentielles plus productives de sensations agréables que celles qui sont nécessaires à la récolte des moissons, mais que chaque chose dépend des émotions coopératives qui à présent s'accordent mieux avec l'une qu'avec l'autre, nous devrons inférer qu'à mesure que diminueront ces émotions auxquelles l'état social ne donne que peu ou pas de raison d'être, et à mesure que croîtront ces émotions que ce même état développe continuellement, les choses faites maintenant avec déplaisir et seulement parce qu'on y est obligé se feront avec un plaisir immédiat, et les choses dont on s'abstient par devoir seront abandonnées, parce qu'elles répugneront,

Cette conclusion, contraire aux croyances populaires et ordinairement méconnue dans la spéculation morale, ou tout au plus reconnue partiellement et de temps en temps, sera regardée comme si improbable par la majorité, que je dois en donner une justification plus développée, fortifier l'argument *à priori* par un argument *à posteriori*. Quelque petite que soit l'attention donnée à ce fait, cependant c'est un fait remarquable que le corollaire déduit ci-dessus de la doctrine de l'évolution en général coïncide avec le corollaire que nous imposent les changements passés et présents de la nature humaine. Les principaux contrastes de caractère constatés entre le sauvage et l'homme civilisé sont précisément ceux que le procédé d'adaptation doit donner.

La vie de l'homme primitif est consacrée presque tout entière à la poursuite des bêtes, des oiseaux, des poissons, qui lui procure une excitation agréable; mais, bien que la chasse procure du plaisir à l'homme civilisé, il n'est ni si persistant ni si général. Nous avons chez nous des sportsmen pleins d'ardeur; mais il y a beaucoup d'hommes que la chasse et la pêche ennuient bientôt, et il y en a assez à qui l'une et l'autre sont tout à fait indifférentes ou même répugnantes.

Au contraire, le pouvoir d'appliquer d'une manière continue son attention, qui est très faible chez l'homme primitif, est devenu chez nous très considérable. Il est vrai que le plus grand nombre est forcé de travailler par la nécessité; mais il y a çà et là dans la société des hommes pour lesquels une occupation active est un besoin, des hommes qui sont inquiets quand ils n'ont rien à faire et sont malheureux si par hasard ils doivent renoncer au travail; des hommes pour lesquels tel ou tel sujet d'investigation est si plein d'attrait, qu'ils s'y adonnent tout entiers pendant des jours et des années; des hommes qui s'intéressent si profondément aux affaires publiques qu'ils emploient toute leur vie à poursuivre ce qui leur paraît le plus utile à leur pays, presque sans prendre le repos nécessaire à leur santé.

Le changement est encore plus manifeste quand nous comparons l'humanité non développée à l'humanité développée par rapport à la conduite inspirée par les inclinations sociales. La cruauté plutôt que la tendresse caractérise le sauvage, et devient dans beaucoup de cas pour lui la source d'un plaisir marqué; mais, bien qu'il y ait parmi les hommes civilisés des individus chez lesquels ce trait du caractère sauvage a survécu, cependant l'amour de faire souffrir n'est pas général, et, outre le grand nombre de ceux qui montrent de la bienveillance, il y a ceux qui emploient tout leur temps et une grande partie de leur fortune à des œuvres de philanthropie sans penser à une récompense actuelle ou future.

Evidemment, ces changements importants, avec beaucoup d'autres moindres, sont conformes à la loi exposée plus haut. Des activités appropriées à leurs besoins et qui donnent du plaisir aux sauvages ont cessé d'être agréables à la plupart des hommes civilisés, tandis que ceux-ci sont devenus capables d'autres activités appropriées et des plaisirs qui les suivent, qui manquaient aux sauvages.

Or, non seulement il est rationnel d'inférer que des changements comme ceux qui se sont produits pendant la civilisation continueront à se produire, mais il est irrationnel de faire autrement. Ce n'est pas celui qui croit que l'adaptation s'augmentera qui se trompe, mais celui qui doute de cette augmentation. Manquer de foi dans une évolution continuée de l'humanité d'où sorte l'harmonie finale de sa nature et de ses conditions, c'est donner une preuve de plus, entre mille autres, d'une conscience inadéquate de la causation. Celui qui, en abandonnant à la fois les dogmes primitifs et l'ancienne manière d'envisager les faits, a, en acceptant les conclusions scientifiques, acquis les habitudes de penser que la science donne, regardera comme inévitable la conclusion que nous venons de déduire. Il lui sera impossible de croire que les processus qui ont jusqu'à présent si bien modelé tous les êtres d'après les exigences de leurs vies qu'ils trouvent plaisir à s'y conformer, ne doivent pas continuer à les modeler de la même manière ; il inférera que le type de nature auquel la plus haute vie sociale apporte une sphère telle que chaque faculté ait son compte légitime, et pas plus que son compte légitime, de fonction et de plaisir à la suite, est le type de nature vers lequel le progrès doit tendre sans relâche jusqu'à ce qu'il soit atteint. Le plaisir naissant de l'adaptation d'une structure à sa fin spéciale, il verra qu'il en résulte nécessairement que, en supposant qu'il s'accorde avec la conservation de la vie, il n'y a aucun genre d'activité qui ne puisse devenir à la longue une source de plaisir, et que par suite le plaisir accompagnera fatalement tout mode d'action réclamé par les conditions sociales.

J'insiste ici sur ce corollaire, parce qu'il jouera bientôt un rôle important dans ma démonstration.

CHAPITRE XI

L'ÉGOÏSME OPPOSÉ A L'ALTRUISME

68. Si l'insistance sur les vérités évidentes par elles-mêmes tend à ébranler les systèmes de croyance établis, elles sont alors passées sous silence par la plupart des hommes, ou tout au moins il y a refus tacite d'en tirer les inférences les plus claires.

Parmi les vérités évidentes par elles-mêmes ainsi traitées, il en est une qui se rapporte au sujet qui nous occupe, à savoir qu'il faut qu'un être vive avant d'agir. C'est un corollaire de cette vérité que les actes par lesquels chacun travaille à conserver sa propre vie doivent, d'une manière générale, s'imposer avant tous les autres. Car si l'on affirmait que ces autres actes doivent s'imposer avant ceux qui servent au maintien de la vie, et si tout le monde se conformait à cette loi comme à une loi générale de conduite, alors, en subordonnant les actes qui servent au maintien de la vie à ceux que la vie rend possibles, tout le monde devrait perdre la vie. Cela revient à dire que la morale doit reconnaître cette vérité, reconnue indépendamment de toute considération morale, à savoir que l'égoïsme passe avant l'altruisme. Les actes requis pour assurer la conservation, entraînant la jouissance des avantages produits par de tels actes, sont les conditions premières du bien-être universel. Si chacun ne prend pas convenablement soin de lui-même, la mort l'empêche de prendre soin de tous les autres, et, si tout le monde meurt ainsi, il ne reste personne dont on ait à prendre soin.

Cette suprématie permanente de l'égoïsme sur l'altruisme, rendue manifeste si l'on considère la vie actuelle, est rendue plus manifeste encore si l'on considère la vie dans le cours de l'évolution.

69. Ceux qui ont suivi avec faveur le mouvement de pensée qui s'est récemment produit savent que, à travers les âges passés, la vie, si abondante et si variée dans ses formes, qui s'est répandue sur la terre, s'est développée en vertu de la loi que chaque individu doit gagner en proportion de l'aptitude qu'il a à remplir les conditions de son existence. Le principe uniforme a été qu'une meilleure adaptation doit procurer un plus grand avantage; ce plus grand avantage, tout en augmentant la prospérité de l'être le mieux adapté, doit accroître aussi son aptitude à laisser des descendants qui héritent plus ou moins de sa meilleure adaptation. D'où il suit que, en vertu également d'un principe uniforme, celui qui est mal adapté, mal partagé dans la lutte pour l'existence, en supportera les mauvais effets, ou en disparaissant quand ses imperfections sont extrêmes, ou en élevant moins de descendants qui, héritant de ses imperfections, tendent à avoir une postérité moins nombreuse encore.

Il en a été ainsi des supériorités innées; il en a été ainsi également de quelques-unes qui étaient acquises. De tout temps, la loi a été qu'une fonction accrue apporte un accroissement de pouvoir, et que, par suite, des activités supplémentaires propres à favoriser le bien-être d'un membre d'une race produisent dans sa structure une plus grande aptitude à exercer ces activités supplémentaires, les avantages qui en dérivent servant à élever et à prolonger sa vie. Réciproquement, comme une diminution de fonction aboutit à une diminution de structure, l'affaiblissement des facultés non exercées a toujours produit une perte du pouvoir d'atteindre les fins corrélatives; or, si les fins ne sont atteintes qu'imparfaitement, il en résulte une diminution de l'aptitude à conserver la vie. Et par l'hérédité, ces modifications fonctionnelles ont respectivement favorisé ou empêché la perpétuité de l'espèce.

Comme nous l'avons déjà dit, la loi d'après laquelle chaque être doit recueillir les avantages ou les inconvénients de sa propre nature, qu'ils soient hérités des ancêtres ou qu'ils soient dus à des modifications spontanées, est la loi sous laquelle la vie s'est développée jusqu'à ce jour, et elle doit subsister, quel que doive être le terme de l'évolution de la vie. Quelques modifications que ce cours naturel d'action puisse subir maintenant ou dans la suite, ce sont des modifications qui ne peuvent, sous peine d'un résultat fatal, le changer beaucoup. Tous les arrangements qui empêchent à un haut degré la supériorité de profiter des avantages de la supériorité, ou qui protègent l'infériorrité contre les maux qu'elle produit; tous les arrangements qui tendent à supprimer toute différence entre le supérieur et l'inférieur, sont des arrangements diamétralement opposés au progrès de l'organisation et à l'avènement d'une vie plus haute.

Mais dire que chaque individu doit recueillir les avantages que lui procurent ses propres facultés héritées ou acquises, c'est proclamer l'égoïsme comme principe suprême de conduite. C'est dire que les prétentions égoïstes doivent prendre le pas sur les prétentions altruistes.

70. Sous son aspect biologique cette proposition ne peut être contestée par ceux qui admettent la doctrine de l'évolution; mais il est douteux qu'ils reconnaissent en même temps la nécessité de l'admettre sous son aspect moral. Si, pour ce qui concerne le développement de la vie, l'efficacité du principe universel dont il s'agit est assez manifeste, son efficacité par rapport à l'accroissement du bonheur peut bien n'être pas aperçue en même temps. Mais ces deux choses ne peuvent se séparer.

Une incapacité de tout genre et de tout degré est une cause de malheur directement et indirectement : directement, par la peine qui résulte de la surcharge d'une faculté insuffisante; indirectement, par le non-accomplissement ou l'accomplissement imparfait de certaines conditions du bien-être. Au contraire, une capacité de tout genre qui suffit au besoin conduit au bonheur immédiatement et dans la suite : immédiatement, par le plaisir qui accompagne toujours l'exercice normal de toute faculté qui vient à bout de son œuvre, et, dans la suite, par les plaisirs qui sont facilités par les fins atteintes. Un animal qui est faible ou lent dans sa marche, et qui ne peut ainsi se nourrir qu'au prix d'efforts qui l'épuisent, ou qui n'échappe qu'avec peine à ses ennemis, souffre toutes les peines que causent des facultés surmenées, des appétits non satisfaits et des émotions douloureuses; tandis qu'un animal de la même espèce, fort et rapide à la course, jouit de l'efficacité de ses actes, goûte plus complètement les satisfactions que donne la nourriture aussi bien que le renouvellement de forces qu'elle procure, et a bien moins de peines et des peines moins grandes à craindre en se défendant contre ses ennemis ou en leur échappant. Il en est de même selon que les sens sont plus faibles ou plus développés, selon que la sagacité est plus ou moins grande. L'individu intellectuellement inférieur de n'importe quelle race a à subir des misères négatives et positives; celui qui est intellectuellement supérieur au contraire en retire des avantages négatifs et positifs. Nécessairement, cette loi en vertu de laquelle chaque membre d'une espèce recueille les conséquences de sa propre nature; en vertu de laquelle la progéniture de chaque membre, participant à sa nature, recueille aussi de pareilles conséquences, est une loi qui tend toujours à accroître le bonheur général de l'espèce, en favorisant la multiplication des plus heureux, en empêchant celle des moins heureux.

Tout cela est vrai des êtres humains comme des autres êtres. La conclusion qui s'impose à nous est que la poursuite du bonheur individuel dans les limites prescrites par les conditions sociales est ce qui est d'abord exigé pour que l'on parvienne au bonheur général le plus grand. Pour le voir, il suffit de comparer un homme qui par ses soins pour lui-même s'est maintenu dans un bon état physique, avec un autre homme qui par sa négligence de tout soin personnel subit les résultats ordinaires de cette négligence, et de se demander quel doit être le contraste de deux sociétés formées de ces deux sortes d'individus.

Sautant hors du lit après un sommeil ininterrompu, chantant ou sifflant en s'habillant, descendant de chez lui la face rayonnante, tout prêt à rire à la première occasion, l'homme bien portant, dont les facultés sont puissantes, conscient de ses succès passés, et, par son énergie, sa sagacité, ses ressources, confiant dans l'avenir, aborde le travail du jour sans répugnance, avec gaieté au contraire; d'heure en heure, son travail facile et heureux lui apporte de nouvelles satisfactions, et il rentre chez lui avec un surplus abondant d'énergie à dépenser pendant les heures de loisir. Il en est tout autrement de celui qui s'est laissé affaiblir en se négligeant. Déjà insuffisantes, ses forces sont rendues plus insuffisantes encore par les efforts constants nécessaires pour exécuter une tâche trop lourde et par le découragement qui en résulte. Outre la conscience débilitante de l'avenir immédiat, il a aussi la conscience débilitante de l'avenir plus lointain avec ses probabilités de difficultés accumulées et d'une moindre capacité d'y faire face. Les heures de loisir qui apportent, lorsqu'on les emploie régulièrement, des plaisirs propres à stimuler le cours de la vie et à renouveler la puissance d'agir, ne peuvent être utilisées; il n'y a plus assez de vigueur pour des distractions qui demandent de l'action, et le manque de bonne humeur empêche de se livrer avec goût aux distractions passives. En un mot, la vie devient une charge. Maintenant si, comme on doit l'admettre, dans une société composée d'individus semblables au premier, le bonheur est relativement grand, tandis que dans une société composée d'individus semblables au second il doit y avoir relativement peu de bonheur, ou plutôt beaucoup de misères, on doit admettre que la conduite qui donne le premier résultat est bonne, et que la conduite qui donne l'autre est mauvaise.

Mais les diminutions du bonheur général sont produites de plusieurs autres manières particulières par un égoïsme suffisant. Nous allons les passer successivement en revue.

71. S'il n'y avait aucune preuve de l'hérédité, s'il était de règle que le fort fût habituellement engendré par le faible, tandis que le faible descendrait ordinairement du fort, que des parents mélancoliques eussent des enfants pleins de vie et de santé, tandis que des pères et des mères d'une vigueur exubérante auraient le plus souvent des enfants chétifs, que de paysans grossiers naquissent des fils d'une haute intelligence alors que les fils d'hommes cultivés ne seraient bons à rien, si ce n'est à suivre la charrue ; si la goutte, les scrofules, la folie ne se transmettaient pas, si les personnes maladives procréaient d'habitude des enfants bien portants et les personnes bien portantes des enfants maladifs, les auteurs qui s'occupent de morale seraient excusables de ne pas tenir compte des effets de conduite qui se manifestent dans les descendants par les tempéraments dont ils héritent.

En fait, cependant, les idées courantes concernant les prétentions relatives de l'égoïsme et de l'altruisme sont viciées par l'omission de ce facteur d'une extrême importance. Car si la santé, la force et la capacité sont habituellement transmises, si la maladie, la faiblesse et la stupidité reparaissent généralement chez les descendants, alors un altruisme rationnel exige que l'on s'applique à cet égoïsme qui consiste à se procurer les satisfactions dont la conservation du corps et de l'esprit dans le meilleur état possible est accompagnée. La conséquence nécessaire est que le bonheur de nos descendants sera le fruit du soin que chacun prendra de sa personne dans des limites légitimes, tandis que l'oubli de ce soin poussé trop loin sera une source de maux. Lorsque nous songeons combien il est ordinaire de remarquer qu'une bonne santé rend tolérable n'importe quelle condition, tandis que des indispositions chroniques rendent la vie pénible dans les positions les plus favorables, il est surprenant en vérité que tout le monde et même les auteurs qui étudient la conduite ignorent les suites terribles pour ceux qui ne sont pas encore nés du mépris que l'on a pour le soin de sa propre personne, et les biens incalculables qui résulteront, pour ceux qui naîtront un jour, de l'attention que l'on donne à ces soins. De tous les avantages que les parents peuvent léguer à leurs enfants, le plus précieux est celui d'une bonne constitution. Bien que le corps d'un homme ne soit pas une propriété dont on puisse hériter, cependant sa constitution peut très exactement se comparer à un bien substitué, et, s'il comprend comme il le doit son devoir envers la postérité, il verra qu'il est tenu de la transmettre sans l'avoir laissé altérer sinon sans l'avoir améliorée. C'est dire qu'il doit être égoïste dans la mesure qu'il faut pour satisfaire tous les désirs qui sont associés au bon exercice des fonctions. C'est même dire plus encore. C'est dire qu'il doit rechercher dans une mesure convenable les divers plaisirs que la vie nous offre. Car, outre l'effet qu'ils ont d'élever le cours de la vie et de maintenir la vigueur constitutive, ils ont pour effet de conserver et de développer la capacité d'éprouver des jouissances. Doués d'énergies abondantes et de goûts divers, quelques-uns peuvent se procurer des satisfactions de différentes sortes en toute occasion; tandis que d'autres sont si indolents et si désintéressés des choses qui les entourent, qu'ils ne peuvent même se donner la peine de s'amuser. A moins de nier l'hérédité, on doit inférer qu'en acceptant comme il convient les plaisirs variés que la vie nous offre, nous développons l'aptitude de nos descendants à goûter les jouissances; si les parents au contraire persistent dans une manière de vivre pesante et monotone, ils diminuent l'aptitude de leurs enfants à profiter le mieux possible des plaisirs qui peuvent leur arriver.

72. Outre la décroissance du bonheur général qui résulte, de cette manière indirecte, d'une subordination illégitime de l'égoïsme, il y a une décroissance du bonheur général qui en résulte directement. Celui qui prend assez de soin de lui-même pour se maintenir en bonne santé et en belle humeur, devient d'abord par là une cause immédiate de bonheur pour ceux qui l'entourent, et en second lieu il conserve la capacité d'accroître leur bonheur par des actions altruistes. Mais celui dont la vigueur corporelle et la santé mentale sont minées par le sacrifice exagéré de soi-même, d'abord, devient pour ceux qui l'entourent une cause de dépression, et en second lieu se rend lui-même incapable ou moins capable de travailler à leur bien-être.

En appréciant la conduite, nous devons nous rappeler qu'il y a ceux qui par leur gaieté répandent la joie autour d'eux, et ceux qui par leur mélancolie assombrissent tous ceux qu'ils fréquentent. Nous devons nous rappeler aussi qu'en faisant rayonner son bonheur autour de lui, un homme de la première espèce peut ajouter au bonheur des autres plus que par des efforts positifs pour leur faire du bien, et qu'un homme de la seconde espèce peut nuire à leur bonheur par sa seule présence plus qu'il ne l'accroît par ses actes. Plein de vivacité, l'un est toujours le bienvenu. Pour sa femme, il n'a que des sourires et de joyeux propos ; pour ses enfants, des histoires amusantes ; pour ses amis, une conversation plaisante toute mêlée de saillies spirituelles, légèrement amenées. Au contraire, on fuit l'autre. L'irritabilité qui résulte tantôt de ses indispositions, tantôt des échecs causés par sa faiblesse, fait chaque jour souffrir sa famille. Manquant d'une énergie suffisante pour se mêler aux jeux de ses enfants, il n'y porte tout au plus qu'un médiocre intérêt, et ses amis le traitent de rabat-joie. Dans nos raisonnements sur la morale, nous tenons peu de compte de cela ; il est évident cependant que, puisque le bonheur et le malheur sont contagieux, le soin de soi-même, en tant qu'il contribue à la santé et à la bonne humeur, est un bienfait pour les autres, tandis que la négligence qui a pour effet la souffrance, corporelle ou mentale, est un bien mauvais service à rendre à autrui.

Le devoir de se rendre agréable en paraissant avoir du plaisir est en vérité souvent recommandé, et l'on applaudit à ceux qui procurent ainsi quelque agrément à leurs amis, autant que cela suppose un sacrifice de la part de ceux qui le font. Mais, bien que l'on contribue beaucoup plus au plaisir de ses amis en montrant un réel bonheur qu'en faisant semblant d'être heureux, et bien qu'alors on évite à la fois toute hypocrisie et toute violence, on ne regarde cependant pas comme un devoir de remplir les conditions qui permettent de montrer un bonheur réel. Néanmoins, si la quantité de bonheur produite doit être la mesure de l'obligation, le bonheur réel est plus obligatoire que le bonheur apparent.

Alors, comme nous l'avons indiqué plus haut, outre cette première série d'effets produits sur les autres, il y en a une seconde. L'individu qui a le degré d'égoïsme voulu, garde les facultés qui rendent possibles les activités altruistes. L'individu qui n'a pas ce degré d'égoïsme perd plus ou moins de son aptitude à être altruiste. La vérité de la première proposition est évidente d'elle-même ; des exemples journaliers nous forcent à admettre la vérité de l'autre. En voici quelques-uns.

Voici une mère qui, élevée d'après les modes insensées qui sont adoptées par les gens cultivés, n'a pas une constitution assez forte pour nourrir elle-même son enfant, mais qui, sachant que la nourriture naturelle est la meilleure, dans sa sollicitude pour le bien-être de cet enfant, persiste à lui donner son lait au delà du temps où sa santé le lui permet. Il se produit fatalement une réaction. Alors survient une fatigue qui peut dégénérer en un épuisement maladif, dont la suite est ou la mort ou une faiblesse chronique. Elle devient incapable, pour un temps ou pour toujours, de s'occuper des affaires de son ménage ; ses autres enfants souffrent de n'être plus l'objet des soins maternels, et, si la fortune est médiocre, les dépenses à faire pour la garde-malade et le médecin pèsent lourdement sur toute la famille.

Voici maintenant un exemple qu'un père nous donne assez souvent. Egalement poussé par un sentiment élevé du devoir, et trompé par les théories morales courantes d'après lesquelles il est beau de se sacrifier sans réserve, il persiste tous les jours de longues heures dans son travail sans s'inquiéter d'avoir la tête en feu et les pieds froids ; il se prive de tous les plaisirs de la société pour lesquels il croit n'avoir ni temps ni argent. Que résulte-t-il d'une manière d'agir si peu égoïste ? Nécessairement un affaissement subit, des insomnies, l'incapacité de travailler. Ce repos qu'il ne voulait pas se donner alors que ses sensations le lui demandaient, il lui faut maintenant le prendre pendant bien plus longtemps. Les gains supplémentaires qu'il avait mis de côté dans l'intérêt de sa famille sont complètement employés en coûteux voyages pour le rétablissement de sa santé, et par toutes les dépenses que fait faire une maladie. Au lieu d'être plus capable de remplir son devoir envers ses enfants, il en est devenu plus incapable, et pendant toute la durée de sa vie les maux remplacent les biens qu'il avait espérés.

Il en est de même des effets sociaux d'un manque d'égoïsme. A chaque pas, nous trouvons des exemples des dommages, positifs et négatifs, causés à la société par une négligence excessive de soi-même. Tantôt c'est un laboureur qui, en continuant consciencieusement sa tâche sous un soleil brûlant, en dépit des violentes protestations de sa sensibilité, meurt d'insolation et laisse sa famille à la charge de la paroisse. Tantôt c'est un commis dont les yeux surmenés se perdent, ou qui, écrivant tous les jours de longues heures malgré la crampe douloureuse de ses doigts, est atteint de la « paralysie des écrivains », devient absolument incapable d'écrire, et se trouve avec des parents âgés dans une pauvreté à laquelle ses amis doivent subvenir. Tantôt c'est un homme dévoué aux intérêts publics qui, en épuisant sa santé par une application incessante, se met dans l'impossibilité de faire tout ce qu'il aurait pu mener à bien en partageant mieux son temps entre des travaux entrepris pour le bonheur des autres et la satisfaction de ses propres besoins.

73. La subordination exagérée de l'égoïsme à l'altruisme est encore préjudiciable d'une autre manière. A la fois directement et indirectement, le désintéressement poussé à l'excès engendre l'égoïsme coupable.

Voyons-en d'abord les effets immédiats. Pour qu'un homme puisse céder un avantage à un autre, il est nécessaire que cet autre l'accepte, et, quand il s'agit d'un avantage tel qu'ils puissent y prétendre également tous les deux ou qui n'est pas plus nécessaire à l'un qu'à l'autre, l'acceptation implique une certaine facilité à se procurer un avantage aux dépens d'un autre. Les circonstances et les besoins étant les mêmes pour tous les deux, le fait en question implique autant une culture de l'égoïsme chez le dernier qu'une culture de l'altruisme chez le premier. Il est vrai qu'assez souvent la différence de leurs moyens, ou la différence de leurs appétits pour un plaisir que l'un a éprouvé souvent et l'autre rarement, dépouille l'acceptation de ce caractère, et il est clair que dans d'autres cas le bienfaiteur prend manifestement tant de plaisir à procurer un plaisir que le sacrifice est partiel et que l'acceptation n'en est pas entièrement intéressée. Mais, pour voir l'effet indiqué ci-dessus, nous devons exclure de telles inégalités, et considérer ce qui arrive lorsque les besoins sont approximativement les mêmes, et que les sacrifices, non payés de retour à certains intervalles, sont toujours du même côté. En circonscrivant ainsi la recherche, tout le monde peut donner des exemples propres à vérifier le résultat allégué. Chacun peut se rappeler que, dans certaines réunions, un homme généreux en rendant tous les jours service à un homme avide, n'a fait qu'augmenter cette avidité, jusqu'à ce qu'elle se soit changée en égoïsme dépourvu de tout scrupule et intolérable à tout le monde. Il y a des effets sociaux évidents de même nature. La plupart des personnes qui réfléchissent savent très bien maintenant que la charité, si elle s'exerce sans discernement, est une cause de démoralisation. Ils voient comment chez le mendiant, outre la destruction de toute relation normale entre le travail fourni et l'avantage obtenu, se développe l'attente d'être secouru par d'autres qui subviendront à ses besoins ; cette attente se manifeste même quelquefois par des imprécations contre ceux qui refusent d'y répondre.

Considérez maintenant les résultats éloignés. Lorsque les prétentions égoïstes sont subordonnées aux prétentions altruistes au point de produire un dommage physique, il se manifeste une tendance à diminuer le nombre des altruistes et à faire prédominer les égoïstes. Poussé à l'extrême, le sacrifice de soi-même au profit des autres peut faire que l'on meure avant l'époque ordinaire du mariage ; il peut quelquefois aussi détourner du mariage, comme cela arrive pour les sœurs de charité ; il a pour résultat, d'autres fois, une mauvaise santé ou la perte de l'attrait qui porte au mariage, ou empêche de se procurer les moyens pécuniaires de se marier, et, dans ces différents cas, celui qui s'est montré altruiste de cette manière excessive ne laisse pas de descendants. Lorsque la subordination du bien-être personnel au bien-être des autres n'a pas été portée au point d'empêcher le mariage, il arrive encore assez ordinairement que l'altération physique résultant de plusieurs années de négligence amène la stérilité ; d'où suit que l'homme du naturel le plus altruiste ne laisse pas de postérité douée du même naturel. Dans des cas moins frappants et plus nombreux, l'affaiblissement ainsi produit se manifeste par la procréation d'enfants relativement faibles ; les uns meurent de bonne heure ; les autres sont moins capables que ce n'est l'usage, de transmettre aux générations futures le type paternel. Il en résulte inévitablement que l'adoucissement de l'égoïsme, qui se serait sans cela produit dans la nature humaine, est empêché. Ce mépris de soi-même, en même temps qu'il affaiblit la vigueur corporelle et abaisse le niveau normal, cause nécessairement dans la société un excès du soin de soi-même qui le contrebalance.

74. Nous avons ainsi montré clairement que l'égoïsme a sur l'altruisme le pas au point de vue de la valeur obligatoire. Les actes qui rendent possible la continuation de la vie doivent, tout compte fait, s'imposer avant les autres actes que la vie rend possibles, y compris les actes qui sont à l'avantage des autres. Nous voyons la même chose, si de la vie telle qu'elle est nous passons à la vie en voie d'évolution. Les êtres sentants ont progressé des types inférieurs aux types supérieurs, sous cette loi que le supérieur doit profiter de sa supériorité et l'inférieur souffrir de son infériorité. La conformité à cette loi a été et est encore nécessaire, non seulement pour la continuation de la vie, mais encore pour l'accroissement du bonheur, puisque les supérieurs sont ceux qui ont des facultés mieux adaptées à leurs besoins — facultés dont l'exercice procure par suite un plus grand plaisir et une moindre peine.

Des considérations plus spéciales s'ajoutent à ces considérations générales pour nous prouver cette vérité. Un égoïsme qui sert à conserver un esprit vivace dans un corps vigoureux est favorable au bonheur des descendants, qui, grâce à la constitution dont ils héritent, supportent mieux les travaux de la vie et ont des plaisirs plus vifs ; tandis que, réciproquement, ceux qui se négligent eux-mêmes et lèguent à leur postérité une constitution affaiblie assurent par cela même son malheur. En outre, l'individu dont la vie bien conservée se manifeste par la bonne humeur devient, par le fait même qu'il existe, une source de plaisir pour tous ceux qui l'entourent ; tandis que l'affaissement qui résulte en général de la mauvaise santé se communique à la famille de celui qui en souffre et à ses amis. Un autre contraste encore est que, tandis que celui qui a pris soin de lui comme il le devait garde le pouvoir d'assister les autres, il résulte d'une abnégation excessive non seulement qu'on est incapable d'aider les autres, mais encore qu'on finit par être positivement un fardeau pour eux. Enfin, nous établissons cette vérité qu'un altruisme qui ne se renferme pas dans des limites convenables accroît l'égoïsme, à la fois directement chez les contemporains et indirectement dans la postérité.

Remarquez maintenant que, si la conclusion générale appuyée sur ces conclusions spéciales est en opposition avec les croyances acceptées en paroles, elle ne l'est pas avec les croyances acceptées en fait. Si elle est opposée à la doctrine d'après laquelle on dit aux hommes qu'ils devraient agir, elle est en harmonie avec celle d'après laquelle ils agissent et d'après laquelle ils voient confusément que l'on doit agir. En laissant de côté les anomalies de conduite que nous avons signalées plus haut, chacun agit et parle à la fois comme si dans les affaires de la vie on devait d'abord tenir compte du bien-être personnel.

L'ouvrier qui attend un salaire en retour du travail qu'il fait, le marchand qui vend avec profit, le médecin qui reçoit des honoraires pour sa consultation, le prêtre qui appelle « bénéfice » le siège de son ministère, reconnaissent également comme étant au-dessus de toute discussion cette vérité que l'intérêt, dans la mesure où il répond aux droits et procure la récompense des efforts accomplis, est non seulement légitime, mais essentiel. Les personnes mêmes qui professent une conviction contraire prouvent par leurs actes combien cette conviction a peu d'effet. Ceux qui répètent avec emphase cette phrase : « Aimez vos semblables comme vous-même, » se gardent bien d'employer leurs biens à satisfaire les désirs des autres comme à satisfaire leurs propres désirs. Ceux enfin dont la maxime suprême est « vivre pour les autres », ne diffèrent pas d'une manière appréciable de ceux qui les entourent, en ce qui concerne la recherche du bien-être personnel, et ne manquent pas de s'assurer leur part de plaisirs personnels. En un mot, ce qui a été établi plus haut comme la croyance à laquelle nous conduit la morale scientifique, est celle que les hommes professent réellement en opposition à celle qu'ils croient professer.

Enfin on peut remarquer qu'un égoïsme rationnel, bien loin d'impliquer une nature humaine plus égoïste, s'accorde au contraire avec une nature humaine moins égoïste. Car les excès en un sens n'empêchent pas les excès dans le sens opposé, mais plutôt d'extrêmes déviations d'un côté conduisent à des déviations extrêmes de l'autre côté. Une société dans laquelle on proclame les principes les plus exaltés de dévouement aux intérêts d'autrui, peut être une société dans laquelle non seulement on tolère, mais encore on loue sans scrupule le sacrifice d'étrangers. Avec l'ambition déclarée de répandre ces principes exaltés chez les infidèles, on est porté à leur chercher querelle de parti pris pour annexer leur territoire. Des hommes qui, chaque dimanche, écoutent en les approuvant les conseils de développer au delà de toute mesure praticable l'amour pour les autres, sont capables de s'engager à tuer au premier commandement, dans n'importe quelle partie du monde, n'importe quelles gens, en restant parfaitement indifférents à la question de savoir si le sujet de la guerre est juste ou non. De même qu'en pareil cas un altruisme transcendant en théorie coexiste avec un égoïsme brutal en pratique, réciproquement un altruisme mieux déterminé peut avoir pour concomitant un égoïsme tout à fait modéré. Car affirmer dans son intérêt de légitimes prétentions, c'est tracer une limite au delà de laquelle les prétentions sont illégitimes, et c'est, par suite, mettre en plus grande lumière les droits d'autrui.

CHAPITRE XII

L'ALTRUISME OPPOSÉ A L'ÉGOÏSME

75. Si nous définissons l'altruisme toute action qui, dans le cours régulier des choses, profite aux autres au lieu de profiter à celui qui l'accomplit, alors, depuis le commencement de la vie, l'altruisme n'a pas été moins essentiel que l'égoïsme. Bien que primitivement il dépende de l'égoïsme, secondairement l'égoïsme dépend de lui.

Dans l'altruisme pris dans ce sens large, je fais rentrer les actes par lesquels les enfants sont élevés et l'espèce conservée. Bien plus, parmi ces actes, nous devons ranger non seulement ceux qui sont accompagnés de conscience, mais encore ceux qui contribuent au bien-être des enfants sans représentation mentale de ce bien-être, actes d'altruisme automatique, comme nous pouvons les appeler. Nous ne devons pas non plus laisser en dehors de notre classification ces actes altruistes encore inférieurs qui servent à la conservation de la race sans supposer même des processus nerveux automatiques, actes qui ne sont pas psychiques dans le sens le plus éloigné du mot, mais physiques en un sens littéral. Toute action, inconsciente ou consciente, qui entraîne une dépense de la vie individuelle au profit du développement de la vie chez les autres individus, est incontestablement altruiste en un sens, sinon dans le sens ordinaire du mot, et nous devons ici l'entendre en ce sens pour voir comment l'altruisme conscient procède de l'altruisme inconscient.

Les êtres les plus simples se multiplient habituellement par division spontanée. L'altruisme physique du genre le plus bas, distinct de l'égoïsme physique, peut être considéré dans ce cas-là comme n'en étant pas encore indépendant. En effet, puisque les deux moitiés qui avant la division constituaient l'individu ne disparaissent pas en se divisant, nous devons dire que, bien que l'individualité de l'infusoire ou d'un autre protozoaire qui est comme le parent se perde par la cessation de l'unité, cependant l'ancien individu continue d'exister en chacun des nouveaux individus. Toutefois lorsque, comme il arrive généralement pour les animaux les plus petits, un intervalle de repos aboutit à une rupture du corps entier en un grand nombre de parties minuscules dont chacune est le germe d'un jeune, nous voyons que le parent se sacrifie entièrement à la formation de sa progéniture.

On pourrait raconter ici comment chez des êtres d'un rang plus élevé, par division ou par bourgeonnement, les parents lèguent des parties de leurs corps, plus ou moins organisées, pour former des descendants, au prix de leur propre individualité. On pourrait donner aussi de nombreux exemples des manières dont les œufs se développent au point que le corps de la mère devient pour eux un simple récipient : il faut en conclure que toute la nourriture qu'elle absorbe est employée au profit de sa postérité. On pourrait enfin parler des cas nombreux où, comme il arrive généralement dans le monde des insectes, la vie finit dès que la maturité est atteinte et le sort d'une nouvelle génération assuré : la mort suit les sacrifices faits pour la race.

Mais, laissant ces types inférieurs, dans lesquels l'altruisme est purement physique, ou dans lesquels il est seulement physique et automatiquement psychique, élevons-nous à l'étude de ceux dans lesquels il est aussi conscient à un haut degré. Bien que chez les oiseaux et les mammifères, de telles activités des parents, guidées comme elles le sont par l'instinct, ne soient accompagnées d'aucune représentation, ou seulement d'une représentation vague des avantages qui en résultent pour les jeunes, elles comportent cependant des actions que nous pouvons regarder comme altruistes dans le sens le plus élevé du mot. L'agitation que ces êtres manifestent lorsque leurs petits sont en danger, jointe souvent à des efforts pour leur venir en aide, aussi bien que la douleur qu'ils laissent paraître s'ils les ont perdus, prouve bien qu'en eux l'altruisme paternel a pour concomitant une émotion.

Ceux qui entendent par altruisme seulement le sacrifice conscient de soi-même dans l'intérêt des autres, tel qu'il se produit parmi les hommes, trouveront étrange et même absurde d'étendre autant que nous le faisons le sens de ce mot. Mais nous avons pour agir ainsi des raisons plus fortes que celles dont on a pu juger déjà. Je ne prétends pas simplement que dans le cours de l'évolution il y a eu un progrès par gradations infinitésimales, depuis les sacrifices purement physiques et inconscients de l'individu pour le bien-être de l'espèce jusqu'aux sacrifices accomplis d'une manière consciente. J'entends que, du commencement à la fin, les sacrifices, lorsqu'on les ramène à leurs termes les plus humbles, ont la même nature essentielle : à la fin comme au commencement, ils impliquent une perte de la substance corporelle. Lorsqu'une partie du corps maternel se détache sous forme de bourgeon, ou d'œuf, ou de fœtus, le sacrifice matériel est manifeste, et lorsque la mère fournit le lait dont l'absorption assure la croissance du jeune, il est hors de doute qu'il y a là aussi un sacrifice matériel. Mais, bien qu'un sacrifice matériel ne soit pas apparent lorsque les jeunes profitent des activités déployées en leur faveur, comme il ne peut se produire aucun effort sans une usure équivalente de quelque tissu, et comme la perte corporelle est en proportion de la dépense qui se fait sans compensation de nourriture consommée, il s'ensuit que les efforts au bénéfice de la race représentent réellement une partie de la substance des parents ; elle est seulement donnée indirectement cette fois, au lieu de l'être directement.

Le sacrifice de soi n'est donc pas moins primordial que la conservation de soi. Absolument nécessaire en sa forme simple, physique, pour la continuation de la vie depuis l'origine ; étendu sous sa forme automatique, comme indispensable, à la conservation de la race dans les types considérablement avancés ; se développant jusqu'à prendre une forme semi-consciente et une forme consciente, à mesure que se continuent et se compliquent les soins par lesquels la progéniture des êtres supérieurs est conduite à la maturité, l'altruisme a eu son évolution parallèle à celle de l'égoïsme. Comme nous l'avons marqué dans un chapitre précédent, les mêmes supériorités qui ont rendu l'individu capable de mieux se préserver lui-même, l'ont rendu capable de mieux préserver les individus dérivés de lui, et chacune des espèces les plus élevées, usant de ses facultés excellentes d'abord pour son avantage égoïste, s'est étendue en proportion de l'usage qu'elle en a fait secondairement pour un avantage altruiste.

La manière dont s'impose l'altruisme tel qu'il est ainsi compris, n'est pas autre, en réalité, que la manière dont s'impose l'égoïsme comme nous l'avons montré dans le dernier chapitre. Car tandis que, d'un côté, en manquant à accomplir des actes d'égoïsme normal, on s'expose à l'affaiblissement ou à la perte de la vie, et par suite à l'incapacité d'accomplir des actes altruistes, d'un autre côté, un pareil défaut d'actes altruistes, de même qu'il cause la mort des descendants ou leur développement incomplet, implique dans les générations futures la disparition de la nature qui n'est pas assez altruiste, par suite la diminution de la moyenne de l'égoïsme. En un mot, chaque espèce se débarrasse continuellement des individus qui ne sont pas égoïstes comme il convient, tandis que les individus qui ne sont pas convenablement altruistes sont perdus pour elle.

76. De même qu'il y a eu un progrès graduel de l'altruisme inconscient des parents à l'altruisme conscient du genre le plus élevé, il y a eu un progrès graduel de l'altruisme dans la famille à l'altruisme social.

Un fait à noter d'abord est que là seulement où les relations altruistes dans le groupe domestique ont atteint des formes très développées, naissent les conditions qui rendent possible un plein développement des relations altruistes dans le groupe politique. Les tribus dans lesquelles règne la promiscuité ou dans lesquelles les relations conjugales sont transitoires, et les tribus où la polyandrie amène d'une autre manière les relations mal définies, ne sont pas capables d'une véritable organisation. Les peuples qui admettent habituellement la polygamie ne se montrent pas non plus capables eux-mêmes d'atteindre à ces formes élevées de coopération sociale qui demandent une légitime subordination de soi-même aux autres. Là seulement où le mariage monogamique est devenu général et éventuellement universel, là seulement où se sont par suite établis le plus étroitement les liens du sang, où l'altruisme familial s'est le plus développé, l'altruisme social est devenu le plus manifeste. Il suffit de se rappeler les formes composées de la famille aryenne, comme les a décrites M. Henry Maine avec d'autres auteurs, pour voir que le sentiment de la famille, s'étendant d'abord à la *gens* et à la tribu, et ensuite à la société formée par des tribus unies par des liens de parenté, a préparé la voie au sentiment qui unit des citoyens de familles différentes.

En reconnaissant cette transition naturelle, nous avons surtout à considérer ici que dans les dernières phases du progrès, comme dans les premières, l'accroissement des satisfactions égoïstes a dépendu surtout du progrès des égards pour les satisfactions des autres. Si nous considérons une série de parents et de descendants, nous voyons que chacun d'eux, après avoir dû la vie pendant sa jeunesse aux sacrifices accomplis par ses prédécesseurs, fait à son tour, lorsqu'il est adulte, des sacrifices équivalents dans l'intérêt de ses successeurs, et que, sans cette balance d'avantages reçus et d'avantages procurés, la série dont nous parlons prendrait fin. De même, il est manifeste que dans une société chaque génération, redevable aux générations précédentes des avantages d'une organisation sociale qui est le fruit de leurs travaux et de leurs sacrifices, doit faire pour les générations suivantes des sacrifices analogues, tout au moins pour conserver cette organisation si elle ne peut la perfectionner ; l'autre alternative amènerait la décadence et peut-être la dissolution de la société, en impliquant une diminution graduelle des satisfactions égoïstes de ses membres.

Nous sommes ainsi préparés à étudier les diverses manières dont le bien-être personnel, dans les conditions sociales, dépend d'une attention convenable au bien-être des autres. Les conclusions à tirer ont été déjà indiquées d'avance. De même que dans le chapitre sur le point de vue biologique étaient esquissées les inférences définitivement établies dans le dernier chapitre, de même dans le chapitre sur le point de vue sociologique ont été esquissées les inférences que nous avons à établir ici définitivement. Plusieurs d'entre elles sont assez connues, mais il faut cependant les spécifier; notre démonstration serait sans cela incomplète.

77. Il faut d'abord parler de l'altruisme négatif que suppose la répression des impulsions égoïstes qui sert à prévenir toute agression directe.

Comme nous l'avons montré plus haut, si les hommes, au lieu de vivre séparément, s'unissent pour la défense ou pour d'autres entreprises, ils doivent individuellement recueillir plus de bien que de mal de leur union. En moyenne, chacun doit perdre moins par suite des antagonismes de ceux avec qui il est associé qu'il ne gagne par l'association. Ainsi, à l'origine, l'accroissement de satisfactions égoïstes que produit l'état social ne peut être obtenu que par un altruisme suffisant pour causer une reconnaissance des droits d'autrui, sinon volontaire, du moins forcée.

Tant que la reconnaissance de ces droits est seulement du genre inférieur dû à la crainte des représailles ou d'un châtiment déterminé par la loi, le gain qui résulte de l'association est petit, et il devient considérable seulement à mesure que la reconnaissance devient volontaire, c'est-à-dire plus altruiste. Lorsque, comme chez certains sauvages d'Australie, il n'y a pas de limite au droit du plus fort, et que les hommes se battent pour s'emparer des femmes, tandis que les femmes d'un même homme se le disputent elles-mêmes en se battant, la poursuite des satisfactions égoïstes est fort empêchée. Outre la peine physique qui pour chacun peut résulter de la lutte, et le plus ou moins d'inaptitude à atteindre les fins personnelles qui en est la conséquence, il y a encore à compter la perte d'énergie produite par la nécessité d'être toujours prêt à se défendre, et les émotions ordinairement pénibles qui en sont la suite. Bien plus, la fin la plus importante, à savoir la sûreté en présence des ennemis du dehors, est d'autant moins atteinte qu'il y a des animosités au dedans ; il n'y a rien qui favorise les satisfactions dont une coopération industrielle serait la source, et il y a peu de raisons pour demander au travail un supplément d'avantage, lorsque les produits du travail ne sont pas assurés. De ce premier degré aux degrés relativement récents du progrès, nous pouvons suivre, dans le fait de porter des armes, dans la perpétuation des querelles de familles, dans le fait de prendre chaque jour des précautions pour sa sûreté, les manières dont les satisfactions égoïstes de chacun sont diminuées par le défaut de cet altruisme qui réfrène les attaques ouvertes des autres.

Les intérêts privés de l'individu sont en moyenne mieux défendus, non seulement dans la mesure où il s'abstient lui-même d'attaques directes, mais aussi, en moyenne, dans la mesure où il réussit à diminuer les agressions de ses semblables les uns contre les autres. La prédominance des antagonismes parmi ceux qui nous entourent entrave les activités que chacun développe pour se procurer quelque bien, et le désordre qui en résulte rend plus douteux l'heureux effet de ces activités. Par suite, chacun profite d'une manière égoïste de l'accroissement d'un altruisme qui conduit chacun à prévenir ou à diminuer pour sa part la violence des autres.

Il en est de même quand nous passons à cet altruisme qui réprime l'égoïsme illégitime manifesté dans la violation des contrats. L'acceptation générale de la maxime que l'honnêteté est la meilleure politique implique l'expérience générale que la satisfaction des inclinations personnelles est en définitive favorisée par le fait de les réprimer de manière à assurer l'équité dans les relations commerciales. Ici, comme plus haut, chacun est intéressé personnellement à faire régner de bonnes relations parmi ceux qui l'entourent. Car il ne peut résulter que des maux et de mille manières d'un excès de transactions frauduleuses. Comme tout le monde le sait, plus un marchand a de comptes en souffrance, plus il est obligé de faire payer cher aux autres pratiques. Plus un fabricant perd sur la qualité de la matière première ou par la maladresse des ouvriers, plus il doit faire payer aux acheteurs. Moins les gens sont dignes de confiance, plus s'élève le taux de l'intérêt, plus s'accroit la somme des capitaux accumulés, plus l'industrie est entravée. Enfin si les négociants, et tout le monde en général, dépassent leurs moyens et hypothèquent par spéculation la propriété d'autrui, ces paniques commerciales, qui sont un désastre pour une foule de gens et entraînent une ruine universelle, sont d'autant plus sérieuses en proportion.

Cela nous amène à remarquer une troisième manière dont le bien-être personnel, tel qu'il résulte de la proportion des avantages obtenus au travail accompli, dépend de certains sacrifices faits au bien-être social. Celui qui consacrerait uniquement son énergie à ses propres affaires, et refuserait de s'inquiéter des affaires publiques, confiant dans sa sagesse à combiner ce qui le concerne, ne voit pas que ses propres affaires ne peuvent réussir qu'autant que l'état social est prospère, et qu'il a tout à perdre si le gouvernement est défectueux. Que la majorité pense comme lui, que les fonctions publiques, par suite, soient remplies par des aventuriers politiques et l'opinion gouvernée par des démagogues ; que la corruption s'étende à l'administration de la loi, et rende habituelles des transactions politiques frauduleuses ; la nation en général, et, entre tous, ceux-là surtout qui n'ont songé qu'à eux sans jamais rien faire pour la société, en subissent lourdement la peine. Pour ces derniers, le recouvrement des dettes est difficile, les opérations commerciales sont incertaines, et la vie même est moins sûre qu'elle ne l'aurait été dans d'autres conditions.

Ainsi, des actions altruistes qui consistent d'abord à pratiquer la justice, en second lieu à faire régner la justice parmi les autres, et troisièmement à favoriser et à développer tout ce qui contribue à l'administration de la justice, dépendent dans une large mesure les satisfactions égoïstes de chacun.

78. Mais l'identification de notre avantage personnel avec l'avantage de nos concitoyens est encore bien plus complète. Il y a bien d'autres manières dont le bien-être de chacun naît et disparaît avec le bien-être de tous.

Un homme faible qu'on laisse pourvoir seul à ses besoins souffre de ce qu'il ne peut se procurer ou la nourriture ou les autres choses nécessaires à la vie comme il le ferait s'il était plus fort. Dans une peuplade formée d'hommes faibles, qui se partagent leurs travaux et en échangent les produits, tous ont à souffrir de la faiblesse de leurs compagnons. La quantité de chaque genre de produit est rendue insuffisante par l'insuffisance des forces, et la part que chacun retire en retour de la part de produit qu'il peut donner est relativement petite. De même que l'entretien des pauvres, des malades dans un hôpital, des malheureux que l'on recueille dans les asiles, de tous ceux enfin qui consomment sans produire, diminue la quantité des choses utiles à partager entre les producteurs, et la rend moindre qu'elle ne serait s'il n'y avait pas d'incapables, plus est grand le nombre des producteurs insuffisants ou plus les forces en moyenne laissent à désirer, moins il y a d'avantages à se partager. Par suite, tout ce qui diminue la force des hommes en général restreint les plaisirs de chacun en augmentant le prix de toute chose.

Un homme est encore plus directement et plus évidemment intéressé au bien-être corporel, à la santé de ses concitoyens; car leurs maladies, quand elles prennent certaines formes, peuvent lui être communiquées. S'il n'est pas lui-même atteint du choléra, ou de la petite vérole, ou du typhus, alors que ces maux attaquent ses voisins, il est souvent exposé à voir frappés ceux qui lui tiennent de près. Dans ces conditions, sa femme peut être malade d'une diphthérie, son domestique d'une fièvre scarlatine, ses enfants sont atteints par telle ou telle épidémie. Ajoutez tous les maux immédiats ou éloignés qui résultent pour lui de ces fléaux d'année en année, et vous verrez manifestement que ses satisfactions égoïstes seront grandement favorisées s'il se montre altruiste, de manière à rendre ces fléaux plus rares.

Ses propres plaisirs dépendent en mille manières des états mentaux aussi bien que des états corporels de ses compatriotes. La sottise, comme la faiblesse, fait augmenter le prix des choses utiles à la vie. Si l'on ne fait pas faire de progrès à l'agriculture, les prix des vivres sont plus élevés qu'ils ne le seraient autrement; si l'on suit dans le commerce l'ancienne routine, tout le monde souffre de dépenses inutiles; s'il n'y a pas d'inventions, tout le monde perd le bénéfice des nouvelles applications de la science. Ce ne sont pas seulement des maux économiques qui résultent de l'inintelligence moyenne, périodiquement, dans ces folies et ces paniques où l'on voit tous les négociants comme un troupeau acheter ou vendre tous ensemble, et, habituellement, dans la mauvaise administration de la justice, pour laquelle le peuple et les législateurs montrent un égal mépris en poursuivant leurs caprices. Le rapport de notre propre bien avec les états mentaux des autres est plus étroit et plus visible; chacun peut en faire l'expérience pour son compte. Le défaut d'exactitude, de régularité est une cause perpétuelle d'ennuis. L'ignorance du cuisinier produit souvent des malaises et quelquefois une indigestion. Le manque de prévoyance de la servante peut, dans un passage obscur, nous faire tomber sur un seau. Si l'on ne rend pas bien compte d'un message, ou qu'on oublie de le transmettre, il en résulte qu'une importante affaire est manquée. Ainsi tout le monde a à gagner, au point de vue égoïste, à un altruisme qui contribue à élever le niveau moyen de l'intelligence. Je ne veux pas parler de cet altruisme qui consisterait à remplir l'esprit des enfants de dates, de noms, de détails sur l'histoire des rois, de récits de batailles et d'autres sujets inutiles dont tout l'entassement ne fera pas d'eux des travailleurs utiles ou de bons citoyens, mais bien d'un altruisme qui contribue à répandre une connaissance exacte de la nature des choses et à développer le pouvoir d'appliquer cette connaissance.

En outre, chacun de nous a un intérêt particulier à l'existence d'une morale publique, et gagne à ce qu'elle se perfectionne. Ce n'est pas seulement dans les cas importants, par suite des agressions, des violations de contrats, des fraudes et de l'emploi de faux poids, que chacun souffre d'un défaut général de moralité ; c'est aussi de mille autres manières moins graves. C'est tantôt par l'indélicatesse d'un homme qui donne un bon certificat à un mauvais serviteur ; tantôt par l'insouciance d'une blanchisseuse qui se sert d'agents chimiques pour s'épargner de la peine, et détruit ainsi son linge ; tantôt par le mensonge d'un voyageur de chemin de fer, qui disperse ses bagages autour de lui pour faire croire que toutes les places du compartiment sont prises quand elles ne le sont pas. Hier, l'indisposition d'un enfant due à des gaz délétères a fait découvrir qu'un tuyau de dégagement s'était bouché parce qu'il avait été mal fait par un maçon peu scrupuleux, sous la direction d'un entrepreneur négligent ou corrompu. Aujourd'hui, les ouvriers employés à le réparer causent de la dépense et des ennuis, par leur lenteur ; ils ne se proposent pas de dépasser le modèle, car l'esprit de corps défend aux meilleurs ouvriers de discréditer les pires en faisant mieux, et ils partagent cette croyance immorale que le moins digne doit être aussi bien traité que le meilleur. Demain, on verra que les dégâts causés par les maçons ont préparé de la besogne au plombier.

Ainsi le perfectionnement des autres, au point de vue physique, au point de vue intellectuel et au point de vue moral, importe personnellement à chacun : en effet, leurs imperfections se traduisent par une élévation du prix de toutes les choses utiles que nous avons à acheter, par un accroissement des taxes et des impôts que nous avons à payer, ou par les pertes de temps et d'argent qui résultent journellement pour nous de la négligence, de la sottise ou de l'immoralité de nos semblables.

79. Certaines connexions plus immédiates entre le bien-être personnel et le souci du bien-être d'autrui sont tout à fait évidentes. On les reconnaît en considérant ce qu'ont à souffrir ceux

qui ne savent inspirer aucune sympathie, et les avantages qu'obtiennent ceux qui agissent d'une manière désintéressée.

Qu'un homme ait formulé son expérience en disant que les conditions du succès sont un cœur dur et un bon estomac, on a de la peine à le comprendre si l'on considère combien de faits démontrent que le succès, même d'un genre matériel, dépendant en grande partie comme il le fait des bons offices des autres, est rendu facile par tout ce qui provoque la bonne volonté de nos semblables. Le contraste entre la prospérité de ceux qui joignent à des aptitudes seulement médiocres une nature qui leur gagne des amis par sa douceur, et l'insuccès de ceux qui, malgré des facultés supérieures et de plus grandes connaissances, se font haïr pour leur dureté ou leur indifférence, forcerait avant tout à reconnaître cette vérité que les jouissances égoïstes sont facilitées par des actions altruistes.

Cet accroissement d'avantages personnels obtenus par des services rendus à autrui ne se produit que partiellement, lorsqu'un motif intéressé nous pousse à accomplir une action désintéressée en apparence ; il se produit complètement dans le cas seulement où l'acte est réellement désintéressé. Bien que les services rendus avec l'intention de profiter un jour de services réciproques soient utiles dans une certaine mesure, ils ne le sont cependant, d'ordinaire, que dans la mesure où ils sont la cause de services réciproques équivalents. Ceux qui rapportent plus que l'équivalent sont ceux qui ne sont inspirés par aucune pensée d'équivalence. C'est évidemment en effet la manifestation spontanée d'une bonne nature, non seulement dans les principaux actes de la vie, mais dans tous ses détails, qui provoque chez tous ceux qui nous entourent les attachements d'où naît une bienveillance illimitée.

Outre qu'elles favorisent le développement de la prospérité, les actions accomplies dans l'intérêt d'autrui nous procurent des plaisirs personnels par cette raison encore qu'elles font régner la joie autour de nous. Avec une personne sympathique, chacun éprouve plus de sympathie qu'avec les autres. Tous montrent plus d'amabilité qu'ils n'ont l'habitude de le faire, à celui qui laisse paraître à chaque instant un naturel aimable. Ce dernier est en réalité entouré de gens meilleurs que celui qui a moins de qualités attrayantes. Si nous opposons l'état d'un homme qui a tous les moyens matériels d'être heureux, mais qui est isolé par son égoïsme absolu, avec l'état d'un homme altruiste, relativement pauvre d'argent, mais riche d'amis, nous voyons que les divers plaisirs que l'argent ne peut donner viennent en abondance à celui-ci et sont inaccessibles au premier.

Ainsi, tandis qu'il y a un genre d'actions concernant l'intérêt des autres, favorables à la prospérité de nos concitoyens en général, et qu'il faut délibérément accomplir en vertu de motifs tirés indirectement de notre propre intérêt, car nous sommes convaincus que notre propre bien-être dépend dans une large mesure du bien-être de la société, il y a un autre genre d'actions concernant l'intérêt des autres, auxquelles ne se mêle aucune conscience de notre propre intérêt, et qui contribuent grandement néanmoins à nous procurer des satisfactions égoïstes.

80. Il y a d'autres manières encore de montrer que l'égoïsme pèche habituellement quand il n'est pas modéré par l'altruisme. Il diminue la totalité du plaisir égoïste en diminuant dans plusieurs directions la capacité d'éprouver le plaisir.

Les plaisirs personnels, considérés ensemble ou séparément, perdent de leur intensité si l'on y insiste trop, c'est-à-dire si l'on en fait l'objet exclusif de ses recherches. La loi que la fonction entraîne une déperdition, et que les facultés dont l'exercice est une cause de plaisir ne peuvent agir continuellement sans qu'il s'ensuive un épuisement et la satiété, a pour conséquence que les intervalles pendant lesquels les actions altruistes absorbent les énergies sont des intervalles pendant lesquels la capacité d'éprouver des plaisirs égoïstes recouvre toute sa vigueur. La sensibilité pour les jouissances purement personnelles se conserve à un plus haut degré chez ceux qui s'emploient aux plaisirs des autres, que chez ceux qui se dévouent entièrement à leurs propres plaisirs.

Cette vérité, manifeste même lorsque le niveau de la vie est élevé, est encore plus frappante lorsqu'il s'abaisse. C'est dans la maturité et dans la vieillesse que nous voyons d'une manière spéciale comment, à mesure que les plaisirs égoïstes deviennent plus faibles, les actions altruistes servent à les reproduire en leur donnant des formes nouvelles. Le contraste entre le plaisir qu'un enfant prend aux nouveautés qui lui sont chaque jour révélées, et l'indifférence qui s'accroît à mesure que le monde nous est plus connu, jusqu'à ce que dans l'âge adulte il reste relativement peu de choses dont nous jouissions véritablement, fait comprendre à tout le monde que les plaisirs diminuent à mesure que les années passent. Pour ceux qui réfléchissent, il est clair que la sympathie seule nous fait trouver indirectement du plaisir dans les choses qui ont cessé de nous en procurer directement. On le voit avec évidence pour les plaisirs que les parents retirent des plaisirs de leurs enfants. Quelle que soit la banalité de cette remarque que les hommes revivent dans leurs enfants, nous avons besoin de la répéter ici pour nous rappeler la manière dont l'altruisme, alors que les satisfactions égoïstes s'affaiblissent dans le cours de la vie, renouvelle ces satisfactions en les transfigurant.

Nous sommes amenés ainsi à une considération plus générale, celle de l'aspect égoïste du plaisir altruiste. Ce n'est pas que ce soit le moment de discuter la question de savoir si l'élément égoïste peut être exclu de l'altruisme, ou de distinguer entre l'altruisme que l'on poursuit avec la prévision d'un plaisir à en retirer, et l'altruisme qui, tout en procurant ce plaisir, n'en fait pas son objet. Nous considérons seulement le fait que l'état qui accompagne une action altruiste étant un état agréable, qu'on y parvienne sciemment ou non, doit être compté dans la somme des plaisirs que l'individu peut recevoir, et, en ce sens, ne peut pas ne pas être un plaisir égoïste. Nous devons évidemment le considérer ainsi, car ce plaisir, comme les plaisirs en général, a pour résultat la prospérité physique du moi. Comme toute autre émotion agréable élève le niveau de la vie, ainsi fait l'émotion agréable qui accompagne un acte de bienveillance. On ne peut nier que la peine causée par la vue d'une souffrance déprime les fonctions vitales, quelquefois même au point de suspendre l'action du cœur, comme chez ceux qui s'évanouissent en assistant à une opération chirurgicale ; de même, on ne peut nier que la joie ressentie en présence de la joie d'autrui n'exalte les fonctions vitales. Par suite, bien que nous devions hésiter à classer le plaisir altruiste comme une espèce plus élevée de plaisir égoïste, nous sommes obligés de reconnaître le fait que ses effets immédiats, en augmentant la vie et en favorisant ainsi le bien-être personnel, ressemblent à ceux des plaisirs qui sont directement égoïstes. Le corollaire à en déduire est que le pur égoïsme, même dans ses résultats immédiats, est moins avantageusement égoïste que ne l'est l'égoïsme convenablement tempéré par l'altruisme, lequel, outre les plaisirs additionnels qu'il nous procure, nous donne aussi, par l'accroissement de la vitalité, une plus grande capacité pour éprouver des plaisirs en général.

C'est aussi une vérité à ne pas négliger que la somme des plaisirs esthétiques est plus considérable pour une nature altruiste que pour une nature égoïste. Les joies et les douleurs humaines forment un élément principal de la matière de l'art, et il est évident que les plaisirs dont l'art est la source s'accroissent à mesure que se développe la sympathie pour ces joies et ces douleurs. Si nous opposons la poésie primitive, principalement occupée de la guerre et se prêtant aux instincts sauvages pa des descriptions de victoires sanglantes, à la poésie des temps modernes, dans laquelle les appétits cruels ne tiennent qu'une petite place, tandis qu'elle est inspirée le plus souvent par des sentiments plus doux, et consacrée à exciter chez les lecteurs la compassion pour les faibles, nous voyons qu'avec le développement d'une nature plus altruiste s'est ouverte une sphère de jouissances inaccessible à l'égoïsme farouche des temps barbares. Il y a de même une différence entre les fictions du passé et celles du présent. Dans les premières, on s'occupait exclusivement des actions des classes dirigeantes, dont les antagonismes et les crimes fournissaient le sujet et l'intrigue ; les autres, prenant de préférence pour sujets des histoires pacifiques, et le plus souvent la vie des classes les plus humbles, découvrent un monde nouveau de faits intéressants dans les joies et les douleurs journalières de la foule. On rencontre un contraste pareil entre les formes anciennes et les formes modernes de l'art plastique. Lorsqu'ils ne représentent pas des cérémonies du culte, les bas-reliefs et les peintures murales des Assyriens et des Egyptiens, ou les décorations des temples chez les Grecs rappellent les exploits des conquérants ; dans les temples modernes, au contraire, les œuvres destinées à glorifier des actes de destruction sont moins nombreuses, et les œuvres qui répondent aux sentiments les plus doux des spectateurs sont plus nombreuses. Pour voir que ceux qui ne s'inquiètent en aucune façon des sentiments de leurs semblables se privent par là d'un grand nombre de plaisirs esthétiques, il suffit de se demander si les hommes qui se plaisent aux combats de chiens sont capables d'apprécier l'*Adélaïde* de Beethoven, ou si le poème de Tennyson *In memoriam* pourrait beaucoup émouvoir une troupe de galériens.

81. Ainsi, depuis l'origine de la vie, l'égoïsme a dépendu de l'altruisme, comme l'altruisme a dépendu de l'égoïsme, et dans le cours de l'évolution les services réciproques de l'un et de l'autre se sont accrus.

Le sacrifice physique et inconscient des parents pour donner naissance à des descendants, sacrifice que les êtres vivants les plus humbles accomplissent sans cesse, nous montre dans sa forme primitive l'altruisme qui rend possible l'égoïsme de la vie et de la croissance individuelles. A mesure que nous montons à des degrés supérieurs dans l'échelle des êtres, cet altruisme des parents se manifeste par la cession directe seulement d'une partie du corps, alors que le reste du corps contribue par une usure plus active des tissus au développement de la progéniture. Ce sacrifice indirect de substance, remplaçant de plus en plus le sacrifice direct à mesure que l'altruisme des parents devient plus élevé, continue jusqu'à la fin à représenter aussi un autre altruisme que celui des parents, puisque cet autre altruisme se traduit également en une perte de substance pour des efforts qui n'aboutissent pas à un agrandissement personnel.

Après avoir observé comment dans le genre humain l'altruisme des parents et celui de la famille se transforment en un altruisme social, nous avons fait remarquer qu'une société, comme une espèce, subsiste à la condition seulement que chaque génération de ses membres transmette à la suivante des avantages équivalents à ceux qu'elle a reçus de la précédente. Cela suppose que le soin de la famille doit être complété par le soin de la société.

La plénitude des satisfactions égoïstes dans un état social dépendant d'abord du maintien d'une relation normale entre les efforts dépensés et les bénéfices obtenus, qui est le fondement de toute vie, implique un altruisme qui à la fois inspire une conduite équitable et impose l'obligation de l'équité. Le bien-être de chacun est enveloppé dans le bien-être de tous de plusieurs autres manières. Tout ce qui contribue à augmenter la vigueur des autres nous intéresse, car celle-ci diminue le prix de tout ce que nous achetons. Tout ce qui contribue à les affranchir des maladies nous intéresse, car nous sommes par là moins exposés nous-mêmes aux maladies. Tout ce qui élève leur intelligence nous intéresse, car nous sommes exposés chaque jour à mille inconvénients par suite de leur ignorance ou de leur folie. Tout ce qui élève leur caractère moral nous intéresse, car en toute occasion nous avons à souffrir du défaut de conscience dans la société en général.

Les satisfactions égoïstes dépendent bien plus directement encore des activités altruistes qui nous gagnent les sympathies d'autrui. En s'aliénant ceux qui l'entourent, l'homme intéressé perd les services gratuits qu'ils peuvent lui rendre ; il se prive d'un grand nombre de jouissances sociales, et il manque de ces accroissements du plaisir et de ces adoucissements de la douleur que nous procurent ceux qui nous aiment en partageant nos sentiments.

Enfin un égoïsme illégitime se nuit à lui-même en produisant une incapacité d'éprouver le bonheur. Les plaisirs purement égoïstes sont rendus moins vifs par la satiété, même dans la première partie de la vie, et dans la seconde ils disparaissent presque entièrement ; les plaisirs de l'altruisme, dont on se lasse moins vite, manquent à la vie, et surtout à cette dernière partie de la vie où ils remplaceraient largement les plaisirs égoïstes ; par suite, on est incapable de ressentir les plaisirs esthétiques de l'ordre le plus élevé.

Nous devons indiquer en outre une vérité à peine reconnue, à savoir que cette dépendance de l'égoïsme par rapport à l'altruisme s'étend au delà des limites de chaque société et tend toujours à l'universalité. Il n'est pas nécessaire de montrer qu'au dedans de chaque société elle s'accroît avec l'évolution sociale, celle-ci impliquant une augmentation de dépendance mutuelle, et il en résulte que, si la dépendance des sociétés entre elles devient plus grande grâce à des relations commerciales, la prospérité intérieure de chacune intéresse toutes les autres. C'est un lieu commun d'économie politique que l'appauvrissement d'un pays, la diminution de ses forces de production et de consommation, est nuisible aux pays qui sont en rapports avec lui. Bien plus, nous avons éprouvé souvent dans ces dernières années des crises industrielles entraînant de grandes souffrances pour des nations qui n'étaient pas directement en jeu, par suite de guerres entre d'autres nations. Si chaque peuple voit les satisfactions égoïstes de ses membres diminuées par les luttes entre les peuples voisins, à plus forte raison doit-il les voir diminuées par les luttes où il intervient lui-même. On peut remarquer combien, dans différentes parties du monde, l'esprit de conquête, dépourvu de tout scrupule et inspiré par la prétention spécieuse de répandre les bienfaits du gouvernement et de la religion britanniques, produit de maux en retour aux classes industrielles de l'Angleterre et en augmentant les charges publiques et en paralysant le commerce, et l'on verra que ces classes industrielles, absorbées par des questions de capital et de salaire, et se croyant elles-mêmes désintéressées de nos affaires extérieures, souffrent du défaut de cet altruisme universel, qui aurait pour effet de nous inspirer la justice dans nos rapports avec tous les peuples, civilisés ou sauvages. On comprendra aussi qu'en dehors de ces maux immédiats, elles auront à souffrir, pendant toute une génération, des maux qui découlent d'une résurrection du type d'organisation sociale produit par les activités agressives, et de l'abaissement du niveau moral qui l'accompagne.

CHAPITRE XIII

JUGEMENT ET COMPROMIS

82. Dans les deux précédents chapitres, nous avons plaidé successivement pour l'égoïsme et pour l'altruisme. Ils sont en conflit ; nous avons maintenant à considérer quel verdict il faut prononcer.

Si les plaidoyers opposés sont vrais séparément ou même si chacun d'eux est vrai en partie, nous devons en conclure que le pur égoïsme et le pur altruisme sont l'un et l'autre illégitimes. Si la maxime : « Vivre pour soi, » est fausse, la maxime : « Vivre pour les autres, » l'est aussi. Par suite, un compromis est seul possible.

Je ne donne pas comme prouvée cette conclusion, bien qu'elle paraisse inévitable. L'objet de ce chapitre est de la justifier pleinement, et je la formule dès le commencement, parce que les arguments employés seront mieux compris si le lecteur a sous les yeux la conclusion vers laquelle ils convergent.

Comment conduire la discussion pour faire ressortir plus clairement cette nécessité d'un compromis ? Le meilleur moyen sera peut-être de donner à l'une des deux thèses sa forme extrême, et d'observer les absurdités qui en seront la conséquence. Traiter ainsi le principe du pur égoïsme, ce serait perdre son temps. Tout le monde voit que si chacun poursuivait sans contrainte à chaque instant son propre intérêt, sans s'occuper le moins du monde des autres hommes, il en résulterait une guerre universelle et la dissolution de la société. Nous choisirons donc de préférence le principe du pur désintéressement, dont les mauvais effets sont moins évidents.

Il y a deux aspects sous lesquels se présente la doctrine qui fait du bonheur des autres le but moral. Les autres peuvent être conçus personnellement, comme des individus avec lesquels nous avons des relations directes ; ou bien ils peuvent être conçus impersonnellement, comme constituant la communauté. Tant qu'il s'agit de l'abnégation de soi-même impliquée par un pur altruisme, il importe peu de savoir dans quel sens on emploie ce mot « les autres ». Mais la critique sera rendue plus facile par la distinction de ces deux significations. Nous considérerons d'abord la seconde.

83. Nous avons donc à examiner le « principe du plus grand bonheur », tel qu'il a été formulé par Bentham et ses disciples. La doctrine que « le bonheur général » doit être l'objet de nos recherches n'est pas, à la vérité, présentée comme identique avec le pur altruisme. Mais comme, si le bonheur général est la fin propre de l'action, l'agent individuel doit regarder sa propre part de ce bonheur comme une unité du tout, à laquelle il ne doit pas attribuer plus de valeur qu'à aucune autre, il en résulte que, puisque cette unité est en quelque sorte infinitésimale en comparaison du tout, son action, si elle a exclusivement pour but l'achèvement du bonheur général, est, sinon absolument, du moins aussi complètement altruiste que possible. Par suite, la théorie qui fait du bonheur général l'objet immédiat de la poursuite peut à bon droit être prise comme une forme du pur altruisme que nous avons à critiquer ici.

Pour justifier cette interprétation et à la fois pour donner une proposition définie que nous puissions discuter, voici un passage de l'*Utilitarianisme* de M. Mill :

« Le principe du plus grand bonheur, dit-il, est une simple expression sans signification rationnelle, à moins que le bonheur d'une personne, supposé égal en degré (avec la réserve spéciale à faire sur son espèce), ne soit compté comme ayant exactement la même valeur que celui d'une autre personne. Ces conditions remplies, le mot de Bentham : « compter chacun pour un, ne compter personne pour plus qu'un, » peut être écrit au dessous du principe de l'utilité, comme commentaire explicatif. » (P. 91.)

Toutefois, bien que le sens du « plus grand bonheur », comme fin, soit par là défini jusqu'à un certain point, nous éprouvons cependant le besoin d'une définition plus complète, du moment où nous voulons décider de quelle manière il faut régler sa conduite pour atteindre cette fin. La première question qui se présente est : Devons-nous regarder « ce principe du plus grand bonheur » comme un principe de direction pour la communauté considérée dans sa capacité collective, ou comme un principe de direction pour ses membres considérés séparément, ou pour la communauté et ses membres à la fois ? Si l'on répond que le principe doit être pris comme guide pour l'action gouvernementale plutôt que pour l'action individuelle, nous avons alors à demander : Quel sera le guide de l'action individuelle ? Si l'action individuelle ne doit pas être réglée seulement pour procurer « le plus grand bonheur du plus grand nombre », il faut quelque autre principe pour régler l'action individuelle ; et « le principe du plus grand bonheur » ne donne pas la règle morale dont nous avons besoin. Réplique-t-on que l'individu dans sa capacité d'unité politique doit prendre pour fin de favoriser le développement du bonheur général, en votant ou en agissant de quelque autre manière sur la législature avec cette fin en vue, et qu'en cela il a une règle de conduite, nous avons encore à demander : D'où viendra une direction pour le reste de la conduite individuelle, reste qui en constitue de beaucoup la plus grande partie ? Si cette partie privée de la conduite individuelle ne doit pas avoir directement pour but le bonheur général, il nous faut encore trouver une autre règle morale que celle qu'on nous offre.

Ainsi, à moins que le pur altruisme, comme on l'a formulé, ne confesse son insuffisance, il est tenu de se justifier, comme donnant une règle satisfaisante pour toute conduite, individuelle et sociale. Nous allons d'abord le discuter en tant que prétendu principe légitime de la politique ; nous le discuterons ensuite comme prétendu principe légitime des actions privées.

84. Si l'on s'efforce de comprendre d'une manière exacte que, en prenant pour fin le bonheur général, la règle doit être « de compter chacun pour un et de ne compter personne pour plus qu'un », l'idée de distribution se présente à l'esprit. Nous ne pouvons former l'idée de distribution sans penser à quelque chose à distribuer et à des personnes pour recevoir ce quelque chose. Pour pouvoir clairement concevoir la proposition, nous devons clairement en concevoir ces deux éléments. Considérons d'abord les personnes qui reçoivent.

« Compter chacun pour un, ne compter personne pour plus qu'un. » Veut-on dire par là que, par rapport à tout ce qui est partagé, chacun doit en recevoir la même part, quel que soit son caractère, quelle que soit sa conduite ? S'il est passif, doit-il avoir autant que s'il est actif ? s'il est inutile, autant que s'il est utile ? s'il est criminel, autant que s'il est vertueux ? Si la distribution doit se faire sans égard aux natures et aux actes de ceux qui reçoivent, il faut alors montrer qu'un système qui égalise, autant que possible, le traitement du bon et du méchant, est avantageux. Si la distribution ne doit pas être aveugle, alors le principe disparaît. Le quelque chose à distribuer doit être partagé autrement que par une égale division. Il doit y avoir proportion des parts aux mérites, et l'on nous laisse dans l'incertitude quant à la manière d'établir cette proportion; nous avons à trouver une autre règle.

Voyons maintenant quel est ce quelque chose à distribuer. La première idée qui se présente est que le bonheur lui-même doit être partagé entre tous. Prises littéralement, les idées que le plus grand bonheur doit être la fin à poursuivre, et qu'en le partageant il faut compter chacun pour un et ne compter personne pour plus qu'un, impliquent que le bonheur est quelque chose qui peut être divisé en parties et distribué à la ronde. C'est là cependant une interprétation impossible. Mais, après en avoir reconnu l'impossibilité, nous avons encore à résoudre la question : Par rapport à quoi faut-il compter chacun pour un et ne compter personne pour plus qu'un?

Faut-il entendre que les moyens concrets d'être heureux doivent être également répartis? Veut-on dire qu'il faut distribuer à tous en parties égales les choses nécessaires à la vie, ce qui sert au bien-être, ce qui rend l'existence agréable? Comme conception simplement, on peut un peu mieux le soutenir. Mais en laissant de côté la question de politique, en laissant la question de savoir si le plus grand bonheur serait *en définitive* assuré par ce procédé (ce qui évidemment n'arriverait pas), il est facile de voir, si l'on y réfléchit, que le plus grand bonheur ne serait pas même *immédiatement* assuré de cette manière. Les différences d'âge, de croissance, de constitution, les différences d'activité et les différences de consommation qui en résultent, les différences de désirs et de goûts, amèneraient ce résultat inévitable que les secours matériels que chacun recevrait pour être heureux répondraient plus ou moins aux besoins. En admettant même que le pouvoir d'acquérir fût également réparti, le plus grand bonheur ne serait pas encore atteint en comptant chacun pour un et en ne comptant personne pour plus qu'un ; en effet, comme les capacités pour utiliser les moyens acquis de bonheur varieraient à la fois avec la constitution et avec l'âge, les moyens qui suffiraient approximativement pour satisfaire les besoins de l'un seraient extrêmement insuffisants pour satisfaire les besoins de l'autre, et ainsi l'on n'obtiendrait pas la plus grande somme de bonheur ; les moyens pourraient être inégalement partagés de manière à en produire une somme plus grande.

Mais si le bonheur lui-même ne peut être partagé et distribué également, si un égal partage des éléments matériels du bonheur ne produit pas le plus grand bonheur, quelle est donc la chose qu'il faut ainsi partager? Par rapport à quoi faut-il compter chacun pour un et ne compter personne pour plus qu'un? Il semble qu'il n'y ait plus qu'une hypothèse possible. Il ne reste rien à distribuer également, si ce n'est les conditions dans lesquelles chacun peut poursuivre le bonheur. Les limitations de l'action, les degrés de liberté et de contrainte, doivent être les mêmes pour tous. Chacun aura autant de liberté pour chercher sa fin qu'il se pourra en sauvegardant de semblables libertés chez les autres pour chercher leurs fins, et chacun aura autant qu'un autre la jouissance de ce que ses efforts, dans ces limites, auront obtenu. Mais dire que par rapport à ces conditions il faut compter chacun pour un et ne compter personne pour plus qu'un, c'est dire tout simplement qu'il faut assurer l'équité.

Ainsi, considéré comme principe de politique, le principe de Bentham se transforme par l'analyse en le principe même que ce moraliste prétend renverser. Ce n'est pas le bonheur général qui donne la règle morale par laquelle l'action législative doit se laisser guider, mais bien la justice universelle. Ainsi s'écroule la doctrine altruiste présentée sous cette forme.

85. Après avoir examiné la doctrine d'après laquelle le bonheur général devrait être la fin de la conduite publique, nous passons à l'examen de la doctrine d'après laquelle elle devrait être la fin de la conduite privée.

On soutient qu'au point de vue de la raison pure le bonheur des autres ne doit pas être un objet moins légitime de notre poursuite à chacun que notre propre bonheur. Considérés comme parties d'un tout, un bonheur éprouvé par nous-mêmes et un bonheur semblable éprouvé par un autre ont des valeurs égales; on en infère que, à l'estimer rationnellement, l'obligation de travailler dans l'intérêt d'autrui est aussi grande que l'obligation de travailler dans notre propre intérêt. En affirmant que le système de morale utilitaire, bien compris, s'accorde avec la maxime chrétienne : « Aimez votre prochain comme vous-même, » M. Mill dit que « l'utilitarisme lui commande d'être aussi strictement impartial qu'un spectateur désintéressé et bienveillant, entre son propre bonheur et celui des autres. » (P. 24.) Considérons les deux interprétations que l'on peut donner de cette proposition.

Supposons d'abord qu'un certain quantum de bonheur puisse se réaliser de quelque manière sans la participation spéciale de A, B, C ou D, qui forment le groupe dont il s'agit. Alors la proposition veut dire que chacun doit être prêt à voir ce quantum de bonheur éprouvé autant par un ou plusieurs des autres que par lui-même. Le spectateur désintéressé et bienveillant déciderait clairement, en pareil cas, que personne ne doit avoir plus de bonheur qu'un autre. Mais ici, si l'on suppose comme nous le faisons que le quantum de bonheur est réalisable sans qu'aucune des personnes du groupe ait rien à faire, la simple équité porte le même jugement. Personne n'ayant en aucune manière plus de droit que les autres, les droits sont égaux, et le respect que l'on doit à la justice ne permet à aucun de nos personnages de monopoliser le bonheur à son profit.

Supposons maintenant un cas différent. Supposons que le quantum de bonheur ait été rendu possible par les efforts d'un des membres du groupe. Supposons que A ait acquis par son travail quelque objet matériel capable de donner du bonheur. Il veut agir comme le prescrirait le spectateur désintéressé et bienveillant. Que décidera-t-il? Que prescrirait le spectateur? Considérons toutes les suppositions possibles, en commençant par la moins raisonnable.

On peut concevoir le spectateur comme prescrivant que le travail fait par A pour acquérir ce qui peut servir au bonheur ne lui donne aucun droit à l'usage spécial de ce qu'il a acquis, qu'il faut le donner à B, à C ou à D, ou qu'il faut le partager également entre B, C et D, ou le partager également entre tous les membres du groupe, y compris A, qui a travaillé pour l'acquérir. Si le spectateur est conçu comme prenant cette décision aujourd'hui, on doit le concevoir comme la prenant tous les jours, avec ce résultat que l'un des membres d'un groupe fait tout le travail, sans obtenir aucun avantage en retour, ou en obtenant seulement sa part numérique, tandis que les autres ont leur part de bénéfice sans rien faire. Que A puisse concevoir une semblable décision du spectateur désintéressé et bienveillant, et se sentir tenu de se conformer à cette décision imaginaire, c'est une supposition un peu forte, et probablement on conviendra qu'une pareille sorte d'impartialité, bien loin de conduire au bonheur général, serait bientôt fatale à tous. Mais ce n'est pas tout. Le principe dont il s'agit s'oppose lui-même en réalité à ce que l'on obéisse à une telle décision. Car non seulement A, mais encore B, C et D doivent agir d'après ce principe. Chacun d'eux doit se comporter selon la décision qu'il attribue à un spectateur impartial. B conçoit-il le spectateur impartial comme lui assignant à lui, B, le produit du travail de A? Il faut alors admettre que B conçoit le spectateur impartial comme le favorisant lui-même, B, plus que A ne conçoit le même spectateur comme le favorisant lui-même, A ; ce qui ne s'accorde pas avec l'hypothèse. B, en concevant le spectateur impartial, fait-il abstraction de ses propres intérêts aussi complètement que le fait A? Alors comment peut-il prononcer d'une manière si conforme à ses intérêts, si partiale, qu'il se permette de prendre une part égale des bénéfices du travail de A, alors que ni lui ni les autres n'ont rien fait pour les acquérir?

Nous avons signalé cette décision concevable, quoique peu croyable, du spectateur, pour faire remarquer qu'il serait impossible de s'y conformer habituellement. Il reste à considérer la décision que prendrait un spectateur réellement impartial. Il dirait que le bonheur, ou l'objet matériel qui sert au bonheur, acquis par le travail de A, doit être pris par A. Il dirait que B, C et D n'y ont aucun droit, mais ont droit seulement au bonheur ou aux objets utiles au bonheur, que leurs travaux respectifs leur ont procurés. En conséquence, A, agissant comme le spectateur impartial imaginaire le prescrirait, est justifié, d'après ce témoignage, s'il s'approprie tel bonheur ou tel moyen de bonheur qu'il a gagné par ses efforts.

Ainsi, sous sa forme spéciale comme sous sa forme générale, le principe est vrai seulement en tant qu'il représente une justice déguisée. L'analyse nous conduit encore à ce résultat que faire du « bonheur général » la fin de l'action, signifie en réalité maintenir ce que nous appelons des relations équitables entre les individus. Refusez d'accepter sous sa forme vague « le principe du plus grand bonheur », et insistez pour savoir quelle est la conduite publique ou privée qu'il implique, et vous verrez évidemment que ce principe n'a aucun sens, à moins qu'il ne serve indirectement à affirmer que les droits de chacun doivent scrupuleusement être respectés par tout le monde. L'altruisme utilitaire devient un égoïsme mitigé comme il convient.

86. Nous pouvons maintenant nous placer à un autre point de vue pour juger la théorie altruiste. Si, en supposant que l'objet propre de notre poursuite soit le bonheur général, nous procédons rationnellement, nous devons nous demander de quelles manières l'agrégat, le bonheur général, peut être composé ; nous devons nous demander aussi quelle composition de cet agrégat donnera la somme la plus grande.

Supposons que chaque citoyen poursuive son propre bonheur isolément, non pas de manière à nuire aux autres, mais sans s'intéresser aux autres activement ; alors la réunion de leurs bonheurs constitue une certaine somme, un certain bonheur général. Supposons maintenant que chacun, au lieu de faire de son propre bonheur l'objet de sa poursuite, poursuive le bonheur des autres; alors encore il en résultera une certaine somme de bonheur. Cette somme doit être moindre, ou aussi grande, ou plus grande que la première. Si l'on admet qu'elle soit moindre ou seulement aussi grande, la méthode altruiste est évidemment pire, ou elle n'est pas meilleure que la méthode égoïste. Il faut supposer que la somme de bonheur obtenue est plus grande. Considérons ce que contient cette hypothèse.

Si chacun poursuit exclusivement le bonheur des autres, et si chacun reçoit aussi du bonheur (ce qui doit être, car il ne peut se former un agrégat de bonheur en dehors des bonheurs individuels), il faut alors conclure que chacun doit exclusivement à une action altruiste le bonheur dont il jouit, et que pour chacun ce bonheur est plus grand en somme que le bonheur égoïste qu'il pourrait se procurer lui-même, s'il s'appliquait lui-même à le poursuivre. Laissant de côté pour un moment ces sommes relatives des deux espèces de bonheur, notons les conditions nécessaires pour que chacun goûte le bonheur altruiste. Les natures sympathiques éprouvent du plaisir à faire plaisir, et, si le bonheur général est l'objet de la poursuite, on dira que chacun sera heureux en présence du bonheur des autres. Mais dans ce cas en quoi consiste le bonheur des autres? Ces autres sont aussi, par hypothèse, des personnes qui poursuivent et éprouvent le plaisir altruiste. La genèse du plaisir altruiste pour chacun dépend du plaisir que témoignent les autres, et ceux-ci à leur tour n'en témoigneront qu'autant que les autres en témoigneront, et ainsi de suite indéfiniment. Où commence donc le plaisir? Évidemment il doit y avoir quelque part un plaisir égoïste, avant que la sympathie qu'il fait éprouver produise un plaisir altruiste. Évidemment, par suite, chacun doit être égoïste à un degré convenable, même si c'est seulement dans l'intention de donner aux autres le moyen d'être altruistes. Ainsi, bien loin de devenir plus grande, si tous font du bonheur le plus grand leur unique fin, la somme du bonheur disparaît entièrement.

Une comparaison empruntée à l'ordre physique nous fera mieux voir encore combien est absurde la supposition que l'on puisse arriver au bonheur universel sans que chacun songe à son propre bonheur. Supposez un amas de corps dont chacun engendre de la chaleur et dont chacun reçoit aussi des autres de la chaleur, parce que chacun d'eux la rayonne sur ceux qui l'entourent. Il est manifeste que chacun aura une certaine chaleur propre indépendamment de celle qui lui vient du dehors, et aussi une certaine chaleur qui lui vient des autres corps indépendamment de celle qu'il a par lui-même. Qu'arrivera-t-il?

Tant que chacun de ces corps continuera à être un générateur de chaleur, ils continueront à conserver une certaine température dérivée en partie d'eux-mêmes et en partie des autres. Mais si chacun d'eux cesse de fournir de la chaleur, et en est réduit à celle qui rayonne des autres corps, l'amas tout entier se refroidira. Eh bien, la chaleur directement produite représente le plaisir égoïste, et la disparition de toute chaleur, si chacun cesse d'en donner, correspond à la disparition de tout plaisir si chacun cesse d'en créer d'une manière égoïste.

Nous pouvons tirer une autre conclusion. Outre la conséquence qu'avant l'existence du plaisir altruiste il faut qu'il y ait un plaisir égoïste, et que, si la règle de conduite est la même pour tous, il faut que chacun soit égoïste à un degré convenable, il y a cette conséquence que, pour arriver à la plus grande somme de bonheur, chacun doit être plus égoïste qu'altruiste. Car, pour parler en général, les plaisirs sympathiques seront toujours moins intenses que les plaisirs avec lesquels on sympathise. Toutes choses égales d'ailleurs, les sentiments idéaux ne peuvent être aussi vifs que les sentiments réels. Il est vrai que ceux qui ont une forte imagination peuvent, surtout dans les cas où les affections sont engagées, sentir la douleur morale sinon la douleur physique d'un autre, aussi complètement que celui même qui en souffre en réalité, et peuvent prendre avec une égale intensité leur part du plaisir d'autrui ; quelquefois même, on se représente mentalement le plaisir éprouvé comme plus grand qu'il ne l'est en vérité, et l'on jouit alors d'un plaisir réflexe plus vif que le plaisir direct de celui qui est en cause. De pareils cas, cependant, et les cas dans lesquels, même à part l'exaltation de sympathie causée par l'attachement, il y a un ensemble de sentiments produits sympathiquement égal en somme aux sentiments originaux, sinon plus vif, sont nécessairement exceptionnels. Car, en de pareils cas, la conscience totale enferme d'autres éléments que la représentation mentale du plaisir ou de la peine, notamment l'excès de pitié ou l'excès de bonté, et ces éléments ne se présentent que dans de rares occasions : ils ne sauraient être les concomitants habituels des plaisirs sympathiques si tous les recherchaient à chaque moment. En appréciant la totalité possible des plaisirs sympathiques, nous ne devons rien y faire entrer en dehors de la représentation des plaisirs que les autres éprouvent. A moins d'affirmer que les états de conscience de nos semblables se reproduisent toujours en nous plus vivement que les états analogues ne se forment en nous sous l'influence de leurs propres causes personnelles, il faut admettre que la totalité des plaisirs altruistes ne peut pas égaler la totalité des plaisirs égoïstes. Par suite, outre la vérité qu'avant qu'il existe des plaisirs altruistes il doit y avoir des plaisirs égoïstes, de telle sorte que ceux-là naissent de la sympathie pour ceux-ci, il est encore vrai que, pour obtenir la plus grande somme de plaisirs altruistes, il doit y avoir une plus grande somme de plaisirs égoïstes.

87. On peut démontrer encore d'une autre manière que le pur altruisme se détruit lui-même. Une loi parfaitement morale doit être une loi qui devient parfaitement praticable à mesure que la nature humaine fait des progrès, et, si elle est nécessairement impraticable pour une nature humaine idéale, elle ne peut être la loi morale cherchée.

Or les occasions de pratiquer l'altruisme sont nombreuses et grandes en proportion de la faiblesse, de l'incapacité ou de l'imperfection humaine. Si nous dépassons les limites de la famille, dans laquelle il faut laisser subsister une sphère d'activités impliquant le sacrifice de soi-même tant qu'il s'agit d'élever ses enfants, et si nous nous demandons comment il peut y avoir encore une sphère d'activités impliquant le sacrifice de soi-même, il est évident que cela tient à ce qu'il y a toujours des maux sérieux, causés par un excès de défauts naturels. Autant les hommes s'appliqueront eux-mêmes à faire tout ce que demandent les besoins de la vie sociale, autant diminueront les demandes de secours en leur faveur. Si l'on arrive à s'adapter entièrement à ces besoins, si tout le monde est un jour capable de se conserver soi-même et de remplir complètement les obligations imposées par la société, les occasions de faire passer ses intérêts après ceux des autres, auxquelles s'applique le pur altruisme, disparaîtront.

De pareils sacrifices de soi-même deviennent, en effet, doublement impraticables. Vivant avec succès individuellement, les hommes non seulement ne fournissent pas à ceux qui les entourent des occasions de leur venir en aide, mais cette aide ne peut leur être donnée ordinairement sans contrarier leurs activités normales, et par suite sans diminuer leurs plaisirs. Comme toute créature inférieure, conduite par ses instincts innés à faire spontanément tout ce que sa vie demande, l'homme, lorsqu'il est complètement formé à la vie sociale, doit avoir des instincts si bien ajustés à ses besoins qu'il satisfait à ses besoins en satisfaisant ses instincts. Si ses instincts sont séparément satisfaits par l'accomplissement des actes requis, aucun de ces actes ne peut être accompli pour lui sans que ses instincts soient frustrés. On ne peut accepter des autres les résultats de leurs activités qu'à la condition de renoncer aux plaisirs qui dérivent de sa propre activité. Il s'ensuivrait donc une diminution plutôt qu'un accroissement de bonheur, si l'action altruiste pouvait être exercée en pareil cas.

Nous arrivons ici à une autre supposition sans fondement faite par la même théorie.

88. Le postulatum de l'utilitarisme tel qu'il est formulé dans les passages cités plus haut, et du pur altruisme pour employer une autre expression, implique la croyance qu'il est possible de transporter de l'un à l'autre le bonheur, ou les moyens d'être heureux, ou les conditions du bonheur. Sans aucune limitation spécifique, la proposition ainsi admise est que le bonheur en général peut être détaché de l'un et rattaché à l'autre, que l'un peut le céder dans une mesure quelconque, et l'autre se l'approprier de même. Mais il suffit de réfléchir un moment pour voir combien cette proposition est loin de la vérité. D'un côté, cette cession jusqu'à un certain point est extrêmement nuisible et, au delà, elle est fatale, et, de l'autre, la plus grande partie du bonheur dont chacun jouit vient de lui-même et ne peut être ni donnée ni reçue.

Supposer que les plaisirs égoïstes peuvent être abandonnés jusqu'à un certain point, c'est tomber dans une de ces nombreuses erreurs de spéculation morale qui résultent de l'ignorance des vérités de la biologie. En nous plaçant au point de vue biologique, nous avons vu que les plaisirs accompagnent des sommes normales de fonctions, tandis que les peines accompagnent des défauts ou des excès de fonctions, et, en outre, que la vie complète dépend de l'exercice complet des fonctions, et par suite de la jouissance des plaisirs corrélatifs. Par suite, renoncer à des plaisirs normaux, c'est renoncer à la vie en proportion, et alors se présente la question : Jusqu'à quel point peut-on le faire? S'il veut continuer à vivre, l'individu *doit* goûter dans une certaine mesure les plaisirs qui accompagnent l'accomplissement des fonctions corporelles, et *doit* éviter les peines qui résultent de leur non-accomplissement. Une complète abnégation amène la mort; une abnégation excessive, la maladie; une abnégation moindre, une dégradation physique, et par suite une diminution de la capacité de remplir ses obligations envers soi-même et envers les autres. Aussi, lorsque nous tentons de mettre en pratique cette règle de vivre non pour notre propre satisfaction, mais pour celle des autres, nous rencontrons cette difficulté qu'au delà de certaines limites c'est impossible. Et lorsque nous avons décidé dans quelle mesure l'individu peut perdre de son bien-être physique, en renonçant aux plaisirs et en acceptant les peines, ce fait s'impose à nous que la portion de bonheur ou de moyens d'être heureux, qu'il lui est possible d'abandonner pour cette redistribution, est une portion limitée.

La restriction opposée au transfert du bonheur, ou des moyens d'être heureux, est encore plus rigoureuse d'un autre côté. Le plaisir obtenu par un effort efficace, par une poursuite heureuse des fins, ne peut par aucun procédé être cédé à un autre, et ne peut d'aucune manière être approprié par un autre. L'habitude de raisonner du bonheur général tantôt comme s'il était un produit concret à partager, et tantôt comme s'il était coextensif avec l'usage des choses matérielles qui servent au plaisir et peuvent être données et reçues, a empêché de remarquer cette vérité, que les plaisirs d'action ne sont pas transférables. L'enfant qui a gagné une partie de billes, l'athlète qui a accompli un tour de force, l'homme d'Etat qui a fait triompher son parti, l'inventeur qui a donné le devis d'une nouvelle machine, le savant qui a découvert une vérité, le romancier qui a tracé un caractère, le poète qui a bien rendu une émotion, éprouvent tous également des plaisirs qui doivent être, dans la nature des choses, exclusivement éprouvés par ceux à qui ils arrivent. Si nous considérons toutes les occupations que la nécessité n'impose pas aux hommes, si nous considérons les ambitions diverses qui jouent un si grand rôle dans la vie, nous devons penser que tant que la conscience du pouvoir et du succès restera un plaisir dominant, il restera un plaisir dominant qui ne pourra être poursuivi au point de vue altruiste et devra l'être d'une manière égoïste.

Si maintenant nous retranchons d'un côté les plaisirs qui sont inséparables de la conservation du physique dans son état de santé, et si nous retranchons de l'autre les plaisirs dus au succès, ce qui reste est si restreint qu'on ne peut défendre cette assertion que le bonheur en général comporte une distribution à la façon dont l'entend l'utilitarisme.

89. Il y a encore une autre manière de montrer l'inconséquence de cet utilitarisme transfiguré qui regarde sa doctrine comme le développement de la maxime chrétienne : « Aimez votre prochain comme vous-même, » et de cet altruisme qui, allant plus loin, formule cette maxime : « Vivez pour les autres. »

Une bonne règle de conduite doit pouvoir être adoptée par tout le monde avec avantage. « Agissez seulement d'après une maxime dont vous puissiez souhaiter, en même temps, qu'elle devienne une loi universelle, » dit Kant. Evidemment, sans insister sur les restrictions qu'il faut apporter à cette maxime, nous pouvons l'accepter dans la mesure où nous admettons qu'un mode d'action qui devient impraticable à mesure qu'il s'approche de l'universalité, doit être mauvais. Par suite, si la théorie du pur altruisme, impliquant que l'on doit travailler dans l'intérêt des autres et non dans son propre intérêt, est soutenable, il faut montrer qu'elle produira de bons résultats lorsque tout le monde la mettra en pratique. Voyons les conséquences si tous sont altruistes.

D'abord cela suppose une combinaison impossible d'attributs moraux. On imagine que chacun fait assez peu de cas de soi-même et assez de cas des autres pour sacrifier volontairement ses propres plaisirs, afin de procurer du plaisir aux autres. Mais si c'est là un trait universel, et si les actions s'en ressentent universellement, nous devons concevoir chacun non seulement comme faisant des sacrifices, mais encore comme en acceptant. Tandis qu'il est assez désintéressé pour renoncer volontairement à l'avantage en vue duquel il a travaillé, il est assez intéressé pour laisser les autres renoncer à son profit aux avantages en vue desquels ils ont travaillé. Pour rendre le pur altruisme possible à tous, chacun doit être à la fois extrêmement généreux et extrêmement égoïste. Comme donnant, il ne doit pas penser à lui; comme recevant, il ne doit pas penser aux autres. Évidemment, cela implique une constitution mentale inconcevable. La sympathie qui est assez pleine de sollicitude à l'égard des autres pour se faire volontairement tort à elle-même dans l'intérêt d'autrui ne peut pas, en même temps, mépriser les autres au point d'accepter des avantages qu'ils ne donnent pas sans se faire tort à eux-mêmes.

Les contradictions qui apparaissent, si nous supposons une pratique universelle de l'altruisme, peuvent encore être mises en évidence de cette manière. Supposons que chacun, au lieu de jouir des plaisirs à mesure qu'il les rencontre, ou des choses utiles au plaisir qu'il s'est procurées par son travail, ou des occasions de plaisir pour se reposer de ce travail, les laisse à un autre, ou les ajoute à une masse commune dont tous les autres profitent, qu'en résultera-t-il? Nous avons plusieurs réponses à faire, suivant que nous admettrons qu'il y a ou qu'il n'y a pas en jeu des influences additionnelles.

Supposons qu'il n'y ait pas d'influences additionnelles. Alors, si chacun transfère à un autre son bonheur, ou les moyens, ou les occasions d'être heureux, tandis que quelque autre fait la même chose à son égard, la distribution du bonheur, en moyenne, n'est pas changée; ou si chacun ajoute à une masse commune son bonheur, ou les moyens, ou les occasions d'être heureux, et que de cette masse chacun retire sa part, l'état moyen n'est pas plus changé qu'auparavant. Le seul effet évident est qu'il doit y avoir des transactions pendant la redistribution ; il s'ensuit une perte de temps et de peine.

Supposons maintenant quelque influence additionnelle qui rende ce procédé avantageux ; quelle doit-elle être ? La totalité peut être accrue seulement si les actes de transfert accroissent la quantité de ce qui est transféré. Le bonheur, ou ce qui le produit, doit être plus grand pour celui qui le fait sortir du travail d'un autre, qu'il ne l'aurait été s'il se l'était procuré par ses propres efforts ; ou autrement, en supposant qu'un fonds de bonheur, ou de ce qui le produit, ait été formé par les contributions de chacun, alors chacun, en s'appropriant sa part, doit la trouver plus grande qu'elle ne l'aurait été s'il ne s'était fait cette agglomération et cette distribution. Pour justifier la croyance à cette augmentation, on peut faire deux suppositions. L'une est que bien que la somme des plaisirs, ou des choses propres à les procurer, reste la même, cependant le genre des plaisirs, ou des choses propres à les procurer que chacun reçoit en échange de la part d'un autre ou de la réunion des autres, est un genre qu'il préfère à celui en vue duquel il a travaillé. Mais supposer cela, c'est supposer que chacun travaille directement en vue de ce qui lui procure le moins de plaisir, et c'est absurde. L'autre supposition est que, si le plaisir du genre égoïste échangé ou redistribué reste le même en somme pour chacun, il s'y ajoute le plaisir altruiste qui accompagne l'échange. Mais cette hypothèse est clairement inadmissible si, comme elle l'implique, la transaction est universelle, si cette transaction est telle que chacun donne et reçoive dans la même mesure. Car si le transfert des plaisirs, ou des choses qui le procurent, de l'un à l'autre ou aux autres, est toujours accompagné pour chacun de la conscience qu'il y aura un équivalent à recevoir de lui ou d'eux, il en résulte purement et simplement un échange tacite, ou direct ou circulaire. Chacun devient altruiste dans la mesure seulement qu'il faut pour être équitable et pas davantage, et personne n'ayant de quoi augmenter son bonheur, par sympathie ou autrement, personne ne sera pour les autres une cause de bonheur sympathique.

90. Ainsi, lorsque l'on recherche le vrai sens des expressions qu'il emploie, ou lorsqu'on examine les conséquences nécessaires de sa théorie, le pur altruisme, quelle que soit la forme sous laquelle il se présente, condamne ses partisans à des absurdités de plusieurs sortes.

Si « le plus grand bonheur du plus grand nombre », ou, en d'autres termes, « le bonheur général, » est la véritable fin de l'action, alors il doit être la fin non seulement de toute action publique, mais aussi de toute action privée ; autrement, la plus grande partie des actions manquerait de règle. Voyons la justesse de ce principe dans les deux cas. Si l'action de la communauté doit être guidée par le principe en question, avec le commentaire qui sert à l'expliquer : « compter chacun pour un, ne compter personne pour plus qu'un, » il faut négliger toutes les différences de caractère et de conduite, de mérite et de démérite, chez les citoyens, puisque le principe ne fait aucune distinction à cet égard ; bien plus, puisque ce n'est pas par rapport au bonheur, que l'on ne saurait distribuer, qu'il faut compter également tous les hommes, et puisqu'un partage égal des moyens concrets d'arriver au bonheur, outre qu'il ne servirait pas en définitive, ne sert pas immédiatement à produire le plus grand bonheur ; il en résulte que la seule manière d'entendre le principe est de dire que l'on doit répartir également les conditions nécessaires à la poursuite du bonheur : nous n'y découvrons alors rien de plus que le précepte de faire régner partout l'équité. Si, prenant le bonheur en général comme le but de l'action privée, l'individu est requis de juger entre son propre bonheur et celui des autres comme le ferait un spectateur impartial, nous voyons qu'aucune supposition concernant le spectateur, excepté une qui est contradictoire, car elle lui attribue de la partialité, ne peut donner un autre résultat que de prescrire à chacun de jouir du bonheur, ou des moyens de parvenir au bonheur, comme ses efforts le lui permettent ; l'équité est encore le seul contenu du principe. Si, adoptant une autre méthode, nous recherchons comment peut être composée la plus grande somme de bonheur, et, reconnaissant le fait qu'un égoïsme équitable produit une certaine somme, si nous demandons comment le pur altruisme en produirait une plus grande, nous avons vu que si tous, poursuivant exclusivement les plaisirs altruistes, doivent produire ainsi une plus grande somme de plaisirs, il faut alors admettre que les plaisirs altruistes, qui naissent de la sympathie, peuvent exister en l'absence de plaisirs égoïstes avec lesquels on puisse sympathiser — chose impossible ; il faut encore admettre que si, la nécessité des plaisirs égoïstes étant reconnue, on dit que la plus grande somme de bonheur sera atteinte si tous les individus sont plus altruistes qu'égoïstes, c'est dire indirectement, sous forme de vérité générale, que les sentiments représentatifs sont plus forts que les sentiments présentatifs — autre impossibilité. En outre, la doctrine du pur altruisme suppose que le bonheur peut dans une certaine mesure être transféré et redistribué ; tandis que, en réalité, les plaisirs d'un certain ordre ne peuvent être transmis dans une mesure un peu considérable sans qu'il en résulte des effets fatals ou extrêmement funestes, et que les plaisirs d'un autre ordre ne peuvent être transmis à aucun degré. De plus, le pur altruisme présente cette anomalie fâcheuse que, tandis qu'un vrai principe d'action doit être de plus en plus pratiqué à mesure que les hommes font plus de progrès, le principe altruiste devient de moins en moins praticable à mesure que l'humanité se rapproche de l'idéal, parce que la sphère dans laquelle il doit s'appliquer diminue de plus en plus. Enfin, on voit évidemment que cette doctrine se détruit elle-même, en observant que pour l'adopter comme principe d'action, ce que l'on doit faire si elle est bonne, il faut être à la fois extrêmement généreux et extrêmement égoïste, être prêt à se faire tort à soi-même dans l'intérêt d'autrui, et prêt à accepter des avantages au prix du malheur des autres : ces deux traits sont inconciliables.

Il est ainsi manifeste qu'un compromis est nécessaire entre l'égoïsme et l'altruisme. Nous sommes forcés de reconnaître combien chacun a raison de s'inquiéter de son propre bien-être, car, en le méconnaissant, nous arrivons d'un côté à une impasse, de l'autre à des contradictions, de l'autre enfin à des résultats désastreux. Réciproquement, il est impossible de nier que l'indifférence de chacun pour tous, quand elle arrive à un certain degré, est fatale à la société, quand elle est encore plus grande, fatale à la famille et enfin à la race. L'égoïsme et l'altruisme sont donc co-essentiels.

91. Quelle forme donner au compromis entre l'égoïsme et l'altruisme? Comment satisfaire à des degrés convenables leurs prétentions légitimes?

C'est une vérité à la fois affirmée par les moralistes et reconnue dans la vie ordinaire, que la réalisation du bonheur individuel n'est pas proportionnée au degré auquel on fait de ce bonheur individuel l'objet d'une poursuite directe ; mais on ne croit pas aussi généralement jusqu'à présent que, de la même manière, la réalisation du bonheur général n'est pas proportionnée au degré auquel on fait de ce bonheur général l'objet d'une poursuite directe. Cependant il est plus raisonnable dans ce dernier cas que dans le premier de s'attendre à ce que la poursuite directe n'aboutisse pas à un bon résultat.

Quand nous avons discuté les rapports entre les moyens et les fins, nous avons vu qu'à mesure que la conduite individuelle se développe, elle doit prendre de plus en plus pour principe de faire de l'obtention des moyens sa fin prochaine, et de laisser la fin dernière, le bien-être ou le bonheur, venir comme résultat. Nous avons vu que lorsque le bien-être de tous ou le bonheur général est la fin dernière, le même principe est encore plus rigoureusement vrai ; car la fin dernière sous sa forme impersonnelle est moins déterminée que sous sa forme personnelle, et les difficultés pour y atteindre par une poursuite directe sont encore plus grandes. Reconnaissant donc le fait que le bonheur de la communauté, plus encore que le bonheur individuel, ne doit pas être poursuivi directement, mais bien indirectement, nous avons d'abord à résoudre cette question : Quelle doit être en général la nature des moyens par lesquels nous y parviendrons ?

On admet que le bonheur individuel s'obtient, dans une certaine mesure, si l'on travaille au bonheur d'autrui. Ne serait-il pas vrai, réciproquement, que l'on obtiendra le bonheur général en travaillant à son propre bonheur ? Si chaque unité assure en partie son bonheur en s'intéressant au bien-être de l'ensemble, le bien-être de l'ensemble ne sera-t-il pas en partie assuré par l'intérêt que chaque unité prendra à son propre bonheur ? Evidemment nous devons conclure que l'on réalisera le bonheur général principalement si les individus recherchent d'une manière convenable leur propre bonheur, et réciproquement, que le bonheur des individus sera réalisé en partie s'ils travaillent au bonheur général.

Cette conclusion prend un corps dans les idées progressives et les usages du genre humain. Ce compromis entre l'égoïsme et l'altruisme s'est lentement établi de lui-même, et les croyances réelles des hommes, distinctes de leurs croyances nominales, en ont graduellement reconnu de mieux en mieux la valeur. L'évolution sociale a amené un état dans lequel les droits de l'individu aux produits de ses activités et aux plaisirs qui en résultent sont de plus en plus positivement affirmés ; en même temps la reconnaissance des droits d'autrui et le respect habituel de ces droits se sont accrus. Chez les sauvages les plus grossiers les intérêts personnels ne se distinguent que très vaguement des intérêts des autres. Dans les premières phases de la civilisation, les avantages sont encore très mal proportionnés au travail : les esclaves et les serfs n'ont pour leurs peines que dans une mesure tout arbitraire le vivre et le couvert : les échanges étant rares, l'idée d'équivalence ne se développe pas beaucoup. Mais avec le développement de la civilisation on a tous les jours à faire l'expérience de la relation entre les avantages à recueillir et le travail fait ; le système industriel maintient, grâce à l'offre et à la demande, une juste adaptation de l'une à l'autre. Ce progrès d'une coopération volontaire, cet échange de services convenus, a été nécessairement suivi d'une diminution des attaques individuelles, d'un accroissement de la sympathie : le terme où nous sommes ainsi conduits est un échange de services indépendamment de toute convention, de services gratuits. C'est dire que les droits des individus sont plus distinctement affirmés et que les jouissances personnelles sont mieux réparties en proportion des efforts dépensés, à mesure que se développent l'altruisme négatif qui se manifeste dans une conduite équitable, et l'altruisme positif qui se manifeste dans une assistance désintéressée.

Une phase plus élevée de ce double changement se remarque de notre temps. Si, d'une part, nous observons les luttes pour la liberté politique, les conflits entre le travail et le capital, les réformes judiciaires accomplies pour mieux garantir les droits, nous voyons que l'on tend encore à assurer à chacun la possession des avantages, quels qu'ils soient, qui lui sont dus, et par suite à exclure ses concitoyens de ces avantages. D'un autre côté, si nous considérons ce que signifient l'abandon du pouvoir aux masses, l'abolition des privilèges de castes, les efforts pour répandre l'instruction, les agitations en faveur de la tempérance, l'établissement de nombreuses sociétés philanthropiques, il nous paraîtra clair que le souci du bien-être d'autrui s'accroît *pari passu* avec le souci du bien-être personnel et les mesures prises pour l'assurer.

Ce qui est vrai des relations au dedans de chaque société est vrai, dans une certaine mesure, des relations entre les diverses sociétés. Bien que pour maintenir des droits nationaux, réels ou imaginaires, souvent assez insignifiants, les peuples civilisés se fassent encore la guerre, cependant leur indépendance nationale est plus respectée que par le passé. Bien que les vainqueurs s'attribuent des portions de territoire et exigent des indemnités de guerre, cependant la conquête n'est plus suivie comme autrefois de l'expropriation du territoire entier, et les peuples ne sont plus réduits en esclavage. L'individualité des sociétés est sauvegardée dans une plus grande mesure. En même temps les relations altruistes se multiplient ; les nations se donnent assistance les unes aux autres dans les cas de désastres, qu'il s'agisse d'inondations, d'incendies, de famines ou de quelque autre fléau. Dans les cas d'arbitrage international, comme nous en avons eu récemment un exemple, qui impliquent la reconnaissance des justes réclamations d'une nation contre une autre, nous constatons un nouveau progrès de cet altruisme plus étendu. Sans doute, il y a encore beaucoup à faire ; car dans les rapports de peuples civilisés à peuples sauvages, il y a peu de progrès à noter. On peut dire que la loi primitive : « Vie pour vie, » a été changée par nous en cette loi : « Pour une seule vie plusieurs vies, » comme dans les cas de l'évêque Patteson et de M. Birch ; mais il faut au moins reconnaître que nous n'infligeons à nos prisonniers ni tortures, ni mutilations. Si l'on dit qu'à la manière des Hébreux qui se croyaient autorisés à s'emparer des terres que Dieu leur avaient promises, et dans certains cas à en exterminer les habitants, nous aussi, pour répondre à « l'intention manifeste de la Providence, » nous dépossédons les races inférieures toutes les fois que nous avons besoin de leurs territoires, on peut répondre que du moins nous ne massacrons que ceux qu'il est nécessaire de massacrer, et laissons vivre ceux qui se soumettent. Si l'on prétend qu'à la façon d'Attila, qui en conquérant et en détruisant les peuples et les nations, se regardait lui-même comme « le fléau de Dieu, » punissant les hommes de leurs crimes, nous aussi, comme le prétend un ministre à la suite d'un prêtre qu'il cite, nous nous croyons appelés à châtier à coups de fusil et de canon les païens qui pratiquent la polygamie ; on répondra que le plus féroce disciple du maître de miséricorde ne voudrait pas lui-même pousser la vengeance au point de dépeupler des territoires entiers et de raser toutes les cités. Et lorsque nous nous rappelons, d'autre part, qu'il y a une Société protectrice des Aborigènes, et que dans certaines colonies il y a des commissaires appointés pour protéger les intérêts des naturels, et que dans certains cas les terres des naturels ont été acquises d'une manière qui, tout injuste qu'elle soit, implique cependant une certaine reconnaissance de leurs droits, nous pouvons dire que si le compromis entre l'égoïsme et l'altruisme a fait encore bien peu de progrès dans les affaires internationales, il en a fait toutefois dans la direction indiquée.

CHAPITRE XIV

CONCILIATION

92. Tel qu'il a été présenté dans le précédent chapitre, le compromis entre les droits personnels et les droits d'autrui semble impliquer un antagonisme permanent entre les uns et les autres. Si chacun doit rechercher son propre bonheur et en même temps prendre au bonheur de ses semblables un intérêt convenable, nous voyons reparaître cette question : Jusqu'à quel point faut-il se proposer l'une de ces fins, et jusqu'à quel point faut-il se proposer l'autre? Nous supposons ainsi, non un désaccord dans la vie de chacun, mais toutefois l'absence d'une harmonie complète. Cependant ce n'est pas là une induction inévitable.

Lorsque, dans les *Principes de sociologie*, IIIe partie, nous avons discuté les phénomènes relatifs à la conservation de la race chez les êtres vivants en général, pour mieux faire comprendre le développement des relations domestiques, nous avons démontré que dans le cours de l'évolution il s'est produit une conciliation entre les intérêts de l'espèce, les intérêts des parents, et les intérêts des descendants. Nous l'avons prouvé en faisant voir qu'à mesure que nous montons des formes les plus humbles de la vie aux plus élevées, la conservation de la race est assurée avec un moindre sacrifice d'existences, soit pour les jeunes individus, soit pour les individus adultes, et aussi avec un moindre sacrifice d'existences de parents au profit de la vie des descendants. Nous avons vu qu'avec le progrès de la civilisation, on constate de semblables changements dans le genre humain, et que les relations domestiques les plus élevées sont celles dans lesquelles la conciliation du bien-être des membres de la famille est la plus complète, en même temps que le bien-être de la société est mieux sauvegardé. Il reste à montrer ici qu'une conciliation pareille s'est établie et continue à s'établir entre les intérêts de chaque citoyen et les intérêts des citoyens en général, tendant toujours à un état dans lequel ces deux sortes d'intérêts se fondraient en un seul, et dans lequel les sentiments qui leur correspondent respectivement seraient en complet accord.

Dans le groupe de la famille, même tel que nous l'observons chez plusieurs vertébrés inférieurs, nous voyons que le sacrifice des parents, devenu maintenant assez modéré en somme pour ne pas les empêcher de vivre longtemps, n'est pas accompagné de la conscience du sacrifice ; au contraire il résulte d'un désir de l'accomplir : les efforts altruistes en faveur des jeunes servent en même temps à satisfaire les instincts des parents. Si nous suivons ces relations à travers les divers degrés de la race humaine, et si nous observons combien l'amour plus souvent que le devoir porte à prendre soin des enfants, nous voyons la conciliation des intérêts se faire de telle sorte que les parents ne sont heureux en réalité que si le bonheur de leurs enfants est assuré : le désir d'avoir des enfants, chez ceux qui n'en ont pas, et l'adoption d'enfants, dans certains cas, montrent combien ces activités altruistes sont nécessaires pour procurer certaines satisfactions égoïstes. On peut s'attendre à ce qu'un nouveau progrès de l'évolution produisant, à mesure que la nature humaine se développera, une diminution de la fécondité, et par suite des charges des parents, amène un état dans lequel, beaucoup plus encore qu'aujourd'hui, les plaisirs de la vie adulte consisteront à perfectionner la nouvelle génération en même temps qu'on assurera son bonheur immédiat.

Or, bien qu'un altruisme d'un genre social, manquant de certains éléments de l'altruisme des parents, ne puisse jamais atteindre au même niveau, on peut croire cependant qu'il arrivera à un niveau où il sera comme celui des parents un altruisme spontané, à un niveau où le souci du bonheur d'autrui sera un besoin journalier, un niveau tel que les satisfactions égoïstes inférieures seront continuellement subordonnées à cette satisfaction égoïste supérieure, sans aucun effort, mais par une préférence pour cette satisfaction égoïste supérieure toutes les fois qu'on pourra se la procurer.

Considérons comment le développement de la sympathie qui doit progresser aussi vite que les circonstances le permettront, amènera cet état.

93. Nous avons vu que dans le cours de l'évolution de la vie,

les plaisirs ont naturellement porté les êtres aux actions que les conditions de la vie demandaient, que les peines les ont détournés de celles qui étaient opposées à ces conditions. Il faut signaler ici la vérité qui en est la conséquence, à savoir que les facultés dont l'exercice, sous certaines conditions, procure en partie de la peine et en partie du plaisir, ne peuvent se développer au-delà de la limite à laquelle elles donnent un surplus de plaisir : si, au-delà de cette limite, leur exercice cause plus de peine que de plaisir, leur développement doit s'arrêter.

La sympathie excite ces deux formes de sentiments. Tantôt la vue du plaisir fait naître en nous un état de conscience agréable ; tantôt nous éprouvons de la douleur à la vue de la douleur. Par suite, si les êtres qui nous entourent manifestent habituellement du plaisir et rarement de la peine, la sympathie donne un surplus de plaisir. Si au contraire on a rarement le spectacle du plaisir et souvent celui de la peine, la sympathie donne un excès de peine. Le développement moyen de la sympathie doit donc être réglé par la moyenne des manifestations de la peine ou du plaisir chez les autres. Si dans des conditions sociales données, ceux qui appartiennent à la même société nous font souffrir tous les jours ou étalent tous les jours sous nos yeux le spectacle de la souffrance, la sympathie ne peut se développer : supposer qu'elle se développera, ce serait supposer que notre constitution se modifierait elle-même de manière à accroître ses peines et par suite à déprimer ses énergies ; ce serait méconnaître cette vérité que le fait de souffrir un genre quelconque de peine rend graduellement insensible à cette peine. D'un autre côté, si l'état social est tel que les manifestations du plaisir prédominent, la sympathie augmentera ; en effet les plaisirs sympathiques, ajoutant à la totalité des plaisirs qui accroissent la vitalité, ont pour résultat de faire prospérer ceux qui sont le plus doués de sympathie, et les plaisirs de la sympathie excédant partout les peines qu'elle peut causer, ont pour effet de l'exercer et par là de la fortifier.

La première conséquence à en tirer a été déjà indiquée plus d'une fois. Nous avons vu que lorsque l'état de guerre est habituel, avec la forme d'organisation sociale qui correspond à cet état, la sympathie ne peut prendre un grand développement. Les activités destructives dirigées contre les ennemis du dehors la dessèchent ; la nature des sentiments généralement éprouvés cause dans la société elle-même des actes fréquents d'agression et de cruauté, et en outre la coopération forcée qui caractérise le régime militaire, réprime nécessairement la sympathie, existe seulement à la condition d'un traitement non sympathique de quelques-uns par les autres.

En supposant même la fin du régime militaire, il y a encore de grands obstacles au développement de la sympathie. Bien que la cessation de la guerre implique une plus complète adaptation de l'homme aux conditions de la vie sociale, et la diminution de certains maux, cette adaptation ne sera pas encore suffisante, et par suite il y aura encore beaucoup de malheurs. En premier lieu, cette forme de nature qui a produit et qui produit encore la guerre, bien que par hypothèse elle se soit changée en une forme plus élevée, ne s'est pas changée cependant en une forme assez élevée pour que toutes les injustices et toutes les peines qu'elle cause disparaissent. Pendant une longue période après que les habitudes de pillage auront pris fin, les défauts de la nature à laquelle tenaient ces habitudes subsisteront, et produiront leurs mauvais effets qui diminuent bien lentement. En second lieu, l'adaptation imparfaite de la constitution humaine aux travaux de la vie industrielle doit persister longtemps, et l'on peut s'attendre à ce qu'elle survive dans une certaine mesure à la cessation des guerres. Les modes d'activité nécessaires doivent rester pendant d'innombrables générations peu satisfaisants à quelque degré. En troisième lieu, les défauts de contrôle par rapport à soi-même comme nous en observons chez l'homme imprévoyant, ainsi que les divers manquements de conduite dus à une prévision peu exacte des conséquences des actes, bien que moins marqués que maintenant, ne pourraient laisser encore de produire des souffrances.

Même une adaptation complète, si elle était limitée à la disparition des non-adaptations que nous venons d'indiquer, ne tarirait pas toutes les sources de ces misères qui, dans la mesure de leur manifestation, entravent le développement de la sympathie. Car tant que le chiffre des naissances l'emporte sur celui des décès au point de rendre très chers les moyens de subsistance, il doit en résulter beaucoup de maux, soit parce qu'il faut résister à ses affections, soit parce qu'il faut se condamner à un excès de travail et se contenter de ressources limitées. C'est seulement lorsque la fécondité diminuera, ce qui arrivera, comme nous l'avons vu, avec un progrès des facultés mentales (*Principes de Biologie*, §§ 367-377), que se produira une diminution des travaux nécessaires pour subvenir à ses besoins et à ceux de sa famille, et ils cesseront seulement alors d'être pour l'énergie humaine une charge trop lourde.

Ainsi par degrés, et seulement par degrés, en même temps que s'affaibliront ces causes de malheur, la sympathie deviendra plus grande. La vie serait intolérable si, les causes de souffrances restant ce qu'elles sont, tous les hommes étaient non seulement sensibles à un haut degré aux peines, physiques et mentales, éprouvées par ceux qui les entourent et exprimées par la physionomie de ceux qu'ils rencontrent, mais encore continuellement conscients des misères que tout être vivant doit subir en conséquence de la guerre, du crime, de l'inconduite, de l'infortune, de l'imprévoyance et de l'incapacité. Mais comme l'homme et la société s'accordent de mieux en mieux tous les jours, et comme les peines causées par le désaccord de l'un et de l'autre diminuent, la sympathie peut se développer sous l'influence des plaisirs que cet accord produit. Les deux changements sont en telle relation, il est vrai, que l'un favorise l'autre. Le développement de la sympathie autant que les conditions le permettent sert lui-même à diminuer la peine, à augmenter le plaisir, et l'excès de plaisir qui en résulte rend possible à son tour un nouveau progrès de la sympathie.

94. La mesure dans laquelle la sympathie peut s'accroître quand les obstacles sont écartés, sera plus facile à concevoir si nous observons d'abord les influences qui l'excitent, et si nous exposons les raisons de croire que ces influences deviendront plus efficaces. Il y a deux facteurs à considérer, le langage naturel du sentiment chez celui avec lequel on sympathise, et le pouvoir d'interpréter ce langage chez celui qui éprouve la sympathie. Nous pouvons par induction indiquer quel sera le développement de l'un et de l'autre.

Les mouvements du corps et les changements de la physionomie sont des effets visibles du sentiment qui, lorsque le sentiment est fort, sont irrépressibles. Lorsque le sentiment cependant est moins fort, qu'il soit sensationnel ou émotionnel, ils peuvent être entièrement ou partiellement réprimés; il y a une habitude, plus ou moins constante, de les réprimer, et cette habitude s'observe surtout chez ceux qui ont des raisons de cacher aux autres ce qu'ils éprouvent. Ce genre de dissimulation est si nécessaire aux caractères et aux conditions de notre existence qu'il en est venu à faire partie du devoir moral, et l'on insiste souvent sur cette retenue comme sur un élément des bonnes manières. Tout cela résulte de la prédominance de sentiments qui sont en opposition avec le bien social, de sentiments que l'on ne peut laisser voir sans produire des désaccords et des inimitiés. Mais à mesure que les appétits égoïstes tomberont davantage sous le contrôle des instincts altruistes, et qu'il se produira moins de mouvements, de nature à être blâmés, la nécessité de prendre garde à l'expression de la physionomie ou aux mouvements du corps décroîtra, et ces signes pourront, sans inconvénient, initier plus clairement les spectateurs aux états de l'esprit. Ce n'est pas tout. Avec l'usage restreint que l'on en fait, ce langage des émotions est actuellement dans l'impossibilité de se développer. Mais dès que les émotions deviendront telles que l'on pourra franchement les manifester, les moyens de les manifester se développeront en même temps que l'habitude de s'en servir; de telle sorte qu'outre les émotions les plus fortes, les nuances les plus délicates et les moindres degrés de l'émotion se traduiront eux-mêmes au dehors : le langage émotionnel deviendra à la fois plus abondant, plus varié et plus défini. Evidemment la sympathie sera facilitée dans la même proportion.

Nous devons signaler un progrès d'une nature analogue tout aussi important, si ce n'est davantage. Les signes vocaux des états sensibles se développeront simultanément. La force, la hauteur, la qualité, le changement du son séparément sont des marques du sentiment, et, combinés de différentes manières et en proportions différentes, servent à exprimer différentes sommes et différents genres de sentiments. Comme nous l'avons remarqué ailleurs, les cadences sont les commentaires des émotions sur les propositions de l'intellect [1]. Ce n'est pas seulement dans le langage animé, mais aussi dans le langage ordinaire, que nous exprimons en élevant ou en abaissant la voix successivement, en nous éloignant dans un sens ou dans l'autre du ton moyen, aussi bien que par la place et la force des termes les plus saillants, le genre des sentiments qui accompagnent la pensée. Eh bien, la manifestation du sentiment par la cadence, aussi bien que sa manifestation par des signes visibles, est actuellement soumise à une certaine contrainte : les raisons de se contenir sont dans un cas les mêmes que dans l'autre. Il en résulte un double effet. Le langage audible du sentiment n'est pas employé jusqu'à la limite de sa capacité réelle, et bien souvent on l'emploie faussement, c'est-à-dire pour manifester aux autres des sentiments que l'on n'éprouve pas. La conséquence de cet usage imparfait et de cet usage trompeur est d'entraver l'évolution que produirait l'usage normal. Nous devons donc inférer qu'avec le progrès d'une adaptation morale, et la diminution du besoin de cacher ses sentiments, leurs signes vocaux se développeront beaucoup. Bien qu'on ne puisse supposer que les cadences exprimeront toujours les émotions aussi exacte-

---

[1]. Voir l'*Essai sur l'origine et la fonction de la musique.*

ment que les mots les idées, il est très possible cependant que le langage émotionnel de nos descendants s'élève autant au-dessus de notre langage émotionnel que notre langage intellectuel s'est déjà élevé au-dessus du langage intellectuel des races les plus primitives.

Il faut tenir compte d'un accroissement simultané du pouvoir d'interpréter à la fois les signes visibles et les signes audibles du sentiment. Parmi ceux qui nous entourent nous voyons des différences à la fois pour l'aptitude à percevoir ces signes et pour l'aptitude à comprendre les états mentaux qu'ils expriment et leurs causes : l'un est stupide au point de ne remarquer ni un léger changement de physionomie ni une altération du son de la voix, ou au point de ne pouvoir en imaginer le sens ; l'autre par une rapide observation et une intuition pénétrante comprend instantanément et l'état d'un esprit et la cause de cet état. Si nous supposons que ces deux facultés s'exaltent, et qu'à la fois la perception des signes devienne plus délicate et la faculté de les comprendre plus puissante, nous aurons quelque idée de la sympathie plus profonde et plus large à laquelle elles donneront naissance. Des représentations plus vives des sentiments d'autrui, impliquant des excitations idéales de sentiments fort voisines des excitations réelles, doivent avoir pour conséquence une plus grande ressemblance entre les sentiments de celui qui éprouve la sympathie et ceux de celui qui la cause, ressemblance qui ira presque jusqu'à l'identité.

Par un accroissement simultané de ses facteurs subjectif et objectif, la sympathie peut ainsi, à mesure que les obstacles diminuent, dépasser celle que nous voyons aujourd'hui chez ceux qui sont capables de sympathie, autant que celle-ci dépasse déjà l'indifférence.

95. Quelle doit être, par suite, l'évolution de la conduite ? Que doivent devenir les relations de l'égoïsme et de l'altruisme à mesure qu'on se rapprochera de cette forme de la nature.

C'est le moment de rappeler une conclusion déduite dans le chapitre sur la relativité des plaisirs et des peines, et sur laquelle nous avons alors insisté comme sur une vérité importante. Nous avons dit qu'en supposant des activités qui s'accordent avec la continuation de la vie, il n'y en a aucune qui ne puisse devenir une source de plaisirs, si les conditions du milieu exigent que nous persistions à les exercer. Il faut ici ajouter comme corollaire, que si les conditions exigent une certaine classe d'activités relativement grandes, il se produira un plaisir relativement grand à la suite de cette classe d'activités. Quelle est la portée de ces inductions générales à propos de la question spéciale qui nous occupe ?

Nous avons vu que la sympathie est essentielle pour le bien public comme pour le bien individuel. Nous avons vu que la coopération et les avantages qu'elle procure à chacun et à tous s'élèvent dans la proportion où les intérêts altruistes, c'est-à-dire sympathiques, s'étendent. Les actions auxquelles nous portent les inclinations sociales doivent donc être comptées parmi celles que demandent les conditions sociales. Ce sont des actions que tendent toujours à accroître la conservation et le développement progressif de l'organisation sociale, et ainsi des actions auxquelles doit s'attacher un plaisir croissant. Des lois de la vie on doit conclure que la discipline sociale agissant constamment formera de telle manière la nature humaine que les plaisirs sympathiques finiront par être recherchés spontanément pour le plus grand avantage de tous et de chacun. Le domaine des activités altruistes ne s'étendra pas plus que le désir des satisfactions altruistes.

Dans des natures ainsi constituées, bien que les plaisirs altruistes doivent rester en un certain sens des plaisirs égoïstes, cependant ils ne seront pas poursuivis d'une manière égoïste, ils ne seront pas poursuivis pour des motifs égoïstes. Bien que le fait de faire plaisir procure du plaisir, cependant la pensée du plaisir sympathique à obtenir n'occupera pas la conscience; ce sera seulement la pensée du plaisir donné. Il en est ainsi maintenant dans une large mesure. Dans le cas d'une véritable sympathie, l'attention est tellement absorbée par la fin prochaine, le bonheur d'autrui, qu'il n'en reste pas pour prévoir le bonheur personnel qui peut au bout du compte en résulter. Une comparaison fera bien comprendre cette relation.

Un avare accumule de l'argent, sans se dire délibérément « je vais en agissant ainsi me procurer les plaisirs que donne la possession des richesses. » Il pense seulement à l'argent et aux moyens de s'en procurer, et il éprouve incidemment le plaisir que donne la possession. La propriété, voilà ce qu'il se plaît à imaginer et non le sentiment que causera la propriété. De même, celui qui éprouve de la sympathie au plus haut degré, est mentalement disposé à ne se représenter que le plaisir éprouvé par un autre, et ne recherche le plaisir que dans l'intérêt d'autrui, oubliant la part qu'il pourra lui-même en retirer. Ainsi, à la considérer subjectivement, la conciliation de l'égoïsme et de l'altruisme finira par être telle que malgré ce fait que le plaisir altruiste, en tant qu'il est un élément de la conscience de celui qui l'éprouve, ne peut jamais être autre qu'un plaisir égoïste, on n'aura pas conscience de son caractère égoïste.

Voyons ce qui doit arriver dans une société composée de personnes constituées de cette manière.

96. Les occasions de faire passer son intérêt après celui des autres, ce qui constitue l'altruisme comme on le conçoit ordinairement, doivent, de plusieurs manières, être de plus en plus limitées à mesure que l'on s'approche de l'état le plus élevé.

Des appels importants à la bienfaisance supposent beaucoup d'infortunes. Pour que beaucoup d'hommes demandent aux autres de venir à leur secours, il faut qu'il y ait beaucoup d'hommes dans le besoin, dans des conditions relativement misérables. Mais, comme nous l'avons vu plus haut, le développement des sentiments sociaux n'est possible qu'autant que la misère décroît. La sympathie arrive au plus haut degré seulement lorsqu'il n'y a plus de nombreuses occasions de se sacrifier soi-même ou de faire quelque chose d'analogue.

Changeons de point de vue, et cette vérité nous apparaîtra sous un autre aspect. Nous avons déjà vu qu'avec le progrès de l'adaptation, chacun en vient à être constitué de telle sorte qu'il ne peut recevoir de secours sans que son activité, comme cause de plaisir, soit arrêtée de quelque manière. Il ne peut y avoir d'intervention avantageuse entre une faculté et sa fonction quand elles sont bien adaptées l'une à l'autre. Par suite, à mesure que le genre humain approche d'une complète adaptation des natures individuelles aux besoins sociaux, il doit y avoir moins d'occasions et des occasions moindres de secourir les autres.

Mais en outre, comme nous l'avons remarqué dans le dernier chapitre, la sympathie qui nous porte à agir dans l'intérêt d'autrui doit souffrir du tort que les autres se font et par suite doit détourner d'accepter des avantages qui résultent d'une conduite qui leur est préjudiciable. Que faut-il en conclure ? Alors que chacun, dès que l'occasion se présente, est prêt à faire le sacrifice des satisfactions égoïstes et en a même un vif désir ; les autres, qui sont dans les mêmes dispositions, ne peuvent que s'opposer à ce sacrifice. Si quelqu'un, proposant qu'on le traite avec plus de dureté que ne le prescrirait un spectateur désintéressé, se refuse à s'approprier ce qui lui est dû, les autres prenant soin de son intérêt s'il ne le fait pas lui-même, doivent nécessairement insister pour qu'il se l'approprie. Ainsi un altruisme général, dans sa forme développée, doit inévitablement résister aux excès individuels de l'altruisme. Le rapport auquel nous sommes aujourd'hui habitués sera changé, et au lieu de voir chacun défendre ses droits, nous verrons les autres défendre à sa place les droits de chacun : non pas, il est vrai, par des efforts actifs, ce qui ne sera pas nécessaire, mais par une résistance passive à l'abandon de ces droits. Il n'y a rien dans un tel état de choses dont on ne puisse même aujourd'hui trouver quelque trace dans notre expérience journalière; ce n'est, il est vrai, qu'un commencement. Dans les transactions d'affaires entre gens honorables, il est ordinaire de voir chacun désirer que l'autre partie ne sacrifie pas ses intérêts. Il n'est pas rare qu'on refuse de prendre quelque chose que l'on regarde comme appartenant à un autre, mais que cet autre s'offre à céder. Dans les relations sociales, les cas sont aussi assez communs où ceux qui voudraient abandonner leur part de plaisir n'y sont pas autorisés par les autres. Un nouveau développement de la sympathie ne peut que servir à rendre cette manière d'être de plus en plus générale et de plus en plus naturelle.

Il y a certains empêchements complexes de l'excès d'altruisme qui, d'une autre manière, forcent l'individu à revenir à un égoïsme normal. Nous pouvons ici en signaler deux.

En premier lieu, des actes d'abnégation souvent répétés impliquent que celui qui les fait impute tacitement un caractère relativement intéressé à ceux qui profitent de ces actes d'abnégation. Même en prenant les hommes comme il sont, ceux pour lesquels on fait souvent des sacrifices finissent à l'occasion par se sentir blessés de la supposition qu'ils sont disposés à les accepter; celui qui se dévoue en vient lui aussi à reconnaître le sentiment que les autres éprouvent, et par là il est amené à mettre un peu plus de réserve dans sa conduite, à se sacrifier un peu moins et un peu plus rarement. Il est évident que sur des natures plus développées, ce genre d'empêchement doit agir plus promptement encore.

En second lieu, lorsque, comme l'implique l'hypothèse, les plaisirs altruistes auront atteint une plus grande intensité que celle qu'ils ont maintenant, chacun sera détourné de les poursuivre d'une manière excessive par la conscience de ce fait que les autres personnes aussi désirent ces plaisirs, et qu'il faut leur laisser l'occasion d'en jouir. Même aujourd'hui on peut observer dans des groupes d'amis, où il y a comme une rivalité d'amabilité, que les uns renoncent, pour les laisser aux autres, à profiter des occasions qu'ils auraient de montrer leur dévouement. « Laissez-la renoncer à cet avantage ; vous lui ferez plaisir ; » « Laissez-lui prendre ce souci; il en sera content; » ce sont des conseils qui de temps à autre témoignent de cette disposition d'esprit. La sympathie la plus développée veillera aux plaisirs sympathiques des autres aussi bien qu'à leurs plaisirs intéressés. Ce que l'on peut appeler une équité supérieure empêchera d'empiéter sur le domaine des activités altruistes de nos semblables, comme la sympathie inférieure défend d'empiéter sur le domaine de leurs activités égoïstes, et par la retenue imposée à ce que l'on peut appeler un altruisme égoïste, seront empêchés des sacrifices excessifs de la part de chacun.

Quelles sphères restera-t-il donc à la fin à l'altruisme tel qu'on le conçoit ordinairement ? Il y en a trois. L'une doit toujours être très étendue, et les autres doivent progressivement diminuer sans jamais disparaître.

La première est celle de la vie de famille. Il faudra toujours subordonner ses sentiments personnels à ses sentiments sympathiques dans l'éducation des enfants. Bien qu'il doive y avoir à ce point de vue une diminution à mesure que diminuera le nombre des enfants à élever, cette subordination s'accroîtra d'autre part alors que l'élaboration et la prolongation des activités à dépenser en leur faveur deviendront plus grandes. Mais comme nous l'avons vu plus haut, même aujourd'hui il s'est fait une conciliation partielle telle que ces satisfactions égoïstes que procure la paternité sont atteintes au moyen des activités altruistes, et cette conciliation tend toujours à devenir parfaite. Ajoutons à cela une conséquence importante de cet altruisme familial : les soins réciproques que les enfants donnent aux parents dans leur vieillesse, soins toujours plus éclairés et plus complets, à propos desquels on peut prévoir une conciliation analogue.

La poursuite du bien-être social en général doit dans la suite, comme c'est déjà le fait, fournir une nouvelle raison de faire passer l'intérêt personnel après l'intérêt des autres, mais une raison qui s'affaiblit continuellement ; car à mesure que l'adaptation à l'état social devient plus parfaite, on a moins besoin de ces actions régulatrices qui rendent la vie sociale harmonieuse. Alors la somme de l'action altruiste que chacun entreprend doit être renfermée par les autres dans des limites étroites ; car s'ils sont altruistes eux aussi, ils ne doivent pas souffrir que quelques-uns, au profit du reste de la communauté, mais en s'exposant eux-mêmes à un grand dommage, se dévouent aux intérêts publics.

Dans les relations privées, des occasions de montrer le dévouement auquel porte la sympathie seront toujours fournies à un certain degré, qui ira toujours diminuant, par les accidents, les maladies, les infortunes en général ; en effet, bien que l'adaptation de la nature humaine aux conditions d'existence en général, physiques et sociales, puisse se rapprocher beaucoup de la perfection, elle ne pourra jamais complètement l'atteindre. Les inondations, les incendies, les explosions, donneront toujours de temps à autre l'occasion de montrer de l'héroïsme, et parmi les motifs des actes héroïques, l'inquiétude causée par le danger d'autrui sera moins mêlée que maintenant de l'amour de la gloire. Quelle que puisse être cependant l'ardeur avec laquelle on se portera aux actes altruistes dans de pareilles occasions, la part qui incombera à chacun sera, pour les raisons que nous avons données, fort restreinte.

Mais si, dans les incidents de la vie ordinaire, on a très rarement à se dévouer à proprement parler pour les autres, il y aura dans le cours journalier des choses une multitude de petites occasions d'exercer ses sentiments sympathiques. Chacun peut toujours veiller au bien-être des autres en les préservant des maux qu'ils ne voient pas, en les aidant à leur insu dans toutes leurs actions; ou, en prenant la contre-partie, chacun peut avoir, en quelque sorte, des yeux et des oreilles supplémentaires chez les autres, qui percevront à sa place ce qu'il ne perçoit pas lui-même : ainsi la vie deviendra plus parfaite en mille détails, et elle s'adaptera mieux aux circonstances.

97. Doit-il donc en résulter que par la diminution des sphères où il s'exerce, l'altruisme diminue lui-même en somme ? Pas du tout ; cette conclusion impliquerait une méprise.

Naturellement, dans les circonstances actuelles, alors que la souffrance est si répandue et que les plus fortunés sont obligés à tant d'efforts pour secourir les moins fortunés, le mot altruisme désigne seulement un sacrifice personnel, ou, en quelque manière, un mode d'action qui, s'il apporte quelque plaisir, est aussi suivi d'une abnégation de soi-même qui n'est pas agréable. Mais la sympathie qui porte à se priver soi-même pour plaire à autrui, est une sympathie qui reçoit aussi du plaisir par suite des plaisirs que les autres éprouvent pour d'autres causes encore. Plus est vif le sentiment qui nous porte à rendre nos semblables heureux, plus est vif aussi le sentiment avec lequel nous nous associons à leur bonheur quelle que puisse en être la source.

Ainsi sous sa forme dernière, l'altruisme consistera dans la jouissance d'un plaisir résultant de la sympathie que nous avons pour les plaisirs d'autrui que produit l'exercice heureux de leurs activités de toutes sortes, plaisir sympathique qui ne coûte rien à celui qui l'éprouve, mais qui s'ajoute par surcroît à ses plaisirs égoïstes. Ce pouvoir de se représenter en idée les états mentaux des autres, qui a eu pour fonction, pendant le progrès de l'adaptation, d'adoucir la souffrance, doit, lorsque la souffrance se réduit à un minimum, en venir à avoir presque exclusivement la fonction d'exalter mutuellement les jouissances des hommes, en donnant à chacun une vive intuition des jouissances de ses semblables. Tandis que la peine l'emporte de beaucoup sur le bien, il n'est pas désirable que chacun participe beaucoup à la conscience d'autrui ; mais à mesure que le plaisir prédomine, la participation à la conscience des autres devient pour tous une cause de plaisir.

Ainsi disparaîtra l'opposition en apparence permanente entre l'égoïsme et l'altruisme, impliquée par le compromis auquel nous sommes arrivés dans le dernier chapitre. A la considérer subjectivement, la conciliation sera telle que l'individu n'aura pas à balancer entre les impulsions qui le concernent et celles qui concernent les autres ; mais, au contraire, les satisfactions données aux impulsions concernant les autres, qui impliquent un sacrifice de soi-même, devenant rares et plus appréciées, seront préférées avec si peu d'hésitation, que l'on sentira à peine la concurrence que feront à ces impulsions celles qui concernent l'individu lui-même. La conciliation subjective sera telle, en outre, que, bien que le plaisir altruiste puisse être atteint, cependant on n'aura même pas conscience d'avoir pour motif d'action l'obtention du plaisir altruiste ; on songera uniquement à assurer le plaisir d'autrui. En même temps, la conciliation, à la considérer objectivement, sera également complète. Bien que chacun n'ayant plus besoin de défendre ses prétentions égoïstes, doive tendre plutôt, dès que l'occasion s'en présente, à les abandonner, cependant les autres, étant dans de semblables dispositions, ne lui permettront pas de le faire dans une large mesure, et lui assureront ainsi les moyens de satisfaire ses inclinations personnelles comme l'exige le développement de sa vie ; ainsi, bien qu'on ne soit plus alors égoïste dans le sens ordinaire du mot, on aura cependant à jouir de tous les effets d'un égoïsme légitime. Ce n'est pas tout ; de même qu'au premier moment du progrès, la compétition égoïste, atteignant d'abord un compromis en vertu duquel chacun ne réclame pas plus que la part qui lui revient, s'élève ensuite à une conciliation telle que chacun insiste pour que les autres prennent aussi la part qui leur appartient ; avec le progrès le plus avancé, la compétition altruiste, atteignant d'abord un compromis en vertu duquel chacun s'interdit de prendre aucune part illégitime des satisfactions altruistes, peut s'élever ensuite à une conciliation telle que chacun veille à ce que les autres aient toutes les occasions d'éprouver ces plaisirs altruistes : l'altruisme le plus élevé étant celui qui contribue non seulement aux satisfactions égoïstes de nos semblables, mais encore à leurs satisfactions altruistes.

Quelque éloigné que paraisse encore l'état que nous décrivons, cependant on peut suivre et voir déjà à l'œuvre dans les relations des hommes qui sont le mieux doués chacun des facteurs nécessaires pour le produire. Ce qui ne se présente alors, même chez ces hommes, qu'à certaines occasions et à un faible degré, deviendra avec le progrès de l'évolution, nous pouvons l'espérer, habituel et fort, et ce qui est maintenant la marque d'un caractère exceptionnellement élevé pourra devenir la marque de tous les caractères. En effet ce dont est capable la nature humaine la meilleure est à la portée de la nature humaine en général.

98. Que ces conclusions obtiennent beaucoup d'adhésions, c'est peu probable. Elles ne s'accordent assez ni avec les idées courantes, ni avec les sentiments les plus répandus.

Une pareille théorie ne plaira pas à ceux qui déplorent que de plus en plus l'on cesse de croire à la damnation éternelle; ni à ceux qui suivent l'apôtre de la force brutale en pensant que si la règle de la force a été bonne autrefois elle doit être bonne dans tous les temps; ni à ceux qui témoignent de leur respect pour celui qui a dit de remettre l'épée au fourreau, en répandant l'épée à la main sa doctrine parmi les infidèles. La conception que nous proposons serait traitée avec mépris par ce régiment de la milice du comte de Fife, dont huit cents hommes, au moment de la guerre Franco-allemande, demandèrent à servir au dehors, laissant au gouvernement à décider de quel côté ils combattraient. Des dix mille prêtres d'une religion d'amour, qui se taisent quand le pays est poussé par la religion de la haine, nous n'avons à attendre aucun signe d'assentiment, ni de leurs évêques, qui loin obéir au principe suprême du maître qu'ils prétendent servir : si l'on vous frappe sur une joue, tendez l'autre joue, sont d'avis d'agir selon ce principe : frappez pour n'être pas frappé. Ils ne nous approuveront pas non plus les législateurs qui après avoir demandé dans leur prière qu'on leur pardonne leurs offenses comme ils pardonnent aux autres, décident aussitôt d'attaquer ceux qui ne les ont point offensés, et qui, après un discours de la reine où a été invoquée « la bénédiction du Dieu tout-puissant » pour leurs délibérations, pourvoient immédiatement aux moyens de commettre quelque brigandage politique.

Mais bien que les hommes qui professent le christianisme et pratiquent le paganisme, ne doivent ressentir aucune sympathie pour cette théorie, il y en a d'autres, rangés parmi les antagonistes de la croyance commune, qui peuvent ne pas regarder comme une absurdité d'admettre qu'une version rationaliste des principes moraux de cette croyance sera peut-être un jour mise en pratique.

CHAPITRE XV

LA MORALE ABSOLUE ET LA MORALE RELATIVE

99. Appliqué à la morale, beaucoup de lecteurs supposeront que le mot « absolu » implique des principes de conduite qui existeraient en dehors de tout rapport avec les conditions de la vie telle qu'elle est en ce monde, en dehors de toute relation de temps et de lieu, et indépendants de l'univers tel que nous le connaissons actuellement, des principes « éternels », comme on les appelle. Cependant ceux qui se rappellent la doctrine exposée dans les *Premiers Principes*, hésiteront à interpréter ce mot de cette manière. Le bien, comme nous pouvons le concevoir, suppose nécessairement l'idée du non-bien, ou du mal, comme corrélatif, et par suite qualifier de bons les actes de la Puissance qui se manifeste dans des phénomènes, c'est supposer que les actes accomplis par cette Puissance pourraient être mauvais. Mais comment peut-il se produire, en dehors de cette Puissance, des conditions telles que la conformité de ses actes à ces conditions les rende bons et leur non-conformité mauvais? Comment l'Être inconditionné peut-il être soumis à des conditions supérieures à lui-même?

Si, par exemple, on affirme que la Cause des choses, conçue comme douée d'attributs moraux essentiels semblables aux nôtres, a bien fait de produire un univers qui, dans la suite d'un temps incommensurable, a donné naissance à des êtres capables de plaisir, et qu'elle aurait mal fait de s'abstenir de produire un pareil univers; alors, il faut expliquer comment, imposant les idées morales qui se sont formées dans sa conscience finie à l'Existence infinie qui échappe à la conscience, l'homme se met derrière cette Existence infinie et lui prescrit des principes d'action.

Comme cela résulte des chapitres précédents, le bien et le mal tels que nous les concevons ne peuvent exister que par rapport aux actes d'êtres capables de plaisirs et de peines, l'analyse nous ramenant aux plaisirs et aux peines comme éléments qui servent à former ces conceptions.

Mais si le mot « absolu », comme nous l'employons plus haut, ne se rapporte pas à l'Être inconditionné, si les principes d'action distingués comme absolus et relatifs concernent la conduite d'êtres conditionnés, de quelle manière faut-il entendre ces mots? Le meilleur moyen d'en expliquer le sens est de faire une critique des conceptions courantes sur le bien et le mal.

100. Les conversations qui se rapportent aux affaires de la vie, impliquent habituellement la croyance que chaque fait peut être rangé sous un chef ou sous l'autre. Dans une discussion politique, des deux côtés on prend pour accordé qu'une certaine ligne de conduite qui est bonne doit être choisie, tandis que toutes les autres sont mauvaises. Il en est de même pour les jugements des actes individuels : chacun de ces actes est approuvé ou désapprouvé comme pouvant être classé d'une manière définie comme bon ou mauvais. Même quand on admet certaines restrictions, on les admet avec l'idée qu'il faut reconnaître à ces actes tel ou tel caractère positif.

Nous n'observons pas ce fait seulement dans la manière populaire de penser et de parler. Les moralistes, sinon complètement et d'une façon déterminée, du moins partiellement et par sous-entendus, expriment la même croyance. Dans ses *Méthodes de Morale* (1re édit., p. 6), M. Sidgwick dit : « Qu'il y ait dans n'importe quelle circonstance donnée une chose qui doit être faite et que l'on peut connaître, c'est là une hypothèse fondamentale qui n'est pas faite par les philosophes seulement, mais par tous les hommes qui sont capables de raisonner en morale [1]. » Dans cette phrase, il n'y a de nettement affirmée que la dernière des propositions ci-dessus, à savoir que dans tous les cas, ce qui « doit être fait » « peut être connu. » Mais bien que « ce qui doit être fait » ne soit pas distinctement identifié avec « le bien, » on a le droit d'en inférer, en l'absence de toute indication contraire, que M. Sidgwick regarde les deux expressions comme identiques, et il n'est pas douteux qu'en concevant ainsi les postulats de la science morale, il ne s'accorde

---

[1]. Je ne trouve pas ce passage dans la seconde édition; mais cette omission ne paraît pas tenir à un changement de doctrine, mais bien à ce que cette phrase ne s'accordait plus aussi naturellement avec la forme nouvelle donnée à l'argumentation dans ce paragraphe.

avec la plupart, sinon avec l'universalité de ceux qui l'ont étudiée. A première vue, il est vrai, rien ne semble plus évident que la nécessité d'accepter ces postulats, si l'on admet que les actions doivent être jugées. Cependant on peut les mettre en question l'un et l'autre et montrer, je crois, qu'ils ne sont soutenables ni l'un ni l'autre. Au lieu d'admettre qu'il y a dans chaque cas un bien et un mal, on peut prétendre que dans une multitude de cas il n'y a pas de bien, à proprement parler, mais seulement un moindre mal; en outre, on peut prétendre que dans la plupart de ces cas où il n'y a qu'un moindre mal, il n'est pas possible d'affirmer avec quelque précision quel est ce moindre mal.

Une grande partie des incertitudes de la spéculation morale viennent de ce que l'on néglige cette distinction entre le bien et le moindre mal, entre ce qui est absolument bien et ce qui est bien relativement. En outre beaucoup d'incertitudes sont dues à l'hypothèse que l'on peut, en quelque sorte, décider dans chaque cas entre deux manières d'agir celle qui est moralement obligatoire.

101. La loi du bien absolu ne peut tenir aucun compte de la souffrance, si ce n'est celui qu'implique la négation. La souffrance est le corrélatif d'une certaine espèce de mal, d'un certain genre de divergence par rapport à la manière d'agir, qui répond exactement à tous les besoins. Si, comme nous l'avons vu dans un chapitre précédent, la conception d'une bonne conduite se ramène clairement toujours, lorsqu'on l'analyse, à la conception d'une conduite qui produit quelque part un surplus de plaisir, tandis que, réciproquement, la conduite conçue comme mauvaise est toujours celle qui inflige ici ou là un surplus de souffrance positive ou négative; alors ce qui est absolument bon, ce qui est absolument droit, dans la conduite, ne peut être que ce qui produit un pur plaisir, un plaisir qui n'est mélangé d'aucune peine, n'importe où. Par conséquent la conduite qui est suivie de quelque souffrance, aussitôt ou un peu plus tard, est partiellement mauvaise, et tout ce que l'on peut dire de mieux en faveur de cette conduite, c'est qu'elle est la moins mauvaise possible dans les conditions données, qu'elle est relativement bonne.

Le contenu des chapitres précédents nous amène ainsi à cette conclusion que, si l'on se place au point de vue de l'évolution, les actes humains durant l'acheminement au progrès qui s'est fait, se fait et durera longtemps encore, doivent rentrer, dans la plupart des cas, dans cette catégorie du moindre mal. La somme des maux que ces actions attireront à leurs auteurs ou aux autres sera en proportion du désaccord entre le naturel dont les hommes héritent de l'état pré-social et les besoins de la vie sociale. Tant qu'on souffrira, il y aura du mal, et une conduite qui produit du mal dans n'importe quelle mesure ne peut être absolument bonne.

Pour éclaircir la distinction sur laquelle nous insistons ici entre la conduite parfaite qui est l'objet de la morale absolue et la conduite imparfaite qui est l'objet de la morale relative, il faut donner quelques exemples.

102. Parmi les meilleurs exemples à citer des actions absolument bonnes, sont celles qui se produisent dans les cas où la nature et les besoins ont été mis en parfait accord avant que l'évolution sociale eût commencé. Nous n'en citerons que deux ici.

Considérez la relation qui existe entre une mère bien portante et un enfant bien portant. Entre l'une et l'autre il y a une mutuelle dépendance qui est pour tous les deux une source de plaisir. En donnant à l'enfant sa nourriture naturelle, la mère éprouve une jouissance; en même temps l'enfant satisfait son appétit, et cette satisfaction accompagne le développement de la vie, la croissance, l'accroissement du bien-être. Suspendez cette relation, et il y a souffrance de part et d'autre. La mère éprouve à la fois une douleur physique et une douleur morale, et la sensation pénible qui résulte pour l'enfant de cette séparation a pour effet un dommage physique et quelque dommage aussi pour sa nature émotionnelle. Ainsi l'acte dont nous parlons est exclusivement agréable pour tous les deux, tandis que la cessation de cet acte est une cause de souffrance pour tous les deux, c'est donc un acte du genre que nous appelons ici absolument bon.

Dans les relations d'un père avec son fils nous trouvons un exemple analogue. Si celui-là a le corps et l'esprit bien constitués, son fils, ardent au jeu, trouve en lui un écho sympathique, et leurs jeux, en leur donnant un mutuel plaisir, ne servent pas seulement à développer la santé de l'enfant, mais fortifient entre eux ce lien de bonne amitié qui rend plus facile dans la suite la direction du père. Si, répudiant les stupidités de la première éducation telle qu'on la conçoit aujourd'hui, et malheureusement avec l'autorité de l'État, il a des idées rationnelles sur le développement mental, et comprend que les connaissances de seconde main que l'on puise dans les livres, ne doivent s'ajouter aux connaissances de première main obtenues par l'observation directe, que lorsqu'on a acquis une somme suffisante de ces dernières, il secondera avec une active sympathie l'exploration du monde environnant que son fils poursuit avec délices; à chaque instant il procure et il éprouve de nouveaux plaisirs en même temps qu'il contribue au bien-être définitif de son élève. Ce sont là encore des actes purement agréables à la fois dans leurs effets immédiats et dans leurs effets éloignés, des actes absolument bons.

Les rapports des adultes présentent, pour les raisons déjà données, relativement peu de cas qui rentrent complètement dans la même catégorie. Dans leurs transactions quotidiennes, le plaisir diffère plus ou moins du plaisir pur par suite de l'imperfection avec laquelle de part ou d'autre les facultés répondent aux besoins. Les plaisirs que les hommes retirent de leur travail professionnel et de la rémunération de leurs services, reçue sous une forme ou l'autre, sont souvent diminués par l'aversion qu'inspire le travail. Des cas cependant se présentent où l'énergie est si considérable que l'inaction est une fatigue, où le travail de chaque jour, n'ayant pas une trop longue durée, est d'un genre approprié à la nature, et où, par suite, il donne plus de plaisir que de peine. Lorsque les services rendus par un travailleur de cette espèce sont payés par un autre homme également attaché à son propre travail fait, la transaction entière est du genre que nous considérons ici : un échange convenu entre deux personnes ainsi constituées devient un moyen de plaisir pour l'une et pour l'autre, sans aucun mélange de peine. Si nous songeons à la forme de nature que produit la discipline sociale, comme on peut en juger par le contraste entre le sauvage et l'homme civilisé, nous devons en conclure que les activités des hommes en général prendront toutes à la fin ce caractère. Si nous nous rappelons que, dans le cours de l'évolution organique, les moyens du plaisir finissent par devenir eux-mêmes des sources de plaisir, et qu'il n'y a pas de forme d'action qui ne puisse, par le développement de structures appropriées, devenir agréable, nous devons en inférer que les activités industrielles s'exerçant par une coopération volontaire, finiront par acquérir avec le temps le caractère du bien absolu, tel que nous le concevons ici. Déjà même, à vrai dire, ceux qui contribuent à nous procurer des jouissances esthétiques sont arrivés à un état fort semblable à celui dont nous parlons. L'artiste de génie, poète, peintre ou musicien, est un homme qui a le moyen de passer sa vie à accomplir des actes qui lui sont directement agréables, en même temps qu'ils procurent, immédiatement ou dans la suite, du plaisir aux autres.

Nous pouvons en outre nommer parmi les actes absolument bons certains de ceux que l'on range parmi les actes bienveillants. Je dis certains d'entre eux, car les actes de bienfaisance par lesquels on s'attirerait quelque peine, positive ou négative, pour procurer du plaisir aux autres, sont exclus par définition. Mais il y a des actes bienveillants d'une espèce qui ne cause absolument que du plaisir. Un homme glisse, un passant le retient et l'empêche de tomber ; un accident est ainsi prévenu et tous les deux sont contents. Un autre qui voyage à pied s'engage dans une mauvaise route ; un voyageur se prépare à descendre de wagon à une station qui n'est pas encore celle où il doit s'arrêter ; on les avertit de leur erreur, on leur épargne un mal : la conséquence est agréable pour tout le monde. Il y a un malentendu entre amis ; quelqu'un qui voit comment la chose s'est faite, le leur explique ; tous en sont heureux. Les services rendus à ceux qui nous entourent dans les petites affaires de la vie peuvent être, et sont souvent, de nature à procurer un égal plaisir à celui qui les rend et à celui qui les reçoit. En vérité, comme nous l'avons avancé dans le dernier chapitre, les actes d'un altruisme développé devront avoir habituellement ce caractère. Ainsi, de mille manières dont ces quelques exemples donnent l'idée, les hommes peuvent ajouter mutuellement à leur bonheur sans produire aucun mal ; ces manières d'agir sont donc absolument bonnes.

En opposition avec ces manières d'agir considérez les actions diverses que l'on accomplit à chaque instant, et qui tantôt sont suivies de peine pour l'agent, tantôt ont des résultats pénibles en partie pour les autres, et qui n'en sont pas moins obligatoires. Comme l'implique l'antithèse avec les cas mentionnés plus haut, l'ennui d'un travail productif tel qu'on le fait ordinairement, en fait un mal dans la même proportion ; mais il en résulterait une bien plus grande souffrance, à la fois pour le travailleur et pour sa famille, et le mal serait par suite d'autant plus grand, si cet ennui n'était pas supporté. Bien que les peines que donne à une mère l'éducation de plusieurs enfants soient largement compensées par les plaisirs que cette éducation assure et à la mère et aux enfants, cependant les misères, immédiates ou éloignées, que la négligence de ces soins entraînerait l'emportent tellement sur ces peines, qu'il devient obligatoire de se soumettre à ces dernières, comme au moindre mal, dans la mesure de ses forces. Un domestique qui manque à une convention relative à son travail, ou qui casse continuellement de la vaisselle, ou qui commet quelques larcins, peut avoir à souffrir en perdant sa place ; mais puisque les maux à subir si l'incapacité ou l'inconduite devaient être tolérées, non dans un cas seulement, mais habituellement, seraient beaucoup plus grands, on doit lui infliger cette peine comme un moyen d'en prévenir une plus lourde. Que sa clientèle quitte un marchand dont les prix sont trop élevés, ou les marchandises de qualité inférieure, qui fait mauvais poids ou qui n'est pas exact, son bien-être en souffrira, et il en résultera peut-être quelque dommage pour ses proches; mais comme en lui épargnant ces maux, on supporterait ceux que sa conduite causerait, et comme avoir égard à son intérêt ce serait nuire à celui de quelque marchand plus digne ou plus habile auquel la pratique préfère s'adresser, et surtout comme l'adoption générale de cette manière de voir, dont l'effet serait d'empêcher l'inférieur de souffrir de son infériorité, le supérieur de gagner à sa supériorité, produirait un mal universel, l'abandon de la clientèle est justifié, son acte est relativement bon.

103. Je passe maintenant à la seconde des propositions énoncées plus haut. Après avoir reconnu cette vérité qu'une grande partie de la conduite humaine n'est pas absolument bonne, mais seulement relativement bonne, nous avons à reconnaître cette autre vérité, que dans plusieurs cas où il n'y a pas de manière d'agir absolument bonne, mais seulement des manières d'agir plus ou moins mauvaises, il est impossible de dire quelle est la moins mauvaise. Nous le montrerons en nous servant des exemque nous avons déjà donnés.

Il y a une certaine mesure dans laquelle il est relativement bien de la part des parents de se sacrifier pour leurs enfants; mais il y a un point au delà duquel ce sacrifice ne saurait s'accomplir sans produire, non-seulement pour le père ou la mère eux-mêmes, mais aussi pour la famille, des maux plus grands que ceux que l'on veut prévenir par ce sacrifice. Qui déterminera ce point? Il dépend de la constitution et des besoins de ceux dont il s'agit; il n'est pas le même dans deux cas différents, et l'on ne peut jamais que l'indiquer approximativement. Les transgressions ou les manquements d'un domestique vont de fautes insignifiantes à des torts graves, et les maux que son renvoi peut produire ont des degrés sans nombre, depuis le plus léger jusqu'au plus sérieux. On peut le punir pour une légère offense, et l'acte est mauvais; ou bien, après de graves offenses on peut ne pas le punir, et c'est encore mal faire. Comment déterminer le degré de culpabilité au delà duquel il est moins mal de le renvoyer que de ne pas le renvoyer? Il en est de même pour les fautes reprochées au marchand. On ne peut calculer exactement la somme de peine positive ou négative à laquelle on s'exposera en les tolérant, ni la somme de peine positive ou négative à laquelle on s'exposera en refusant de les tolérer, et dans les cas moyens personne ne peut dire si l'une surpasse l'autre.

Dans les relations plus générales des hommes, il se présente souvent des occasions dans lesquelles il est obligatoire de se décider d'une manière ou de l'autre, et dans lesquelles cependant la conscience même la plus délicate aidée du jugement le plus clairvoyant ne peut décider laquelle des deux alternatives est relativement bonne. Deux exemples suffiront.

Voici un marchand qui perd par la faillite d'un débiteur. A moins qu'on ne l'aide, il est exposé à faire faillite lui-même ; et s'il fait faillite il entraînera dans son désastre non seulement sa famille mais encore tous ceux qui lui ont fait crédit. En supposant même qu'en empruntant il puisse faire face à ses engagements immédiats, il n'est pas sauvé pour cela ; car c'est un temps de panique, et d'autres parmi ses débiteurs en se trouvant gênés eux-mêmes peuvent lui susciter de nouvelles difficultés. Demandera-t-il à un de ses amis de lui prêter ? D'un côté, n'est-ce pas une faute d'attirer incontinent sur soi-même, sur sa famille et sur ceux avec lesquels on a des relations d'affaires, les maux de sa faillite ? De l'autre, n'est-ce pas une faute d'hypothéquer la propriété de son ami et de l'entraîner lui aussi avec ses proches et ceux qui dépendent de lui dans des risques semblables ? Le prêt lui permettrait peut-être de revenir sur l'eau ; dans ce cas ne commettrait-il pas une injustice envers ses créanciers en hésitant à le demander ? Le prêt pourrait au contraire ne pas le sauver de la banqueroute ; dans ce cas, en essayant de l'obtenir, ne commet-il pas un acte pratiquement frauduleux ? Bien que, dans les cas extrêmes, il soit peut-être aisé de dire quelle est la manière de faire la moins mauvaise, comment est-il possible de le dire dans tous ces cas moyens où l'homme d'affaires même le plus pénétrant ne saurait calculer les évènements possibles ?

Prenez encore les difficultés qui naissent souvent de l'antagonisme des devoirs de famille et des devoirs sociaux. Voici un fermier que ses principes politiques portent à voter en opposition avec son propriétaire. Si, étant un libéral, il vote pour un conservateur, non seulement il déclare par son acte qu'il vote autrement qu'il ne pense, mais il peut contribuer peut-être à ce qu'il regarde comme une mauvaise politique : il est possible que par hasard son vote change l'élection, et dans une lutte au parlement un seul membre peut décider du sort d'une mesure. Même en négligeant, comme trop improbables, de si sérieuses conséquences, il est évidemment vrai que si tous ceux qui tiennent en eux-mêmes pour les mêmes principes, étaient également détournés de les exprimer en votant, il en résulterait une différence dans l'équilibre du pouvoir et dans la politique nationale : il est donc clair que s'ils restaient tous simplement fidèles à leurs principes politiques, la politique qu'il regarde comme la meilleure pourrait triompher. Mais, d'un autre côté, comment peut-il s'absoudre de la responsabilité des maux qu'il attirera sur ceux qui dépendent de lui s'il accomplit ce qui lui paraît être un devoir social péremptoire ? Son devoir envers ses enfants est-il moins péremptoire? La famille n'a-t elle pas le pas sur l'Etat, et le bien-être de l'Etat ne dépend-il pas de celui de la famille ? Peut-il donc adopter une manière d'agir qui, si les menaces qu'on lui a faites s'accomplissent, le fera expulser de sa ferme, et le rendra ainsi incapable peut-être pour un temps, peut-être pendant une longue période, de nourrir ses enfants ? Les rapports entre les maux contingents peuvent varier à l'infini. Dans un cas, le devoir public s'impose avec force et le mal qui peut en résulter pour les nôtres est léger; dans un autre cas la conduite politique a peu d'importance, et il est possible qu'il en résulte pour notre famille un grand mal, et il y a entre ces extrêmes tous les degrés. En outre, les degrés de probabilité de chaque résultat, public ou privé, vont de la presque certitude à la presque impossibilité. En admettant donc qu'il soit mal d'agir de manière à nuire peut-être à l'état, et en admettant qu'il soit mal d'agir de manière à nuire peut-être à la famille, nous avons à reconnaître le fait que dans un nombre infini de cas, personne ne peut décider laquelle de ces deux manières d'agir est vraisemblablement la moins mauvaise à suivre.

Ces exemples montrent assez que dans la conduite en général, renfermant les rapports de l'homme avec lui-même, avec sa famille, avec ses amis, avec ses débiteurs et ses créanciers, et avec le public, il est ordinaire de voir n'importe quel parti choisi de préférence, procurer ici ou là quelque peine ; c'est autant à retrancher du plaisir complet, et il en résulte que la conduite manque dans la même proportion d'être absolument bonne. En outre, ils font voir que pour une partie considérable de la conduite, aucun principe qui nous guide, aucune méthode d'estimation ne nous rend capables de dire si telle manière d'agir qui s'offre à nous est relativement bonne, c'est-à-dire propre à causer, de près ou de loin, spécialement ou en général, le plus grand excès possible du bien sur le mal.

104. Nous sommes préparés maintenant à traiter d'une manière systématique de la distinction entre la morale absolue et la morale relative.

On arrive aux vérités scientifiques, de quelque ordre qu'elles soient, en éliminant les facteurs qui impliquent les phénomènes et sont en contradiction les uns avec les autres et en ne s'occupant que des facteurs fondamentaux. Lorsque, en traitant de ces facteurs fondamentaux d'une manière abstraite, non comme présentés dans des phénomènes actuels, mais comme présentés dans un isolement idéal, on s'est assuré des lois générales, il devient possible de tirer des inférences dans des cas concrets en tenant compte des facteurs accidentels. Mais c'est uniquement à la condition de négliger d'abord ces derniers et de reconnaître seulement les éléments essentiels, que nous pouvons découvrir les vérités essentielles cherchées. Voyons, par exemple, comment la mécanique passe de la forme empirique à la forme rationnelle.

Tout le monde a pu expérimenter ce fait qu'une personne poussée d'un côté au delà d'une certaine mesure perd son équilibre et tombe. On a observé qu'une pierre jetée ou une flèche lancée ne va pas en ligne droite, mais tombe à terre après un trajet qui dévie de plus en plus de la direction primitive. Lorsqu'on essaie de casser un bâton sur son genou, on s'aperçoit qu'on y parvient plus facilement si l'on prend le bâton de chaque côté à une grande distance du genou que si on le tient tout près du genou. L'usage quotidien d'un épieu attire l'attention sur cette vérité qu'en mettant l'extrémité de l'épieu sous une pierre et en le faisant jouer on soulève la pierre d'autant plus facilement que la main est plus près de l'autre extrémité. Voilà un certain nombre d'expériences, groupées de manière à former des généralisations empiriques, qui servent à guider la conduite dans certains cas simples. Comment la science de la mécanique est-elle sortie de ces expériences? Pour arriver à une formule qui exprime les propriétés du levier, elle suppose un levier qui ne puisse pas plier comme un bâton, mais qui soit absolument rigide ; elle suppose aussi un point d'appui qui n'ait pas une large surface comme ceux dont on se sert ordinairement, mais un point d'appui sans largeur ; elle suppose enfin que le poids à soulever porte sur un point défini, au lieu de porter sur une partie considérable du levier. Il en est de même pour le corps qui est en équilibre de telle sorte qu'il tombe s'il dépasse une certaine inclinaison. Avant de formuler la vérité relativement aux relations du centre de gravité et de la base, il faut supposer inflexible la surface sur laquelle pose le corps, inflexible aussi le bord du corps lui-même, et invariable dans sa forme la masse du corps tandis qu'on le fait pencher de plus en plus, autant de conditions qui ne sont pas remplies dans les cas ordinairement observés. Il en est encore de même s'il s'agit d'un projectile : pour en déterminer la course par déduction des lois mécaniques, il faut négliger d'abord toutes les déviations causées par sa forme et par la résistance de l'air. La science de la mécanique rationnelle est une science qui consiste ainsi en une suite de vérités idéales, et qui ne peut se former que si l'on imagine des cas idéaux. Elle est impossible tant que l'attention porte seulement sur des cas concrets qui présentent toutes les complications du frottement, de l'élasticité, etc.

Mais, lorsqu'on a dégagé certaines vérités mécaniques fondamentales, on peut grâce à elles mieux diriger ses actes, et on peut les diriger mieux encore lorsque, comme on le fait maintenant, on tient compte même des éléments qui compliquent les phénomènes et dont on avait fait abstraction pour arriver à ces vérités. Avec le progrès, on a reconnu les modifications apportées par le frottement et les inférences sont transformées comme il convient. La théorie de la poulie est corrigée dans son application aux cas réels en tenant compte de la rigidité du cordage, et l'on a donné la formule des effets de cette rigidité. La stabilité des masses, déterminée d'une manière abstraite par rapport aux centres de gravité des masses en relation avec les bases, finit par être également déterminée d'une manière concrète en tenant compte aussi de la cohésion. Après avoir théoriquement calculé la trajectoire d'un projectile comme s'il se mouvait dans le vide, on la calcule d'une manière qui se rapproche plus de la réalité en tenant compte de la résistance de l'air.

Nous voyons par ces exemples la relation qui existe entre certaines vérités absolues de la mécanique et certaines vérités relatives qui enveloppent les premières. Nous reconnaissons qu'on ne peut établir scientifiquement aucune vérité relative, tant que l'on n'a pas formulé à part les vérités absolues. Nous constatons que la mécanique applicable au réel se développe seulement quand la mécanique idéale s'est développée.

Tout ce qui précède est également vrai de la science morale. De même que par d'anciennes et grossières expériences on est arrivé inductivement à des notions vagues mais vraies en partie touchant l'équilibre des corps, les mouvements des projectiles, les actions du levier; de même par d'anciennes et grossières expériences on est arrivé inductivement à des notions vagues mais vraies en partie touchant les effets de la conduite des hommes par rapport à eux-mêmes, à leurs semblables, à la société, et dans le second cas, comme dans le premier, ces notions servent dans une certaine mesure à la direction de la pratique. En outre, de même que cette connaissance rudimentaire de la mécanique, tout en restant encore empirique, devient avec les premiers progrès de la civilisation à la fois plus définie et plus étendue, de même avec les premiers progrès de la civilisation ces idées morales, tout en gardant encore leur caractère empirique, acquièrent plus de précision et deviennent plus nombreuses. Mais, comme nous avons vu que la connaissance empirique de la mécanique peut se transformer en la science de la mécanique, à la condition seulement d'omettre toutes les circonstances qui modifient les faits, et de généraliser d'une manière absolue les lois fondamentales des forces; nous devons voir ici la morale empirique se transformer en morale rationnelle à la condition seulement d'abord de négliger tous les accidents qui compliquent les phénomènes et de formuler les lois de la bonne conduite, abstraction faite des conditions spéciales qui ont pour effet d'obscurcir le problème. Enfin de même que le système des vérités de la mécanique, conçues comme absolues, grâce à une séparation idéale, est applicable aux problèmes positifs de mécanique de telle sorte qu'en tenant compte de toutes les circonstances accidentelles, on puisse arriver à des conclusions beaucoup plus rapprochées de la vérité qu'on ne le ferait autrement; un système de vérités morales idéales, exprimant ce qui est absolument bon, sera applicable à notre état de transition, de telle sorte qu'en tenant compte du frottement d'une vie incomplète et de l'imperfection des êtres actuels, nous puissions affirmer avec quelque exactitude approximative ce qui est relativement bon.

105. Dans un chapitre de la *Statique sociale*, intitulé : « Définition de la moralité, » j'ai affirmé que la loi morale proprement dite est la loi de l'homme parfait, est la formule de la conduite idéale, est l'exposé dans tous les cas de ce qui devrait être, et qu'elle ne peut examiner dans ses propositions aucun élément qui implique l'existence de ce qui ne devrait pas être. Prenant pour exemple des questions concernant la bonne conduite à suivre dans des cas où du mal a déjà été fait, je soutenais que l'on ne peut répondre à de pareilles questions « d'après des principes purement moraux. » Voici le raisonnement que je faisais :

« Aucune conclusion ne peut prétendre à la vérité absolue, si elle ne dépend de vérités qui soient absolues elles-mêmes. Avant qu'une inférence soit exacte, il faut que les propositions qui servent de point de départ aient elles-mêmes ce caractère. Un géomètre exige que les lignes droites dont il s'occupe soient véritablement droites, que ses cercles, ses ellipses, ses paraboles, s'accordent avec des définitions précises, répondent d'une manière parfaite et invariable à des équations spécifiées. Si vous lui posez une question où ces conditions ne soient pas remplies, il vous dit qu'il ne peut vous répondre. Il en est de même du moraliste. Il traite seulement de l'homme *droit*. Il détermine les propriétés de l'homme droit, décrit la conduite de l'homme droit, montre ses relations avec les autres hommes droits et comment une société d'hommes droits est constituée. Il est obligé de négliger toute déviation de cette rectitude stricte; il ne peut en admettre aucune dans ses prémisses sans vicier toutes ses conclusions, et pour lui un problème dont un homme *tortu* serait une donnée est insoluble. »

Faisant allusion à cette théorie, spécialement dans la première édition des *Méthodes de la morale*, mais d'une manière plus générale dans la seconde édition, M. Sidgwick dit :

« Ceux qui adoptent cette théorie se servent de l'analogie de la géométrie pour montrer que la morale doit traiter des relations humaines idéalement parfaites, comme la géométrie traite des lignes et des cercles idéalement parfaits. Mais la ligne la plus irrégulière a des relations spatiales définies dont la géométrie ne refuse pas de s'occuper, bien qu'elles soient ordinairement plus complexes que celles de la ligne droite. Ainsi, en astronomie, il serait plus commode pour l'étude que les astres décrivissent des cercles, comme on l'a cru autrefois; mais le fait qu'ils se meuvent non suivant des cercles, mais suivant des ellipses, et même des ellipses imparfaites et irrégulières, ne les fait pas sortir de la sphère de l'investigation scientifique; avec de la patience et de l'habileté, nous avons appris à ramener à des principes et à calculer même ces mouvements plus compliqués. C'est assurément un artifice fort propre à rendre l'enseignement plus facile que de supposer que les planètes se meuvent suivant des ellipses parfaites (ou même, comme à une période scientifiqu moins avancée, suivant des cercles) : nous permettons ainsi à la connaissance individuelle de passer par les mêmes degrés d'exactitude croissante que l'a fait la connaissance de la race. Mais ce que nous voulons en astronomie, c'est connaître le mouvement réel des étoiles et ses causes, et de même en morale nous cherchons naturellement ce qui doit être fait dans le monde réel où nous vivons. » (P. 19, 2ᵉ éd.)

En commençant par le premier des deux points, celui qui se rapporte à la géométrie, j'avoue que je suis surpris de voir mes propositions mises en doute, et, après une mûre réflexion, il m'est impossible de comprendre la manière de voir de M. Sidgwick sur ce sujet. Lorsque, dans une phrase qui précédait celles que j'ai citées ci-dessus, j'ai signalé l'impossibilité de résoudre « mathématiquement une série de problèmes touchant des lignes tortues et des courbes brisées en tout sens », il ne m'est pas venu à l'esprit que je me heurterais à l'affirmation directe que « la géométrie ne refuse pas de s'occuper des lignes les plus irrégulières ». M. Sidgwick affirme qu'une ligne irrégulière, comme celle qu'un enfant trace en griffonnant, a « des relations spatiales définies ». Quel sens donne-t-il ici au mot « défini? » S'il entend que ses relations à l'espace en général sont définies en ce sens qu'une intelligence infinie pourrait les déterminer, je réponds que pour une intelligence infinie toutes les relations spatiales pourraient être définies : il n'y aurait plus alors de relations spatiales indéfinies, le mot « défini » cessant ainsi de marquer aucune distinction. Si d'un autre côté, en disant qu'une ligne irrégulière a « des relations spatiales définies », il entend des relations qu'une intelligence humaine peut connaître d'une manière définie, alors se présente encore la question : Comment faut-il comprendre le mot « défini » ? Assurément quelque chose que l'on distingue comme défini peut être défini ; mais comment pouvons-nous définir une ligne irrégulière? Et, si nous ne pouvons définir la ligne irrégulière elle-même, comment pouvons-nous connaître ses « relations spatiales » d'une manière définie? Comment en l'absence de toute définition la géométrie peut-elle s'occuper de cette ligne ? Si M. Sidgwick entend par là qu'elle peut s'en occuper d'après « la méthode des limites », alors je réponds qu'en pareil cas ce n'est pas de la ligne elle-même que traite la géométrie, mais de certaines lignes définies mises artificiellement en rapports quasi définis avec elle : l'indéfini devient connaissable par l'intermédiaire seulement de l'hypothétiquement défini.

Passant au second exemple, la réponse à faire est que, en tant qu'elle concerne les rapports entre l'idéal et le réel, la comparaison proposée n'ébranle pas, mais fortifie au contraire mon argument. Considérée en effet sous son aspect géométrique ou sous son aspect dynamique, dans l'ordre nécessaire de son développement ou dans l'ordre que l'histoire nous révèle, l'astronomie nous montre partout que des vérités touchant des relations simples, théoriquement exactes, doivent être reconnues avant que les vérités concernant les relations complexes et pratiquement inexactes qui existent réellement puissent être constatées. Appliquée à l'interprétation des mouvements planétaires, nous voyons que la théorie des cycles et des épicycles était fondée sur une connaissance préexistante du cercle ; les propriétés d'une courbe idéale étant connues, on était en mesure d'exprimer d'une certaine manière les mouvements célestes. Nous voyons que l'interprétation copernicienne exprimait les faits en fonctions de mouvements circulaires autrement distribués et combinés. Nous voyons que le progrès fait par Képler de la conception de mouvements circulaires à celle de mouvements elliptiques fut rendu possible par une comparaison des faits tels qu'ils se passent avec les faits tels qu'ils se passeraient si les mouvements étaient circulaires. Nous voyons que les déviations de ces mouvements elliptiques, reconnues dans la suite, n'ont pu être reconnues que grâce à la supposition déjà faite que ces mouvements étaient elliptiques. Nous voyons enfin que même aujourd'hui les prédictions concernant les positions exactes des planètes, quand on a tenu compte des perturbations, impliquent qu'on se reporte constamment aux ellipses qui sont regardées comme leurs orbites normales ou moyennes pour le moment. Ainsi, l'affirmation des vérités actuellement connues n'a été rendue possible que par l'affirmation antérieure de certaines vérités idéales. Pour se convaincre que les faits réels n'auraient pu être établis d'aucune autre manière, il suffit de supposer un astronome capable de dire qu'il lui importe peu de connaître les propriétés du cercle ou de l'ellipse, qu'il a affaire au système solaire tel qu'il existe, et que pour cela il n'a qu'à observer et à relever les positions successives et à se laisser guider par les faits tels qu'il les a trouvés.

Il en est de même si nous considérons le développement de l'astronomie dynamique. La première proposition des *Principes* de Newton traite du mouvement d'un seul corps autour d'un seul centre de force, et les phénomènes de mouvement central sont d'abord formulés pour un cas qui n'est pas seulement idéal, mais dans lequel la force dont il s'agit n'est pas spécifiée : l'auteur s'éloigne ainsi le plus possible de la réalité. Ensuite, supposant un principe d'action conforme à une loi idéale, la théorie de la gravitation traite les différents problèmes du système solaire en le séparant par l'imagination de tout le reste; elle fait aussi plusieurs hypothèses imaginaires, comme celle d'après laquelle la masse de chacun des corps dont il s'agit serait concentrée en son centre de gravité. Plus tard seulement, après avoir établi les vérités principales par cet artifice de dégager les facteurs les plus importants des moins importants, la théorie est employée aux problèmes réels dans l'ordre de leurs degrés ascendants de complexité, et fait rentrer un nombre de plus en plus grand des facteurs d'abord négligés. Si nous nous demandons comment on aurait pu établir autrement la dynamique du système solaire, nous voyons que là aussi des vérités simples exactes pour des conditions idéales, ont dû être établies avant qu'on pût établir les vérités réelles qui répondent à des conditions complexes.

La nécessité dont nous avions parlé de faire précéder la

morale relative de la morale absolue est ainsi, je pense, rendue plus claire. Celui qui a suivi jusqu'ici l'argumentation générale ne niera pas qu'un être social idéal ne puisse être conçu constitué de telle sorte que ses activités spontanées s'accordent avec les conditions imposées par le milieu social formé d'autres êtres identiques. En plusieurs endroits et de plusieurs manières, j'ai soutenu que, conformément aux lois de l'évolution en général, et conformément aux lois de l'organisation en particulier, il y a eu et il y a une adaptation progressive de l'humanité à l'état social qui la transforme dans le sens de cet accord idéal. Le corollaire déjà déduit et qu'il faut répéter ici, est que l'homme ultime est un homme dans lequel ce progrès s'est assez développé pour produire une correspondance entre toutes les inclinations de sa nature et tous les besoins de sa vie telle qu'elle s'accomplit dans la société. S'il en est ainsi, la conséquence nécessaire à admettre est qu'il existe un code idéal de conduite donnant la formule de la manière d'être de l'homme complètement adapté dans la société complètement développée. Nous donnons à ce code le nom de morale absolue, pour le distinguer de la morale relative, à ce code dont les prescriptions doivent seules être considérées comme absolument bonnes par opposition à celles qui sont relativement bonnes ou les moins mauvaises, et qui, en tant que système de conduite idéale, doit servir comme de règle pour nous aider à résoudre, autant que nous le pourrons, les problèmes de la conduite réelle.

105. Il est si important de bien comprendre ce sujet qu'on m'excusera de recourir encore à un exemple ; il servira mieux à la démonstration, car je l'emprunte non à une science inorganique, mais à une science organique. Le rapport entre la moralité propre et la moralité comme on la conçoit communément est analogue au rapport entre la physiologie et la pathologie, et la marche habituellement suivie par les moralistes ressemble beaucoup à celle d'un homme qui étudierait la pathologie sans avoir étudié d'abord la physiologie.

La physiologie décrit les diverses fonctions qui constituent et conservent la vie par leurs combinaisons; en traitant de ces fonctions, elle suppose qu'elles s'accomplissent séparément comme il faut, dans une mesure convenable et dans l'ordre qui leur est propre; elle ne s'occupe que des fonctions à l'état de santé. Si elle explique la digestion, elle suppose que le cœur fournit le sang et que le système nerveux des viscères stimule les organes directement intéressés. Si elle donne une théorie de la circulation, elle suppose que le sang a été produit par les actions combinées des appareils destinés à le produire, et qu'il est aéré comme il doit l'être. S'il s'agit des relations entre la respiration et les actions vitales en général, c'est avec la supposition antérieurement faite que le cœur continue à envoyer du sang, non seulement aux poumons et à certains centres nerveux, mais encore au diaphragme et aux muscles intercostaux. La physiologie néglige les défaillances dans l'action de ces différents organes. Elle ne tient pas compte des imperfections, elle néglige les dérangements, elle ne reconnaît pas la douleur, elle ne sait rien du mal vital. Elle donne simplement la formule de ce qui résulte d'une adaptation complète de toutes les parties du corps à tous les besoins. C'est dire que, par rapport aux actions internes qui constituent la vie du corps, la théorie physiologique a une position semblable à celle que la théorie éthique, sous sa forme absolue, dont nous avons donné plus haut la conception, a par rapport aux actions extérieures qui constituent la conduite. Dès qu'elle traite d'un excès de fonction, ou d'un arrêt de fonction, ou d'un défaut de fonction et du mal qui en résulte, la physiologie se change en pathologie. Nous commençons alors à tenir compte des actions mauvaises dans la vie intérieure analogues aux mauvaises actions de la vie extérieure dont s'occupent les théories ordinaires de morale.

Mais l'antithèse ainsi présentée n'est encore que préliminaire. Après avoir observé le fait qu'il y a une science des actions vitales en tant qu'elles s'accomplissent d'une manière normale, qui ne tient pas compte des actions anomales, nous avons plus spécialement à observer que la science des actions anomales peut atteindre une précision aussi grande que possible, à la condition seulement que la science des actions normales aura d'abord été bien déterminée ; ou plutôt disons que la science pathologique dépend pour ses progrès des progrès que la science physiologique aura faits d'abord. La conception même des actions désordonnées implique auparavant la conception des actions bien ordonnées. Avant de pouvoir déterminer si le cœur bat trop vite ou trop lentement, il faut savoir quel est le nombre de ses battements dans la bonne santé ; avant de dire si le pouls est trop faible ou trop fort, il faut connaitre sa force normale, et ainsi du reste. Les idées de maladie les plus grossières et les plus empiriques présupposent des notions sur l'état de bonne santé dont la maladie est un dérangement, et il est évident que le diagnostic des maladies devient scientifique seulement lorsqu'on a une connaissance scientifique des actions organiques à l'état sain.

Il y a la même relation entre la moralité absolue, ou la loi du bien parfait dans la conduite humaine, et la moralité relative qui, reconnaissant du mal dans la conduite, a à décider de quelle manière on peut se rapprocher le plus possible du bien. Lorsque, en donnant la formule de la conduite normale dans une société idéale, nous avons atteint une connaissance scientifique de la morale absolue, nous avons en même temps atteint une connaissance scientifique qui, lorsque nous l'employons à interpréter les phénomènes des sociétés réelles dans leurs états de transition pleins de misères par suite d'une adaptation imparfaite (états que nous pouvons appeler pathologiques), nous rend capables d'arriver approximativement à des conclusions vraies touchant la nature des anomalies et les manières d'agir qui tendent le mieux à ramener une conduite normale.

106. Il faut observer maintenant que cette conception de la morale, qui paraîtra étrange à beaucoup de lecteurs, est en réalité au fond des croyances des moralistes en général. Sans doute elle n'est pas expressément reconnue, mais elle est vaguement impliquée dans plusieurs de leurs propositions.

Depuis les temps les plus reculés, nous trouvons dans les spéculations morales des allusions à l'homme idéal, à ses actes, à ses sentiments, à ses jugements. Le bien agir est conçu par Socrate comme l'agir de « l'homme le meilleur », qui « comme agriculteur fait bien tout ce qu'exige l'agriculture ; comme médecin, remplit les devoirs de l'art médical; comme citoyen, fait son devoir envers l'Etat. » Platon, dans le *Minos*, comme règle à laquelle doit se conformer la loi de l'Etat, « suppose la décision de quelque sage idéal ; » dans le *Lachès*, la connaissance du bien et du mal, telle que la possède l'homme sage, est supposée fournir la règle : méprisant « les maximes de la société existante » comme non scientifiques, Platon regarde comme le véritable guide cette « idée du bien, à laquelle un philosophe seul peut atteindre. » Aristote (*Eth.*, liv. III, chap. IV), prenant pour règle les décisions de l'homme de bien, dit : « L'homme de bien juge en effet toute chose avec droiture, et reconnaît la vérité en toute occasion... La principale différence entre l'homme de bien et le méchant est peut-être que l'homme de bien voit le vrai en toute occasion, puisqu'il est, en quelque sorte, la règle et la mesure du vrai. » Les Stoïciens aussi concevaient la « complète rectitude d'action » comme « ce que personne ne pouvait réaliser si ce n'est le sage », — l'homme idéal. Epicure aussi avait une règle idéale. Pour lui, l'état vertueux consiste en « une jouissance tranquille, exempte de trouble, qui ne cause de tort à personne, n'excite aucune rivalité et s'approche le plus près possible du bonheur des dieux, » qui « ne souffrent eux-mêmes aucun mal et ne causent pas de mal aux autres [1]. »

Si dans les temps modernes, influencés par des dogmes religieux sur la chute et la corruption de l'homme, et par une théorie du devoir dérivée du symbole ordinairement admis, les moralistes se sont moins souvent reportés à un idéal, cependant ils y font encore quelquefois allusion. Nous en voyons une dans le mot de Kant : « Agissez seulement d'après une maxime telle que vous puissiez souhaiter de la voir devenir en même temps une loi universelle. » Ce mot implique en effet la pensée d'une société dans laquelle tous se conforment à une maxime dont l'effet serait le bien de tous : il y a là la conception d'une conduite idéale dans des conditions idéales. Bien que M. Sidgwick, dans le passage cité plus haut, suppose que la morale se rapporte à l'homme tel qu'il est plutôt qu'à l'homme comme il devrait être, cependant, parlant ailleurs de la morale comme si elle traitait de la conduite telle qu'elle doit être plutôt que de la conduite telle qu'elle est, il suppose une conduite idéale et indirectement l'homme idéal. A la première page, comparant l'éthique, la jurisprudence et la politique, il dit qu'elles se distinguent « par ce caractère qu'elles se proposent de déterminer non le réel, mais l'idéal; ce qui doit être, non ce qui est. »

Il suffit seulement d'accorder et de rendre précises ces diverses conceptions d'une conduite idéale et d'une humanité idéale, pour les concilier avec la conception exposée plus haut. Jusqu'à présent, de pareilles conceptions sont ordinairement vagues. L'homme idéal ayant été conçu d'après les notions courantes en morale, on en fait ensuite un modèle pour juger d'après lui de la bonté des actes; mais on tombe ainsi dans un cercle vicieux. Pour que l'homme idéal serve de modèle, il faut le définir d'après les conditions que sa nature remplit, d'après ces exigences objectives auxquelles il faut satisfaire pour que la nature soit bonne, et le défaut commun de ces conceptions idéales est de le supposer en dehors de toute relation avec ces conditions.

Toutes les allusions à l'homme idéal que nous avons reproduites plus haut, impliquent l'hypothèse que l'homme idéal vit et agit dans les conditions sociales actuelles. Ce que l'on recherche sans le dire, ce n'est pas ce qu'il ferait dans des circonstances absolument différentes, mais bien ce qu'il ferait dans les circonstances présentes. Or c'est là pour deux raisons une

---

[1]. J'emprunte la plupart de ces citations au livre du Dˣ Bain, *Science mentale et morale.*

recherche futile. La coexistence d'un homme parfait et d'une société imparfaite est impossible, et, alors même qu'il n'en serait pas ainsi, la conduite qui en résulterait ne donnerait pas la règle cherchée.

En premier lieu, étant données les lois de la vie telles qu'elles sont, un homme d'une nature idéale ne peut être produit dans une société formée d'hommes dont la nature est éloignée de l'idéal. Nous pourrions avec tout autant de raison nous attendre à voir un enfant naître chez les nègres avec le type britannique, qu'à voir naître dans un monde organiquement immoral un homme organiquement moral. A moins de nier que le caractère résulte de la constitution dont on hérite, il faut admettre que, puisque dans toute société chaque individu descend d'une souche que l'on peut suivre en remontant de quelques générations, et qui se ramifie à travers toute la société et participe de sa nature moyenne, il doit, malgré des diversités individuelles marquées, subsister de tels caractères communs, qu'il soit impossible à qui que ce soit d'atteindre une forme idéale bien loin de laquelle resteraient tous les autres.

En second lieu, une conduite idéale, comme celle à laquelle se rapporte la théorie morale, n'est pas possible à l'homme idéal au milieu d'hommes constitués autrement. Une personne absolument juste et parfaitement sympathique ne pourrait vivre et agir conformément à sa nature dans une tribu de cannibales. Chez des gens perfides et tout à fait dépourvus de scrupules, on se perdrait en montrant une entière sincérité et une complète franchise. Si tous ceux qui nous entourent ne reconnaissent que la loi du plus fort, celui dont la bonne nature se refuserait à jamais faire de la peine aux autres serait réduit à la plus triste condition. Il faut une certaine harmonie entre la conduite de chaque membre d'une société et la conduite des autres. Un mode d'action entièrement différent des modes d'action prédominants ne peut être soutenu longtemps sans amener la mort ou de celui qui l'a adopté, ou de ses enfants, ou la mort de l'un et des autres à la fois.

Il est donc évident que nous devons considérer l'homme idéal comme existant dans l'état social idéal. D'après l'hypothèse de l'évolution, ces deux termes se supposent l'un l'autre, et c'est seulement quand ils coexistent qu'il peut y avoir une conduite idéale, dont la morale absolue doit trouver la formule, et que la morale relative doit prendre comme règle pour estimer combien en est éloigné du bien, et quels sont les degrés du mal.

CHAPITRE XVI

LE DOMAINE DE LA MORALE

107. Nous avons montré en commençant que, la conduite dont s'occupe la morale étant une partie de la conduite en général, il fallait comprendre la conduite en général avant de comprendre cette partie. Après avoir pris une connaissance générale de la conduite, non seulement de celle des hommes, mais de celle des êtres inférieurs, et non seulement dans sa forme actuelle, mais aussi dans son développement, nous avons vu que la morale a pour objet la conduite la plus complètement développée, telle que la déploie l'être le plus complètement développé, l'homme : que c'est la spécification des traits que prend sa conduite lorsqu'elle atteint les limites de son évolution. Conçue ainsi comme comprenant les lois du bien vivre en général, la morale a un champ plus vaste qu'on ne le lui assigne ordinairement. Outre la conduite communément approuvée ou blâmée comme bonne ou mauvaise, elle s'étend à toute conduite qui favorise ou contrarie, d'une manière directe ou indirecte, notre bien-être ou celui des autres

Comme il résulte de différents passages des chapitres précédents, le champ entier de la morale comprend deux grandes divisions, personnelle et sociale. Il y a une classe d'actions qui tendent à des fins personnelles, qui doivent être jugées dans leurs relations avec le bien-être personnel, considéré à part du bien-être des autres; bien qu'elles affectent secondairement nos semblables, ces actions affectent tout d'abord l'agent lui-même, et doivent être regardées comme bonnes ou mauvaises d'une manière intrinsèque suivant qu'elles ont pour lui des effets avantageux ou nuisibles. Il y a des actions d'une autre classe qui affectent immédiatement et d'une manière éloignée nos semblables, et qui, bien que l'on ne doive pas méconnaître leurs effets pour l'agent, doivent être jugées comme bonnes et mauvaises surtout d'après leurs résultats pour les autres. Les actions de cette classe se divisent en deux groupes. Celles du premier groupe tendent à certaines fins de manière à entraver illégitimement ou à ne pas entraver la poursuite de fins par les autres, — actions que par suite de cette différence nous appelons respectivement injustes ou justes. Celles qui forment le second groupe sont d'un genre qui a de l'influence sur la condition des autres sans intervenir directement dans les relations qui existent entre leurs efforts et les résultats de ces efforts; d'une manière ou de l'autre, — ce sont des actions dont nous disons qu'elles sont bienfaisantes ou malfaisantes. La conduite que nous regardons comme bienfaisante comporte elle-même des subdivisions, suivant qu'elle consiste à se contenir soi-même pour éviter de causer de la peine, ou à faire quelque effort pour procurer du plaisir, — bienfaisance négative ou bienfaisance positive.

Chacune de ces divisions et de ces subdivisions doit être considérée d'abord comme une partie de la morale absolue, et ensuite comme une partie de la morale relative. Après avoir vu quelles doivent être ses prescriptions pour l'homme idéal dans les conditions idéales supposées, nous serons préparés à voir comment ces prescriptions peuvent être observées le mieux possible par les hommes actuels dans les conditions de l'existence telle qu'elle est.

108. Pour des raisons déjà indiquées, un code de conduite personnelle parfaite est impossible à définir. Beaucoup de formes de la vie, différant à un haut degré les unes des autres, peuvent se manifester dans une société de telle sorte que les conditions d'une harmonieuse coopération se trouvent remplies. Si des types d'hommes variés adaptés à des types variés d'activités peuvent ainsi vivre chacun d'une vie complète dans son genre, il n'est pas possible de déterminer spécifiquement quelles activités sont universellement requises pour assurer le bien-être personnel.

Mais, bien que les besoins particuliers à satisfaire pour arriver au bien-être individuel varient autant que les conditions matérielles de chaque société, les individus de toutes les sociétés ont certains besoins généraux à satisfaire. Il faut universellement maintenir un équilibre moyen entre les pertes de l'organisme et la nutrition. La vitalité normale implique une relation entre l'activité et le repos, laquelle ne varie que dans de faibles limites. La perpétuité de la société dépend de la satisfaction de ces besoins personnels au premier chef qui ont pour effet le mariage et la paternité. Ainsi la perfection de la vie individuelle implique certains modes d'action qui sont approximativement semblables dans tous les cas et qui par suite font partie de l'objet de la morale.

On peut à peine dire qu'il soit possible de ramener même cette partie restreinte à une précision scientifique. Mais les exigences morales peuvent être ici rattachées aux nécessités physiques de manière à leur donner une autorité partiellement scientifique. Il est clair que, entre la dépense de la substance corporelle par l'action vitale et l'assimilation de matériaux propres à renouveler cette substance, il y a un rapport direct. Il est clair aussi qu'il y a un rapport direct entre l'usure des tissus par l'effort, et le besoin de ces suspensions d'effort pendant lesquelles l'usure se répare. Il n'est pas moins clair qu'entre le chiffre de la mortalité et celui des naissances, dans toute société, il y a une relation telle que le dernier doit atteindre un certain niveau pour faire équilibre au premier et prévenir la disparition de la société. On peut en conclure que la recherche d'autres fins principales est déterminée de la même manière par certaines nécessités naturelles, et que de celles-ci dérivent leurs sanctions morales. On peut douter qu'il soit jamais possible de formuler des règles précises pour la conduite privée en conformité avec ces besoins. Mais la fonction de la morale absolue par rapport à la conduite privée est remplie, quand elle a reconnu ces besoins comme généralement éprouvés, quand elle a montré qu'il est obligatoire de s'y soumettre, et qu'elle a enseigné qu'il faut considérer avec soin si la conduite les satisfait autant que possible.

Dans la morale de la conduite personnelle considérée par rapport aux conditions actuelles, se présentent toutes les questions relatives au degré auquel le bien-être personnel immédiat doit être subordonné ou au bien-être personnel final, ou au bien-être des autres. A la manière dont nous vivons aujourd'hui, les droits de l'individu au moment présent s'opposent à chaque instant à ses droits dans l'avenir, et les intérêts individuels sont à chaque instant en lutte avec les intérêts des autres, pris séparément ou en société. Dans la plupart des cas, les décisions ne sont que des compromis, et la science morale, alors simplement empirique, ne peut qu'aider à faire les compromis qui soient le moins possible sujets à critique. Pour arriver au meilleur compromis dans n'importe quel cas, il faut concevoir exactement les conséquences alternatives de telle ou telle manière d'agir. Par suite, autant que l'on peut préciser la morale absolue de la conduite individuelle, elle doit nous aider à décider entre des exigences personnelles opposées, et aussi entre le besoin d'affirmer nos droits et celui de les subordonner à ceux des autres.

109. De cette division de la morale qui traite de la bonne direction à donner à la conduite privée, considérée abstraction faite des effets directement produits sur les autres, nous passons maintenant à cette division de la morale qui, considérant exclusivement les effets de la conduite par rapport aux autres, traite de la bonne direction à lui donner en tenant compte de ces effets.

Le premier groupe de règles qui se rangent dans cette division sont celles qui concernent ce que nous distinguons sous le nom de justice. La vie individuelle est possible à la condition seulement que chaque organe reçoive en retour de son action une quantité équivalente de sang, tandis que l'organisme dans son ensemble tire du milieu des matériaux assimilables qui sont la compensation de ses efforts ; la dépendance mutuelle des parties de l'organisme social rend nécessaire, aussi bien pour sa vie totale que pour la vie de ses unités, la conservation analogue d'une légitime proportion entre les bénéfices et les travaux : la relation naturelle entre le travail et le bien-être doit rester intacte. La justice, qui formule l'ordre de la conduite et qui lui impose des limites, est à la fois la division la plus importante de la morale et celle qui comporte la plus grande précision. Ce principe d'équivalence, que nous trouvons quand nous en cherchons la racine dans les lois de la vie individuelle, comprend l'idée de *mesure;* et, en passant à la vie sociale, le même principe nous amène à concevoir l'équité ou l'*égalité* dans les relations des citoyens entre eux ; les éléments des questions qui se présentent sont *quantitatifs*, et, par suite, les solutions revêtent une forme plus scientifique. Tout en reconnaissant des différences entre les individus, différences qui tiennent à l'âge, au sexe ou à d'autres causes, et nous empêchent de regarder les membres d'une société comme absolument égaux, et par suite de traiter les problèmes auxquels leurs relations donnent lieu avec la précision qu'une égalité absolue rendrait seule possible, nous pouvons cependant, en les considérant comme approximativement égaux en vertu de leur commune nature d'homme, et en traitant les questions d'équité d'après cette supposition, arriver à des conclusions d'un genre assez précis.

Cette division de la morale, considérée sous sa forme absolue, doit définir les relations équitables d'individus parfaits qui limitent mutuellement leurs sphères d'action par le fait de coexister, et qui atteignent leurs fins par coopération. Elle a encore bien plus à faire. Outre la justice d'homme à homme, elle doit encore traiter de la justice dans les relations de chaque homme avec l'agrégat des hommes. Les relations entre les individus et l'Etat, considéré comme représentant tous les individus, sont à déduire, sujet important et relativement difficile. Quel est le fondement moral de l'autorité gouvernementale? Pour quelles fins peut-elle légitimement s'exercer? Jusqu'où peut-elle aller sans s'écarter du droit chemin? Jusqu'à quel point les citoyens sont-ils tenus de reconnaître les décisions collectives d'autres citoyens, et au delà de quel point peuvent-ils avec raison refuser de s'y soumettre?

Ces relations privées et publiques, considérées comme maintenues dans des conditions idéales, une fois formulées, il faut traiter des relations analogues dans des conditions réelles; la justice absolue étant la règle, il faut déterminer la justice relative en recherchant jusqu'où, dans les circonstances présentes, nous pouvons nous rapprocher de cette règle. Comme il résulte déjà de plusieurs passages, il est impossible, durant les degrés de transition qui nécessitent des compromis toujours changeants, de se conformer aux prescriptions de l'équité absolue, et l'on ne peut former que des jugements empiriques sur la mesure dans laquelle, à un moment quelconque, on peut s'y conformer. Tant que la guerre continue et que l'injustice règne dans les relations internationales, il ne peut rien y avoir de semblable à une justice complète dans l'intérieur de chaque société. L'organisation militaire, non moins que l'action militaire, est inconciliable avec la pure équité, et l'iniquité qu'elle implique se ramifie inévitablement dans toutes les relations sociales; mais il y a, à chaque degré de l'évolution sociale, une certaine mesure de variation qui fait qu'on se rapproche davantage ou qu'on s'éloigne un peu plus de ce que demande l'équité absolue. Aussi faut-il toujours avoir en vue ce qu'elle demande pour pouvoir assurer l'équité relative.

110. Des deux subdivisions de la bienfaisance, suivant qu'elle est négative ou positive, on ne peut spécialiser ni l'une ni l'autre. Dans les conditions idéales, la première n'a qu'une existence nominale, et la seconde prend une forme tout à fait différente dont on ne peut donner qu'une définition générale.

Dans la conduite de l'homme idéal au milieu d'hommes idéaux, les règles qu'on s'impose à soi-même pour épargner de la peine aux autres n'ont pas d'application pratique. Comme personne n'éprouve de sentiments qui portent à agir de manière à affecter désagréablement les autres, il ne saurait y avoir de code restrictif qui se rapporte à cette division de la conduite.

Mais si la bienfaisance négative est une partie nominale seulement de la morale absolue, elle est une partie actuelle et considérable de la morale relative. Car tant que la nature humaine restera imparfaitement adaptée à la vie sociale, elle continuera à avoir des tendances qui, produisant dans certains cas des actions que nous nommons injustes, produisent dans d'autres les actions que nous nommons désobligeantes, désobligeantes tantôt en fait, tantôt en paroles ; et, par rapport aux manières d'agir qui ne sont pas agressives, mais causent cependant de la peine, naissent de nombreux et difficiles problèmes. On fait quelquefois de la peine aux autres, simplement en soutenant une prétention équitable, d'autres fois en rejetant une demande, ou encore en soutenant une opinion. Dans ces cas et dans beaucoup d'autres qu'il est facile d'imaginer, la question à résoudre est de savoir si, pour éviter de faire de la peine, on doit faire le sacrifice de ses sentiments personnels, et dans quelle mesure. En outre, dans des cas d'un autre genre, on fait de la peine aux autres non par une manière d'agir passive, mais par une manière d'agir active. Jusqu'à quel point une personne qui s'est mal comportée doit-elle être punie par l'aversion qu'on lui témoignera ? Un homme commet une action blâmable ; faut-il lui exprimer sa réprobation ou ne rien dire ? Est-il bien de blesser en condamnant le préjugé montré par un autre ? Il faut répondre à ces questions et à d'autres semblables en tenant compte de la peine immédiate produite, des avantages qui peuvent résulter de cette peine, et du mal qui résulterait peut-être si l'on se refusait à la causer. Dans la solution des problèmes de cette classe, le seul secours fourni par la morale absolue est de faire bien comprendre qu'on ne saurait être autorisé à infliger plus de peine qu'il n'est nécessaire de le faire, ou dans son propre intérêt, ou dans l'intérêt d'autrui, ou dans l'intérêt d'un principe général.

De la bienfaisance positive sous sa forme absolue, il n'y a rien de spécifique à dire, sinon qu'elle doit devenir coextensive à la sphère, quelle qu'elle soit, qui lui reste ; elle sert à rendre plus complète la vie de chacun, en tant qu'il reçoit des services, et à exalter la vie de chacun en tant qu'il est capable d'en rendre. Comme avec le développement de l'humanité le désir de l'exercer doit s'accroître dans tous les cœurs, et la sphère de cet exercice décroître en même temps, au point qu'il se produise une compétition altruiste analogue à la compétition égoïste dont nous sommes les témoins, il est possible que la morale absolue finisse par comporter ce que nous avons appelé plus haut une équité supérieure, prescrivant les limitations mutuelles des activités altruistes.

Sous sa forme relative, la bienfaisance positive présente de nombreux problèmes, aussi importants que difficiles, et dont les solutions sont purement empiriques. Jusqu'où faut-il pousser dans chaque cas les sacrifices personnels au profit des autres ? C'est une question à laquelle on fera différentes réponses suivant le caractère des autres, leurs besoins, et les divers droits de l'individu lui-même et des siens qui peuvent se présenter. Dans quelle mesure, dans des circonstances données, doit-on subordonner l'intérêt privé à l'intérêt public ? C'est une question à laquelle on répondra après avoir considéré l'importance de la fin et la gravité du sacrifice. Quel avantage, quel inconvénient doit-il résulter de l'assistance gratuite donnée à autrui ? C'est encore une question qui implique dans chaque cas un calcul des probabilités. En traitant bien telle ou telle personne, ne s'expose-t-on pas à faire tort à plusieurs autres ? Dans quelle limite peut-on rendre service à la génération actuelle des inférieurs sans nuire par avance à la génération future des supérieurs ? Evidemment, à ces questions et à beaucoup d'autres semblables que soulève cette division de la morale relative, on ne peut faire qu'approximativement des réponses vraies.

Mais bien que la morale absolue, par la règle qu'elle fournit, ne puisse pas être ici d'un grand secours pour la morale relative, cependant, comme dans les autres cas, elle a du moins quelque utilité en présentant à la conscience une conciliation idéale des différentes prétentions en jeu, et en suggérant la recherche des compromis tels qu'aucune d'elles ne soit méconnue, et que toutes soient satisfaites autant que possible.

FIN

TABLE DES MATIÈRES

Chap.	I. — La conduite en général..	1
	II. — L'évolution de la conduite......................................	5
	III. — La bonne et la mauvaise conduite.........................	17
	IV. — Manières de juger la conduite	39
	V. — Le point de vue physique..	54
	VI. — Le point de vue biologique....................................	64
	VII. — Le point de vue psychologique............................	88
	VIII. — Le point de vue sociologique..............................	114
	IX. — Critiques et explications.......................................	129
	X. — La relativité des peines et des plaisirs..................	150
	XI. — L'égoïsme opposé à l'altruisme............................	164
	XII. — L'altruisme opposé à l'égoïsme...........................	173
	XIII. — Jugement et compromis.....................................	183
	XIV. — Conciliation	207
	XV. — Morale absolue et morale relative......................	221
	XVI. — Le domaine de la morale.....................................	241

www.ingramcontent.com/pod-product-compliance
Lightning Source LLC
Chambersburg PA
CBHW070651170426
43200CB00010B/2196